中國高鐵崛起之路

徐厚廣／著

序言
——中國高鐵崛起的力量

如果要問最能夠代表當今中國工業科技水平的產品是什麼，我想很多人會想到高鐵，這個被中共總書記習近平、中國國務院總理李克強稱為中國一張亮麗名片的中國驕傲。作為一位高鐵從業者，有時候我也會捫心自問，中國高鐵為什麼會有這麼大的名聲？中國高鐵真的已經好到這種程度了嗎？不識廬山真面目，只緣身在此山中。認識自己很難，需要找到外界的坐標系，走出來突然發現中國高鐵竟然比我想像得還要好。中國國務院國資委副主任劉強在一次會議上說：「我真的不敢相信我們的高鐵已經先進到這種程度，但是它又實實在在地擺在我的面前，不容我懷疑，不容我否認。幾年前，我們去邯鄲開會，來回要兩天時間，而且還折騰得非常累。現在早上去，下午辦完事，晚上又回來，又快捷又舒適。有句話在其他企業說就是套話，但是在中國中車說卻是實實在在，這句話就是黨中央、國務院高度關注你們的經營發展。」

還是回到前面的話題，中國高鐵為什麼會受到如此高的關注，會成為中國的名片呢？是技術水平最高嗎？毫無疑問高鐵是高科技產品，但是航天、航空技術含量也不低呀！與它們比高鐵特點在於它的民用性，它是與老百姓日常生活息息相關的高科技產品，能夠為老百姓日常生活帶來看得見、摸得著的實在利益，上到國家元首下到城市打工者都能真真切切的享受到它帶來的福利。

高鐵在今日之中國鶴立雞群，僅僅是因為它能為老百姓帶來的實實在在的便利嗎？其實也不盡然，這一點很多行業也都做到了。儘管汽車行業如此不濟，但是中國汽車行業的發展帶給老百姓生活的改善一點也不少，還有互聯網商業，如阿里巴巴、騰訊、百度，他們帶給中國人的生活便利也是實實在在的、看得見摸得著，但能夠成為中國名片的為什麼偏偏就是中國高鐵呢？我想這主要是該行業在全球同行業中的地位有關吧！提起汽車，有德國的，有日本的，有美國的，他們的產品與品牌都比我們的要硬；提起互聯網，也有蘋果，有谷歌，有亞馬遜，有臉書，也比中國同行業企業要硬。但是提起高鐵，毫無疑問中國才是標竿，運營里程最長，年發送旅客最多，技術標準最高，舒適度最好，全球綜合競爭力最強。中國高鐵已經站在了全球高鐵市場的最前沿，並試著引領全球高鐵市場的發展。一個行業能否成為中國的名片，不在於它在國內有多厲害，而在於它在全球同行業中擁有一種什麼樣地位。

　　毫無疑問，高鐵的成功對於今日之中國是一個現象級的事件，它的成功是如此地驚人，如此地突兀，以致在幾年前甚至現在，仍有很多人在質疑它的成功，認為它不過是剽竊了國外的技術而已，本身並沒有什麼。其實中國高鐵的成功並非忽如一夜春風來，而是經歷了一個扎扎實實地發展歷程。筆者將這個過程分為了五個階段：

中國高鐵萌芽於對國外高鐵技術的跟蹤，1978 年鄧小平訪問日本乘坐新幹線的畫面傳回國內後，成了高鐵概念的一次大普及。但是中國高鐵真正的起點是 1990 年，《京滬高速鐵路線路方案構想報告》於當年正式完成。後面圍繞要不要建設高速鐵路，要建設什麼標準的高速鐵路，什麼時間動工建設高速鐵路，「建設派」、「緩建派」、「磁浮派」進行了曠日持久的輿論大戰。這個階段從 1990 年開始，到 1998 年為止，主要是高鐵的思想啟蒙階段，除了將廣深鐵路改造成時速 160 公里的準高速鐵路外，並沒有動工建設真正的高速鐵路，所以筆者將這個階段稱為中國高鐵的石器時代。

第二階段從 1999 年開始，到 2002 年為止，筆者將之稱為中國高鐵的青銅時代，標誌性事件是中國第一條高速鐵路秦瀋客專的開工建設，期間還經歷了國產動車組的研發高峰，誕生了以「中華之星」、「先鋒號」、「藍箭」為代表的一大批優秀國產動車組型號。數據統計顯示，中國早期自主研發的動車組高達 20 多個品種，總產量達到 67 列，其中大部分都是在這個階段完成的。這 67 列動車組中，內燃動車組 47 列，電力動車組 20 列；有 46 列在國內進行試驗或交付運用，另外 21 列則出口到了國外。

第三個階段從 2003 年開始，到 2010 年為止，筆者將之稱為中國高

鐵的黃金時代,標誌性事件是「四縱四橫」高速鐵路網的大規模建設以及高速動車組技術的引進消化吸收再創新。這個階段最突出的成就是奠定了中國高速鐵路網的主骨架以及確定了中國高速鐵路網的建設以及運營標準,這個框架與標準至今仍是中國高鐵基石,這就是黃金的真正成色。

第四個階段從 2011 年開始,到 2013 年夏天截止,筆者稱之為中國高鐵的英雄時代。這個階段中國高鐵經歷了降速與降標,經歷了甬溫線動車事故,中國高鐵在起伏中艱難前行。這一階段的主要成就是實名制購票以及互聯網售票的推行,在大大縮短了人們旅行時間的同時也方便了人們的購票出行。

第五個階段從 2013 年夏天開始一直到今天仍在繼續,筆者稱之為中國高鐵的白銀時代。這一階段中國高鐵重新恢復發展趨勢,鐵路固定資產投資逐年回復並接近 2010 年的水平,中國幹線高速鐵路重新恢復時速 350公里的建設標準,運營高速鐵路也分步驟穩妥地恢復到設計時速運營。這一階段的另外一個重大成就是中國高鐵重新贏得聲譽,並努力開拓國際市場,成為中國的一張名片。

回顧中國高鐵發展的這個漫長里程,我們就會知道沒有 2004 年那次引進消化吸收再創新中國高鐵很難取得今天的成功,但是如果沒有技術引進前的技術積累中國高鐵同樣也不會成功。中國高鐵的成功是全球化的現代

性與計劃經濟的保守性完美結合的產物，它的成功既有必然因素也有偶然因素。

　　談必然因素就要說中國集中力量辦大事的制度優勢，是中國鐵道部戰略買家策略的完美實施保證了中國高鐵技術引進的成功，它拋棄門戶之見，將已經與它脫鉤的中國中車旗下企業以及中國中鐵、中國鐵建、中國通號等團結在周圍，以戰略買家的面貌成功完成了技術引進談判，保障了中方利益的最大化。

　　第二個必然因素則不得不提全球化發展為後發國家提供了趕超先進國家的機會。鐵路本來就是一個具有很強全球化色彩的工業品，它誕生在世界概念形成不久的時代，並大大加速了全球化的到來。而經濟全球化讓我們拋棄了閉門造車的思路，讓先進技術在不同的經濟體之間加速流動，而中國高鐵正是利用了國外高鐵技術的轉移才最終實現了跨越式發展。

　　第三個必然因素則是先前的技術積累與人才儲備，技術可以引進但是能力引進不來，青銅時代的技術積累與人才培養發揮了至關重要的作用，那個時代的秦瀋客專以及 20 多種動車組研發那也不是白給的。

　　既然有這麼多必然因素，那中國高鐵的崛起就是必然的嗎？其實筆者並不這麼認為，恰恰相反在很大程度上筆者認為中國高鐵的成功具有很強的偶然性。

這既包括特殊人物在特殊時期發揮的特殊作用，也包括像美國金融危機這種意外事件帶來的催化。當年美國金融海嘯後，中國政府緊急推出了4萬億元投資計劃，面對這個投資計劃此前有充足項目儲備的行業都獲得了大發展的機會，高鐵就是其中的受益者之一。至於特殊人物在特殊時期發揮的特殊作用，這就是一篇大文章了，也就是本書講述的核心內容，遠不是這篇序言所能夠承擔得了的，相關過程與細節還是請大家到書中去慢慢尋找，慢慢體味吧！

目錄

第一章 大國之夢

歷史有很多很有意思的現象，比如扎堆。

有時候是人扎堆，在某個時代某個方圓幾十里的小地方，會連續湧現出一大批那個時代最卓越的人才，輝耀這個時代，甚至出現一些二線角色都能建立奇功。

有時候是事扎堆，在某個特定的年份，會連續發生一系列影響深遠的重大事件，改變歷史的走向，甚至當年發生的一些在當時看來毫不起眼的「小事情」，都能對後世產生重大影響。

1978 年就是這樣一個年份。12 月 18 日開幕的，改變了中國歷史，甚至改變了世界歷史的中國共產黨第十一屆三中全會就不用提了，地球人都知道那是中國改革開放的開端；5 月 11 日開始的，具有歷史轉折意義的「真理標準大討論」也不提了，那是中國思想解放的一場理論風暴；安徽鳳陽小崗村的故事也不提了，後來那都成為一個時代的傳奇；就連中國中央電視台一個小欄目的改版，都對後來產生了重大影響，因為改版後推出的節目叫《新聞聯播》。

1978 年 1 月 1 日，《新聞聯播》正式開播，每天晚上 7：00 ～ 7：30，除了中央電視台一頻道，在中國大陸調到任何一個省級衛視，也只能收看《新聞聯播》。

但是，這裡我要說的是發生在 1978 年的另外一件「小事」，這是一件發生在大事件（鄧小平訪日）中的「小事件」。就是這樣一個「小事件」卻對中國高鐵的發生、發展產生了重要影響。講中國高鐵的故事，我們沒法不從這個「小事件」開始。

域外鴻音

1978 年深秋，中華人民共和國剛剛度過了自己的 29 歲生日。中國的高級官員們，正在為即將到來的十一屆三中全會緊張地忙碌著。夏天由《光明日報》引發的「真理標準大討論」思想風暴還在不斷蔓延，震撼著人們的心靈，人們已經感受到愈來愈濃的思想解放的氛圍。

10 月 22 日，時任中國國務院副總理的鄧小平抵達東京，展開了為期 8 天的對日訪問行程。這是中華人民共和國成立後，中國國家領導人首次訪問日本。鄧小平此行的首要任務，是互換《中日和平友好條約批准書》。但此行一個小小的安排把高鐵這個話題牽扯了進來。

根據行程安排，鄧小平在 10 月 26 日要從日本東京去京都。東京到京都的旅行距離大約是 370 公里，比北京到石家莊的距離稍遠一點。這是一個比較尷尬的距離，坐飛機吧，太近了，剛起飛就該降落了；坐汽車吧，這個距離的旅行時間需要四五個小時，也很不舒服。於是，日方極力向中方推薦乘坐新幹線。當然更深層次的原因是日方想在鄧小平面前炫耀一下他們的高科技。於是，在充分溝通的基礎上，最終選擇乘坐日本的「光」號新幹線去京都 [1]。

也難怪日本炫耀，從東京到新大阪的東海道新幹線是世界上第一條高速鐵

路。在鄧小平訪問日本的 1978 年冬天，全世界就兩條高鐵，一條就是鄧小平乘坐的東海道新幹線，另外一條叫山陽新幹線，也是人家日本的。也就是說，當時的日本是世界上唯一擁有高鐵的國家。

　　毫無疑問，新幹線是日本的驕傲。2014 年，日本搞過一個調查，評選第二次世界大戰以後，影響日本社會的最重要的發明創造，最後有 100 件入選。令人驚詫的是，深深改變世界飲食歷史的方便麵，竟然只排在第二位。打敗方便麵排在第一位的，正是新幹線。[2] 由此可見，日本人對於新幹線是多麼地看重。

　　既然有了這樣一個好寶貝，日本當然不會放過任何炫耀的機會，於是他們就拿著新幹線到處炫耀，一度都把歐洲人給搞鬱悶了。當時法日友好協會的會長——一位法國人感嘆：在相當長的一段時間內，從日本郵到歐洲的聖誕卡，竟然有一半都是新幹線的照片，日本恨不得讓全世界都知道，他們有一個叫新幹線的好東西。[3] 沒辦法，誰讓你們歐洲沒有呢，你們不是號稱是鐵路的故鄉嗎？你們不是號稱鐵路技術全球領先嗎？看，我們日本有高鐵，而你們沒有。當然，日本人極其精明，炫耀可以，但是分享不可以，所以對於新幹線的出口，日本人完全不感興趣。在高鐵誕生的前 20 年裡，日本基本一直是自己跟自己玩，新幹線技術被定義為敏感技術，嚴禁出口。直到法國人的崛起才改變這種境況，看著法國人四處出口高鐵，大把地賺鈔票，日本人終於坐不住了。到中國開始大規模建設高鐵時，中國本來想購買日本新幹線時速 285 公里的 700 系高速列車技術，遭到了日立公司與日本車輛公司的一口回絕，想都別想。於是，中國只好轉而求購被閹割的、時速只有 250 公里的 E2-1000「疾風號」。即便如此，日本軌道交通界同樣是反對聲一片，就是在這樣的境況下，川崎重工頂著巨大的國內壓力、經過反覆遊說，才最終促成與中國的生意。當然，中國國內也是一片反對之聲，因為當時正值日本首相小泉高調參拜靖國神社，中日民族情緒對立非常嚴重，國內各大論壇無數的罵戰帖子，揚言如果中國高鐵引進

日本技術，他們將對中國高鐵進行抵制，終生不坐中國高鐵。當然這是後話，我會在後面的篇幅裡做重點介紹。

所以，像鄧小平訪問這種機遇，日本自然不會放過炫耀的機會。

在鄧小平乘坐的「光-81號」新幹線列車上，工作人員問他乘坐新幹線有什麼想法。鄧小平回答說：「就感覺到快，有催人跑的意思，所以我們現在更合適了，坐這個車。我們現在正合適坐這樣的車。」[4]

於是，隨著鄧小平乘坐新幹線的畫面在中國的電視節目裡播出，一種被稱為「子彈頭」的、科幻一樣的火車開始為中國人所熟知。

是的，就是科幻一樣的感覺。要知道，那個時代的中國離汽車社會還很遙遠，中國人出遠門的方式，大多數情況下就只有火車。數據顯示，1978年鐵路旅客周轉量佔中國陸上交通的62%。[5]當然，那時的中國，大部分人生活在農村，而他們中的大部分壓根就不出遠門，最多就到鄰村轉轉，兩條腿就解決了。畢竟那個時候，買一張火車票還是很難的，而且大部分人也買不起。

當年的中國鐵路運輸是什麼樣子呢？當時中國能夠正常使用的鐵路大約有5萬公里，其中4萬公里是蒸汽線路，沒錯，上面跑的就是那種冒著衝天煙柱的蒸汽火車，也就是當年英國人發明鐵路時使用的老古董；全國擁有機車（火車頭）約1萬台，其中近8000台是蒸汽機車。電力機車有多少呢？不到200台，剩下的是燒柴油的內燃機車。火車時速最高是多少呢？90公里左右。火車平均運行時速是多少呢？剛過40公里。[6]後來有一次鐵道部組織調圖，一位副部長問：中國有近5萬公里鐵路，還沒有一條長大幹線時速能上100公里，而日本的新幹線都達到210公里了，我們能否把某個區間的最高瞬時速度提高到每小時100公里的水平？某鐵路局的一位副部長問：如果列車的時速提高到100公里，翻了車，死了人，追究其責任來，到底是你去坐牢，還是我去坐牢？

就是在這樣的環境中，中國的老白姓突然見到時速 210 公里的新幹線，在當時中國人的心目中，「子彈頭」確實名副其實，快得像出膛的子彈一樣。

不辱使命

鄧小平這次日本訪問，「意外」地成了高鐵概念在中國的一次大普及。日本高鐵是很厲害，但是中國鐵路人也不認輸。

就在鄧小平訪問日本回國不久，中國鐵路人決定進行一次高速試驗，主要測試在時速 160 公里時高速客車轉向架的各項性能。試驗路段選在了線路條件相對較好的京廣鐵路石家莊至保定段，試驗段總長 131 公里。線路有多好呢？有好多的平交道口，不但經常有小狗小貓自由地穿行，而且還有很多農民伯伯開著拖拉機或者牽著牛羊從這些平交道口穿過。可這已經是當時中國條件最好的線路了。

石家莊至保定鐵路隸屬北京鐵路局，所以這次試驗由鐵道部組織，中國鐵道科學研究院（簡稱鐵科院）技術牽頭，北京鐵路局石家莊分局具體實施。為了保證衝高試驗能夠取得預想的效果，北京鐵路局也拿出了壓箱底的傢伙事。牽引機車由當年從聯邦德國進口的 NY 型內燃機車擔當，5 輛客車則由長春客車廠與浦鎮車輛廠研製。參與此次試驗的其他單位還包括鐵道部株洲電力機車研究所、北方交通大學、上海鐵道學院、西南交通大學等，陣容不可謂不強大。

這是一次永載史冊的高速試驗。時間是 1978 年 12 月，地點是正值寒冬的河北省。儘管嚴寒籠罩著大地，但是十一屆三中全會剛剛閉幕，改革開放的春風已經吹遍了祖國大地，所有有志氣的中國人正準備將起袖子大幹一場，正準備全力完成此次試驗的鐵路人當然也不例外。

試驗正式開始。在火車頭司機室裡有三個人：第一個是司機，沒有他火車不會自己走；第二個人是衛生員，也就是醫生，隨時測量司機的脈搏與血壓；第三個人是速度報告員，隨時報告列車的速度。

後面 4 節車廂與 1 節發電車也沒有空著，坐了 100 多人。主要包括鐵道部有關司局的人、北京鐵路局的人、鐵科院的試驗人員、新聞記者，當然還少不了醫生。

這麼危險的試驗竟然坐了這麼多人？幹什麼？要體驗御風飛行的感覺嗎？答案是：他們是來幹活的。剛上車時，他們每個人都領到了一張表格，上面密密麻麻地標著線路第幾號彎道、車站的第幾號道岔等。幹什麼？做大數據調查。他們要忠實記錄火車經過線路第幾號彎道、車站第幾號道岔時候的感覺，主要選項有三個：1. 沒有搖晃；2. 有搖晃但是比較輕微；3. 搖晃得很厲害。

就是在如此艱苦的環境下，在充滿了濃厚的手工特色的氛圍中，這次衝高試驗獲得巨大成功，最高時速 165 公里，持續時間長達 90 秒。中國鐵路的一項嶄新紀錄誕生了！

當然，如果沒有下面這個小意外就更加完美了。前面我已經說了，這條試驗線路上有好多的平交道口，經常有小狗小貓或者農民伯伯穿行其間。為了保障衝高試驗的順利進行，北京鐵路局石家莊分局特意與沿線的人民公社都打了招呼，派出了大量人員在平交道口守衛，保證在試驗列車經過時，不能有行人穿行。但是，意外還是發生了，有位農民伯伯駕駛著一輛「高大上」的手扶拖拉機，高高興興地去建設社會主義。由於這位農民伯伯建設社會主義的積極性實在是太高了，他竟然不聽守衛人員的勸阻，強行穿越平交道口。估計是因為開著「豪車」的緣故，所以他特別有底氣，根本就沒把平交道口的看守人員放在眼裡。要知道在那個年代，能夠開上手扶拖拉機的可不是一般人。

就在這位農民伯伯駕駛著「高大上」的手扶拖拉機，剛剛跨在兩條鐵路線上時，意外發生了！他的手扶拖拉機竟然熄火了。這次丟人丟大了，本來想炫耀一下的，結果關鍵時刻掉了鏈子。更要命的是，火車已經來了。關鍵時刻當然還是命要緊，這位農民伯伯趕緊撒腿就跑，身形異常矯健，但是他的手扶拖拉機卻沒有跑掉，被迎面而來的試驗列車撞了個粉碎。[7]

現實困境

1978 年冬天的那次高速測試，也僅僅就是一個測試，雖然意義重大，但是也並沒有對中國鐵路改變什麼，很快也就湮沒了，中國高鐵時代並沒有到來。相反，當中國人打開國門迎接開放，各行各業在改革開放的春風吹拂下煥發出勃勃生機，呈現出昂揚向上的態勢之時，睜眼看世界的中國鐵路卻踟躕了，迎來了自己的一段艱難歲月，在綜合交通運輸體系中的競爭力日漸下滑。

第一件讓中國人目瞪口呆的事件是，當我們的火車票還一票難求、鐵路被稱為是國民經濟發展的「瓶頸」時，[8] 在人家美國的帶動下，包括歐洲鐵路強國英國、德國在內，竟然都在做一件相反的事情——拆鐵路。而且不得不服，美國水平就是高，在我們運營鐵路不到 5 萬公里的時候，人家拆掉的鐵路就有十幾萬公里。所以如果要給世界鐵路歷史弄一個排名的話，排名的結果如下：

第一名美國鐵路，高峰期達 40.8 萬公里（1916 年）。

第二名美國拆掉的鐵路，差不多有 20 萬公里。

第三名前蘇聯鐵路，14.75 萬公里（1989 年）。

第四名中國鐵路，12.4 萬公里（2016 年）。

……

所以 20 世紀 80 年代，鐵路「夕陽論」在中國非常盛行，就連一些鐵路建設派都承認，鐵路在綜合交通體系中的競爭力已經大大下降，這些思潮對高層決策產生了非常重要的影響。1982 年有人曾表示：10 年內不考慮修建南北鐵路新幹線。[9] 所以早就提上議事日程的京九鐵路也被一拖再拖，一直拖到 1993 年才正式動工。

第二件事，沒錢。

為什麼？國家要得多、給得少，自己也掙得少。

先說自己掙得少，這個主要是因為票價低。當時鐵路還實行 1955 年的統

一運價，客運是每人每公里 4.33 分，貨運是每噸每公里 2.65 分。當時鐵路與公路的運價比約為 1：10，所以導致大批客貨流湧向鐵路，讓本就擁擠不堪的鐵路運能更加捉襟見肘，但依舊掙不到錢。[10]

國家給得少，主要是鐵路投資少。新中國成立初期 3 年經濟恢復期（1949～1952 年）鐵路投資佔全國總投資的比重是 14.5%，此後這個數字就一路下滑，情況如下：

第一個五年計劃（1953～1957 年），10.7%；

第二個五年計劃（1958～1962 年），9%；

第三個五年計劃（1966～1970 年），12.3%；

第四個五年計劃（1971～1975 年），10.5%。

改革開放之後這個數字下滑到多少呢？1975～1980 年是 6.4%，1980～1985 年是 7%，1985～1990 年是 6.6%。[11]

國家要得多，主要是鐵路稅收高。我們就先來一個橫向對比。1978 年鐵路上繳的營業稅稅率是多少呢？15%！這還是剛剛調整過的，1971 年時還是 25%。同時期的公路、水路、航空、郵電等交通運輸部門是多少呢？答案是 3%！高不高，我們再與國外比較比較。美國是多少呢？3.2%！如果你覺得美國已經足夠好了，那你就大錯特錯了！法國只有 1.6%！什麼，太恐怖了吧！等等，日本只有 1.1%！到底還讓不讓人活了？好吧，那我就來公佈最令人瞠目結舌的國家吧，它就是英國，稅率只有 0.01%！是的，你沒有看錯，是 0.01%，不是 0.01！[12]

第三件事，缺少建設材料。不只是缺錢的問題，而且買不來材料。當時發生的事情，對於生活在今天的中國人來說，是很難理解的。現在聽說要修鐵路了，肯定會有很多鋼鐵企業主動跑上門來推銷。但在當時，鐵道部需要求著鋼鐵企業。老弟，看在領導的份上給我們發點貨吧，要不我這鋪路的任務就完不成了！鋼鐵企業會非常為難地看著鐵道部說：老兄呀，不是老弟為難你，這

排隊要貨的人實在太多了，總得有個先來後到吧？而且還有很多人願意加價購買，你看我也不好駁人家的面子不是？要不你先交點預付金？

上面的情況本人可不是隨便說的，是有實際例子的。1993 年 4 月 21 日，時任中國國務院副總理朱鎔基在京九鐵路建設工地現場辦公，時任鐵道部部長韓杼濱向他反映了京九鐵路建設中面臨的問題。朱鎔基說：「突出的是鋼軌，我已多次講過，要保證供應。韓杼濱同志，你也要考慮適當加點價，否則你拿不到貨……關於鋼廠要求收取鋼軌和鋼材預付金問題，請冶金部發個通知，不許收。」[13]

可能是考慮到鋼鐵廠太牛氣，也考慮到實際的情況，朱鎔基又補充說：老韓，要不給你點外匯？你拿著去買點國外的鋼材解一下燃眉之急，弄它個 30 萬～ 50 萬噸，也能平抑一下市場的價格。[14]

這就是當時中國鐵路的實際情況，在 20 世紀 80 年代，當公路、水運、航空在高速發展時，鐵路發展的腳步卻日漸地沉重起來。我們還是拿數字說話，中華人民共和國成立初期在財力、物力極為困難的情況下，1953 ～ 1960 年期間我們每年還能平均建成交付鐵路里程 1377 公里，但是在整個 20 世紀 80 年代，我們年均交付鐵路里程卻只有 344 公里。[15]1991 年全國新建鐵路更是只有 100 多公里。

可能有人會說：不錯了，至少還在建設，沒有拆。沒看見人家美國已經拆了那麼多嗎？改革開放嘛，就是要向西方學習，不拆鐵路能算是向西方學習嗎？

其實這樣說是目光短淺的一種表現，就像看到一個成年的胖子在減肥，就非要逼一個骨瘦如柴、快要餓死的孩子也節食減肥一樣可笑。凡事都要實事求是，中國是該建鐵路，還是拆鐵路，這要根據中國的國情做出判斷，而不是邯鄲學步，對西方國家有樣學樣，只得其形未得其神。好在，中國並沒有簡單地對西方國家有樣學樣，而是在有志之士的呼籲下，基於國情走出了一條自己的

道路。熬過困難期的中國鐵路還將踏上快速發展的道路，並以自己雄偉的氣魄改變世界鐵路的格局。

高鐵旗手

這就是當時中國鐵路面臨的窘境。但就是在這樣困難的環境中，高鐵的種子開始萌芽。

走在前面的是科技界人士。本人特意檢索了一下 1980 ～ 1990 年的學術論文，這 10 年間發表的論文中涉及高速鐵路（文章中提到「高速鐵路」這個關鍵詞）的文章共有 28100 篇。這裡面有的是介紹國外高速鐵路的發展，有的是進行高速鐵路相關技術的討論（線路、車輛、供電、信號），有些是對中國高速鐵路建設的建言。

有些文章的理念還非常先進。如鐵科院機車車輛研究所的錢立新教授 1985 年在《鐵道運輸與經濟》上發表了一篇文章，介紹了一種先進的軌道交通，也就是今天美國著名企業家馬斯克大力提倡的「超級高鐵」，錢立新稱之為「超高速管道列車」。

錢立新介紹說，這種超高速管道列車，實際上就是在一根管道中放置一個活塞型的列車。列車的前部抽成真空，後部為大氣壓力，在大氣壓力的推動下，活塞列車沿著真空管道高速前行。這種活塞列車的最高速度可以達到每小時 1200 公里！[16] 這速度可以跟噴氣式飛機相媲美。

這段時間，有一大批科技人員走出國門參與國際交流，親眼見證並親身體驗了國外先進的高速鐵路技術。回國後，他們為中國高鐵奔走呼籲，成為推動中國高鐵發展的重要力量。

這裡面有一個傑出代表我們要做一下重點介紹，他叫沈志雲，當時是西南交通大學教授，未來的日子他將成為中國高鐵的標誌性人物，成為中國高鐵的旗手之一。

　　沈志雲，湖南長沙人，1929 年出生在一個教師家庭，受家庭環境影響，從小就愛好學習，是個不折不扣的優等生。1949 年，從湖南國立師範學院附中畢業的沈志雲，到武漢參加大學考試。竟然同時被三所大學錄取，而且這三所大學一所比一所厲害。第一家是唐山工學院。很多人可能會想，這是個什麼破學校？如果我告訴你它的另外一個名字你就不這樣認為了，它又叫交通大學唐山學校，也就是大名鼎鼎的交通大學。除了唐山校區，交通大學還有兩個校區，一個是交通大學上海學校，一個是交通大學北京學校。晚清到民國時期的唐山在中國的地位，可是今天的唐山所沒法比的，那時候的唐山是中國高科技人才的萃聚地。很多人在一些教科書裡，可能看到過一群準備送出國門深造的、紮著辮子的晚清天才少年的合影，如果你是有心人，仔細研究一下這些照片的拍攝地點的話，你會發現有很多都是在唐山。而這些中國最早的官派留學的海歸們，回國後的工作地點也有相當大一批選擇了唐山。

　　錄取沈志雲的第二所大學叫武漢大學。作為中國最著名的高校之一，武漢大學的實力我就不多做介紹了。關鍵是在當年報考武漢大學機械系的所有學生中，沈志雲名列榜首。[17]

　　錄取沈志雲的第三所大學叫清華大學，這更不用說了。

　　如果在今天出現這種情況，相信如果有 1000 個學生，至少有 999 個會選擇清華大學。但是，當時沈志雲選擇的是唐山工學院。為何？兩個原因。第一，沈志雲喜歡火車。第二，唐山工學院是鐵路領域當時最好的大學。當時的唐山工學院老師大都是外籍教授或者留學歸來的知名學者，其中以來自美國康奈爾大學（Cornell University）的居多。當年唐山工學院畢業的學生如果要選擇留學，可以免試直升康奈爾大學，所以唐山工學院又有「東方康奈爾」之稱。

　　但是沈志雲沒到康奈爾大學留學，大學四年沒有上完，他就提前畢業了，並且光榮地成為唐山工學院的大學老師。沒辦法，當時祖國建設太缺人才了。提前畢業的沈志雲在填寫分配志願時，內心裡希望自己能夠去機車車輛廠，但

是學校把他留下了。後來沈志雲又研修了俄語，於 1957 年赴蘇聯列寧格勒鐵道學院學習。

1957 年 11 月 17 日，沈志雲在赴蘇留學期間，路經莫斯科時與其他留蘇學生一起，受到了正在蘇聯訪問的毛主席的接見。這裡面也包括後來成為鐵道部部長的傅志寰。[18] 那是一個下午的六點鐘，地點在莫斯科大學大禮堂，大批的學生在靜靜地等待著。

突然兩個學生跑過來高喊著：「毛主席的汽車已經到門口！」身穿灰色中山服的毛主席的出現，贏得了雷鳴般的掌聲。陪同主席到現場的，還包括鄧小平和彭德懷等人。

站在莫斯科大學大禮堂的講台上，毛主席操著他濃厚的湖南鄉音，發表了歷史上一次著名的演講。「世界是你們的！也是我們的，但是歸根結柢是你們的！」說完之後，主席發現下面的同學一臉困惑不解的樣子。原來主席的湖南鄉音太濃，很多同學沒有聽懂。主席解釋說：「世界就是 World。」主席一看下面學生們的表情，顯然還是沒有聽懂。毛主席於是問身旁的駐蘇大使：「世界用俄語怎麼說？」「是米爾。」於是，毛主席接著說：「米爾是你們的，當然，我們還在，也是我們的，但是歸根結柢是你們的。你們青年人朝氣蓬勃，好像早晨八九點鐘的太陽。中國的前途是你們的，世界的前途是你們的，希望寄託在你們身上！」會場響起雷鳴般的掌聲。[19]

1961 年，沈志雲從列寧格勒鐵道學院畢業獲得副博士學位。蘇聯的副博士學位就相當於國內的博士學位，在蘇聯，要想修副博士學位，你需要先讀完本科，然後再讀完研究生之後，才有資格。讀完副博士學位後，就有資格攻讀全博士學位了，相當於中國的博士後。

從列寧格勒鐵道學院獲得副博士學位後，沈志雲回國了，繼續在交通大學唐山學校任教。後來學校搬到了四川，改名為西南交通大學。

在西南交通大學任教的沈志雲，於 1981 年到英國進行了一次訪問。在英

國德比鐵路技術研究所接觸到了英國前沿的高速鐵路技術，聆聽了他們的高速列車系統動力學學術報告，乘坐了他們的磁浮試驗車，見到了他們開發的城郊快速鐵路自動駕駛系統。沈志雲的心情久久不能平靜，他當時就告訴自己，中國一定要有高速鐵路。[20]

從此，幫助國家建設高鐵的願望像一顆種子，開始在沈志雲的心底扎根、發芽，並慢慢長大。

沈志雲的傳奇人生繼續。

1983 年，沈志雲發表了著名的「非線性輪軌蠕滑力計算理論」。這個理論發表後，在國際上產生了重大影響，為國外專家廣泛引用，被稱為「沈氏理論」。這是軌道交通領域，在國際上唯一一個以中國人個人姓氏命名的理論。「沈氏理論」奠定了沈志雲在軌道交通機車車輛領域的權威地位。

接下來沈志雲遇到了一個非常好的機會，讓他的高鐵夢想慢慢變成現實。1988 年，國家科技部拿到了一筆世界銀行貸款，準備建設一批國家重點實驗室，其中鐵路系統分到了兩個報名指標（注意是報名指標，不是入選指標）。西南交通大學積極申報。沈志雲認為，應該利用這個機會建設一個學校沒有條件建設的實驗室，這個實驗室應當為中國要研究的世界前沿科學服務。對鐵路領域而言，什麼是世界前沿？毫無疑問是高速鐵路。於是，沈志雲極力主張利用這次機會，建設時速 450 公里輪軌滾動試驗台。最終他說服了學校領導，按照這個項目進行了申報。

此次申報，報名的單位共有 287 個，但是最終的入選名額只有 50 個。沈志雲主持申報的這個項目在最終的評審打分中排名第 27 位，成功獲得了國家項目審批。當時，鐵路系統另外一個參與申報的單位是北京交通大學，可惜在最終的評審打分中排在了 150 名開外，所以沒有成功。

正是這個時速 450 公里輪軌滾動試驗台，在未來中國高鐵的發展中立下了赫赫戰功，也幫助沈志雲奠定了中國高鐵旗手的地位。

註釋

1. 鄧小平訪問日本乘坐新幹線的事跡具體見《鄧小平年譜（一九七五～一九九七）》，中央文獻出版社，2004 年 7 月版；《鄧小平》，中央文獻出版社，1997 年版。

2.〈新幹線獲選日本戰後最重要創造〉，亞洲通訊社主辦日本新聞網，2014 年 6 月 18 日。

3. 楊忠平，《新幹線縱橫談——日本高速鐵路技術》，第 185 頁，2012 年 12 月版。

4. 中央文獻研究室，《鄧小平》，第 62 頁，中央文獻出版社，1997 年版。

5. 孫永福，《鐵路建設管理論集》，第 70 頁，中國鐵道出版社，2004 年 12 月版。

6. 相關數據見《各「五年計劃」期末國家鐵路與國民經濟》、《各「五年計劃」期末國家鐵路主要指標基本情況》、《各「五年計劃」期末國家鐵路營業線路情況》、《各「五年計劃」期末國家鐵路運輸主要經濟指標》、《各「五年計劃」期末國家鐵路機車客車貨車保有量》，《中國鐵道年鑑 1999》，第 549—554 頁，中國鐵道出版社，1999 年 12 月版。

7. 馬秋官，〈談高速鐵路在我國的發展〉，《鐵道工程學報》，1986 年第 1 期。

8. 時任中國國務院副總理朱鎔基在 1993 年 4 月 12 日～ 21 日湖南農村考察與鐵路建設工作時的講話中說「鐵路運輸的『瓶頸』制約問題太嚴重了」；同年，《人民日報》發表文章〈中國鐵路何日走出「瓶頸」〉，《瞭望》周刊發表記者文章〈鐵路，能走出「瓶頸」嗎〉。以上相關資料分別見吳昌元主編《1993 年中國鐵路文稿》，第 17 頁、第 546 頁、第 556 頁，中國鐵道出版社，1994 年 6 月版。

9. 李軍，《中國鐵路新讀》，第 17 頁，中國鐵道出版社，2009 年 5 月版。

10. 吳昌元，《1993 年中國鐵路文稿》，第 552 頁，中國鐵道出版社，1994 年 6 月版。

11. 吳昌元，《1993 年中國鐵路文稿》，第 550 頁，中國鐵道出版社，1994 年 6 月版。

12. 吳昌元，《1993 年中國鐵路文稿》，第 551 頁，中國鐵道出版社，1994 年 6 月版。

13. 吳昌元，《1993 年中國鐵路文稿》，第 18 頁，中國鐵道出版社，1994 年 6 月版。

14. 吳昌元，《1993 年中國鐵路文稿》，第 18 頁，中國鐵道出版社，1994 年 6 月版。

15. 李軍，《中國鐵路新讀》，第 17 頁，中國鐵道出版社，2009 年 5 月版。

16. 錢立新，〈超高速管道列車〉，〈鐵道運輸與經濟〉，1985 年第 7 期。

17. 沈志雲口述，張天明訪問整理，《我的高鐵情緣——沈志雲口述自傳》，第 28 頁，湖南教育出版社，2014 年 8 月版。

18. 沈志雲口述，張天明訪問整理，《我的高鐵情緣——沈志雲口述自傳》，第 54 頁，湖南教育出版社，2014 年 8 月版。

19. 單剛、王英輝，《歲月無痕：中國留蘇群體紀實》，第 128 頁，中央編譯出版社，2007 年 11 月版。

20. 沈志雲口述，張天明訪問整理，《我的高鐵情緣——沈志雲口述自傳》，第 236 頁，湖南教育出版社，2014 年 8 月版。

1978 年 10 月 26 日，鄧小平在「光—81 號」新幹線列車上

1952 年 7 月 26 日，新中國第一台「解放」型蒸汽機車「八一」號機車

沈志雲與他的學生們

沈志雲（右二）

西南交通大學的牽引動力國家重點實驗室

CRH380A 在西南交通大學國家實驗室做實驗

第二章　京滬紛爭

中國最具爭議的一條高速鐵路，該登場了！它就是京滬高鐵。中國高鐵的歷史，約等於京滬高鐵的歷史。

當中國人開始計劃修建高鐵時，第一個念頭就是京滬，不是一個人，是幾乎所有的人。它是中國高鐵的不二選擇。

為什麼？通常說來，一個地方是否適合建設高鐵，一般有兩個判斷標準：

第一個是沿線人口是否密集。京滬線穿越的國土面積佔到全國國土面積的6.5%，但是沿線覆蓋的人口是多少呢？3.7億，約佔全國人口總數的26.7%。其中人口超過100萬的城市達10個之多。[1]

第二個是沿線經濟是否夠發達。毫無疑問，如果京滬線都不符合，那中國就沒有其他符合的線路了。京滬沿線區域GDP佔到全國GDP總量的43.3%。[2]

如果我們今天再以馬後炮的方式，回顧一下當年的爭議，是非曲直就更加明顯了。到2014年正式通車3年後，京滬高鐵實現日均發送旅客列車250列，日均發送旅客人數超過29萬人次[3]，到2016年上半年這個數字變為36.8

萬人次 [4]。這是一個什麼概念？這意味著 2016 年京滬高鐵發送旅客人數將接近 1.4 億人次。而且京滬高鐵建成 3 年就實現了盈利，2014 年實現營業收入 205.93 億元，全口徑條件下年度利潤總額達 22.68 億元。[5] 必須重點說明一下的是，這是在每年提取折舊費用 55 億元人民幣的情況下做到的 [6]。這簡直就是世界高鐵史上的一個奇蹟。

說它飽含爭議是因為，即便拋開 1980 年代的反覆醞釀不算，只從 1990 年正式完成《京滬高速鐵路線路方案構想報告》並提交全國人民代表大會討論算起 [7]，到 2008 年 4 月 18 日京滬高鐵正式開工，也經歷了 18 年的時間。這 18 年間，各種派別先後登場，進行了激烈的爭論，論爭層次之高、綿延時間之久、口水仗之激烈、鬥爭手段之繁雜、故事之跌宕起伏，都堪稱中國工業發展史上的奇蹟，演繹了一段世界高鐵史上的別樣傳奇。

初戰順利

中國關注高鐵的時間很早。早在 1964 年世界上第一條高鐵——日本東海道新幹線建成通車時，中國鐵路界就已經感受到了高鐵的巨大魅力。即便是在「文革」動亂期間，業內也做了大量資料收集以及研究、醞釀工作。[8] 但是，對當時的中國鐵路人而言，最多也就是想想，或者寫幾篇論文，搞點不用投資太多的研究。因為，無論技術上，還是經濟上，當時我們都不具備建設高鐵的條件。事實上，連當時已有的鐵路，我們都還不能發揮它們的最大效益。

到了 20 世紀 80 年代改革開放後，我們打開國門走向世界，與國外的交流日益增多，官方的、民間的科技人員開始追蹤世界高鐵的發展動態。[9] 如鐵道部所屬的鐵科院，當時就成立了一個研究機構，名字叫「高速鐵路、城市有軌交通技術開發研究中心」[10]，開始了與高鐵有關的技術攻關。到 1986 年，國家計委派出了一批科研人員到日本去研修高鐵技術。同年，鐵道部則派出了另外一批人員到歐洲學習高鐵技術。這些人回國之後，都開始為高鐵建設奔走呼

告。[11] 當然，也僅限於奔走呼告而已，而且他們的呼聲也很少被聽見。

京滬高鐵的真正胎動出現在 1990 年。這一年鐵道部幹了兩件與高鐵有關的大事，標誌著京滬高鐵的前期工作正式啟動。

第一件事是給國務院寫了一個報告，名字叫《關於「八五」期間開展高速鐵路技術攻關的報告》。[12] 所謂「八五」就是指第八個五年計劃，具體指 1991 ～ 1995 年，相當於正式跟國務院申請，準備在這個期間搞高速鐵路了。當然，在這個報告中，鐵道部並沒有底氣說建設高鐵，只是說要搞技術攻關，等技術成熟時，再找個恰當的時機推開實施。

第二件事是完成了一份給全國人大的報告，名字叫《京滬高速鐵路線路方案構想報告》。[13] 相當於宣告，我現在準備上馬中國第一條高鐵了，你們抓緊批准吧。

京滬高鐵 18 年論爭大幕正式拉開。

一開始，事情進行得相當順利。鐵道部與國家科委、國家計委、國家經貿委、國家體改委等有關部委，進行了密切溝通，得到了這幾個部委的大力支持，各項工作全面鋪開。

1991 年鐵道部給下屬的第四勘察設計院下了通知，要求對京滬高鐵沿線進行現場勘察。消息傳來，鐵四院上下沸騰了。這麼具有歷史意義的重要任務交給鐵四院，那是一種榮譽。鐵四院幹部員工備受鼓舞，士氣大振，上下一心，加班加點，活幹得又快又漂亮。當年 4 月，他們就完成了兩個分段報告，分別是《北京至南京段高速客運系統規劃方案研究報告》和《滬寧段高速客運系統規劃研究報告》。[14] 也就是說，他們把京滬高鐵拆成了兩段，北京到南京段，南京到上海段。

1992 年 6 月，京滬高鐵的又一個重要節點來臨。經過近一年的考察和研究，鐵四院提交了一份《新建鐵路京滬高速鐵路南京至上海段可行性研究報告》。中國高鐵發展史上第一份可行性研究報告正式誕生。

　　這份可行性研究報告只印製了 54 本，國家計委拿到了 4 本，軍方拿到了 4 本，鐵道部拿到了 7 本，路局拿到了 3 本，上海、江蘇兩省市地方政府拿到了 7 本。當翻著這本年代久遠的重要歷史文獻，仍舊能夠感受到當時編纂這本可行性研究報告工作人員的那份雄心。根據報告，京滬高鐵將按照時速 250 公里建設，預留時速 300 公里，遠期看齊時速 350 公里。其中京滬高鐵滬寧段計劃在 2000 年建成通車，而京滬高鐵全線計劃在 2010 年建成通車。

　　轉過年來，1993 年 4 月，中國鐵道部又聯合國家科委、計委、經貿委、體改委組織專家，成立了「京滬高速鐵路前期研究課題組」。課題組共包括 40 多個單位的 120 位專家，經過 9 個月的認真工作，實地考察了京滬高鐵沿線，還到法國、德國、日本考察了一圈，並邀請國外專家在國內召開了多次研討會。然後，在 1994 年 3 月 4 日正式向國務院報送了《關於建設京滬高速鐵路建議的請示》，對京滬高鐵的建設提出了專業意見。總結成一句話就是：修建京滬高鐵是迫切需要的，在技術上是可行的，經濟上是合理的，國力是能夠承受的，建設資金是可以解決的。因此，要下決心修建京滬高速鐵路，而且愈早建愈有利。然後還有 4 個具體建議，其中最核心的一點是：1993 年 12 月 30 日，鐵道部已經向國家計委報送了名為《京滬高速鐵路項目建議書》的報告，希望國家盡快批准，力爭 1995 年開工，2000 年建成通車。[15]

　　鐵道部的這份請示獲得了國家高層領導的高度關注。時任中國國務院副總理朱鎔基專門向已經轉任國家開發銀行（簡稱國開行）行長的原鐵道部副部長屠由瑞徵求意見。屠由瑞是高鐵建設的支持派，為中國高鐵的發展做出過重要貢獻，但是關於這份建議書，他認為 1995 年開工的想法過於激進，建議「八五」期間（1990 年—1995 年）進行研究，「九五」期間（1996 年—2000 年）再分步實施。屠由瑞的具體建議是，壓低「九五」期間中國鐵路建設的總體規模，特別是一些很難盈利的項目，然後集中資源建設好以京滬高鐵為代表的大通道。屠由瑞的這個建議，對高層領導的決策起到了至關重要的作用。

　　1994 年 5 月 31 日，中國國務院總理李鵬召集總理辦公會聽取了京滬高鐵有關情況的匯報，鐵道部部長韓杼濱與國開行黨組書記屠由瑞做了有關情況的說明。

　　1994 年 6 月 8 日，中共中央總書記江澤民專門聽取了京滬高鐵有關情況的匯報，鐵道部部長韓杼濱、國開行黨組書記屠由瑞、鐵道部副部長孫永福，匯報了有關情況。

　　1994 年 6 月份，「京滬高速鐵路技術條件和成本效益分析」課題列入世界銀行第七批貸款項目。

　　1994 年 7 月 6 日，中央財經領導小組會議原則同意鐵道部關於開展京滬高速鐵路預可行研究的建議。

　　1994 年 10 月份，鐵道部向鄒家華副總理報送了《關於組織開展京滬高速鐵路預可行研究工作的報告》，同月鄒家華副總理批覆同意。

　　到此時為止，事情的推進可謂是異常順利，前途彷彿一片光明。

　　但事實上，此時，京滬高鐵的「緩建派」旗手已經上場了。

緩建派旗手

　　最先站出來反對京滬高鐵的重量級人物叫華允璋。

　　華允璋，1911 年生於江蘇無錫，中國鐵道界的元老人物，一生頗為傳奇。華允璋畢業於上海交通大學，早期為中國鐵路發展貢獻良多。但真正讓他在中國鐵路史上佔有一席之地的，卻是他晚年退休後對上馬京滬高鐵的激烈反對。他是 20 世紀 90 年代中早期反對京滬高鐵上馬的兩位旗手之一。

　　1928 年，華允璋還在私立無錫中學讀高二的時候，就成功考入了交通大學土木工程系鐵路專業。想來華允璋當時的家庭情況應該並不很差。據上海交通大學的一篇文章〈朝乾夕惕報國志，淡泊名利赤子心——記中國鐵道界元老、交通大學 32 屆華允璋學長〉介紹，在上海交通大學上學期間，家裡每個

月給他寄 15 塊錢，其中 10 塊錢用來吃飯，5 塊錢用來零花。由於學校食堂飯菜不夠可口，華允璋經常與同學在校外的小飯館包餐，一頓 2 毛錢。學生時代的華允璋也是個熱血青年，積極投身抗日愛國運動。1931 年「九一八」事變後，華允璋與同學們一起，赴南京向蔣校長請願。這批請願的學生非常有創意，因為很多人是鐵路專業的，所以他們乾脆自己開火車前往。結果火車開到半道，國民黨政府為了阻止他們請願，就把前面的鐵路給拆了。當然，這無論如何都難不住神通廣大的交通大學的學生們，他們竟然又自己動手修復了拆除的鐵路，然後成功抵達了南京。蔣校長在日記中感嘆：「時局嚴重已極，內憂外患，相逼至此，人心之浮動好亂，國亡無日矣！」於是，他也在「攘外必先安內」的緊張工作中，抽出時間來會見了學生。經過一段聲情並茂的長篇演講之後，江湖老手蔣校長給了學生兩個選擇，然後就把這幫青年搞定了：第一，返回學校好好讀書；第二，穿上軍裝，參加抗日。所有的學生都安安靜靜地回校讀書去了。[16]

　　對華允璋而言，上學畢竟是為了找份工作。1932 年，華允璋從上海交通大學畢業後，被分配到了膠濟鐵路管理委員會。據說選擇去那裡，主要是因為膠濟鐵路待遇好，畢業生實習期間每個月工資就有 65 塊錢。抗日戰爭爆發後，1938 年膠濟鐵路又落入日本之手。好在此前一年，華允璋就已經調任南京鐵道部，然後又去了粵漢鐵路，1938 年又調入滇緬鐵路局，從事滇緬鐵路修建工作，擔任鐵路和橋樑工程設計師。1942 年，仰光被日軍佔領，滇西局勢惡化，滇緬鐵路被迫停建。華允璋又調到成渝鐵路和黔桂鐵路建設崗位。抗戰勝利後，華允璋到台灣，負責台灣鐵路的接收工作。1947 年，華允璋回到大陸，到上海鐵路局任職。1949 年渡江戰役期間，華允璋因為保護錢塘江大橋有功，在當年 9 月加入中國共產黨。抗美援朝期間，華允璋作為鐵道兵副總工程師，為鐵路補給前方戰場做出了重要貢獻。後來華允璋在上海鐵路局退休，退休前的職務是上海鐵路局總工程師。

1992 年，81 歲高齡、早已經退休在家的華允璋，到美國去看兒子。閒著沒事決定到當地隨便轉悠轉悠。對於一生從事鐵路工作的華允璋來說，最好的轉悠方式就是去看火車。就在這裡，他見到了讓他驚為神物的擺式列車（Tilting Train），一列由瑞典 ADtranz 公司生產的 X2000 擺式列車，時速能夠達到 200 公里。從此，他就迷上了擺式列車，跑到圖書館查閱了大量與擺式列車有關的資料。回國後，他開始積極呼籲中國發展擺式列車。

擺式列車又叫傾斜列車，是一種車體轉彎時可以左右傾斜擺動的列車。它的最大優點是，在曲線半徑（衡量鐵道彎曲程度的指標）很小的線路，可以通過車體傾斜擺動調節重心平衡，從而達到高速通過的目的。這個原理其實並不複雜，大家騎自行車快速轉彎時，身子也要向一邊傾斜。如果你看過摩托車比賽，你會發現很多摩托車選手在過彎時，身子傾斜的程度都快要接觸到地面了。這種傾斜就是為了維持過彎時的重心平衡，擺式列車的傾擺就是這個原理。通常情況下，在設計時速 160 公里的線路上，使用擺式列車可以跑到 200 公里；在設計時速 200 公里的線路上，使用擺式列車可以跑到 250 公里。當然擺式列車也有自己的缺點，主要是在過彎擺動時，乘客會感覺到不舒服。

而就在華允璋在美國如獲至寶一樣發現了擺式列車之時，鐵道部正好有一個考察團在歐洲考察瑞典的擺式列車 X2000，高鐵「建設派」的旗手之一沈之介就在這個考察團中，據說試乘之後，考察團中的很多人吐了一地。可見擺式列車對乘客的舒適性影響有多大。

所以，擺式列車的主要應用範圍是既有線提速，所以，華允璋要反對新建京滬高鐵。他的邏輯是，新建京滬高鐵花錢太多，如果使用擺式列車，不用花很多錢就可以將京滬高鐵時速從 160 公里提到 200 公里。

投資巨大，這是上馬京滬高鐵的死穴。毫無疑問，華允璋抓住了最關鍵的一點，將了京滬高鐵「建設派」一軍。

但是，華允璋的理論中也有一個致命的缺陷，讓他的理論最終成為空中樓

閣。那就是既有京滬鐵路運能已經嚴重不足，上馬擺式列車雖然能夠讓部分旅客列車速度提高，但是無法解決京滬鐵路的運能瓶頸問題。到 1992 年，京滬鐵路南下貨運密度高達 7584 萬噸，是全路平均水平的 3.7 倍，其中符離集至蚌埠東區段貨運密度超過 1 億噸；客運方面，京滬鐵路雙向客運密度已達 3171 萬人次，是全國平均數的 5.4 倍。既有京滬鐵路已經無法滿足京滬地區持續增長的運輸需求，運能缺口已達 50%。當時預測，到 2000 年京滬鐵路雙向客運量將達到每年 6500 萬人次，貨運量達到每年 9000 萬噸。[17] 時任中國國務院副總理朱鎔基也感嘆：「鐵路運輸的『瓶頸』制約問題太嚴重了……春節後，我看了南下民工乘車的錄像，超員 300%，車廂裡人擠人，真是目不忍睹。不加強鐵路建設，國民經濟怎麼上去？！」[18]

如何解決自己理論中的這個死穴問題呢？華允璋只用了一個方法，就是宣稱鐵道部數據造假，說他們是「高估運能，低估運量」。

他宣稱京滬線雙向客運量根本不可能達到 6500 萬人次，能達到這個數據的百分之七八十就不錯了。事實是什麼情況呢？現在京滬通道（高鐵＋既有線）雙向客運量已經快到此前預測數據的 3 倍了！

致命一擊

儘管華允璋不停地在各種場合重複他那「數據造假」的理論，給京滬高鐵的上馬製造了很多困難，但是，真正讓京滬高鐵工程推後上馬的並不是這位老人家，而是另外一位老人家，「緩建派」的另外一位旗手——姚佐周。

姚佐周，比華允璋小 11 歲，也是中國鐵路界資深專家，曾擔任鐵道部專業設計院副院長。現在提起鐵道部專業設計院，可能很多人已經比較陌生了。該院成立於 1957 年 11 月 10 日，主要業務是搞工程勘察。1989 年後隸屬中國鐵路建設行業的龍頭企業——中國中鐵集團公司。到 2000 年，中國中鐵與中國南車、中國北車一起與鐵道部脫鈎，成了國資委（當時叫中央企業工委）管

轄的人型中央企業。但是，鐵道部把幾個設計院都留下了，2002 年專業設計院被併入鐵道部第三勘察設計院。轉過年來，2003 年鐵道部再次執行主輔分離，第三勘察設計院又被劃到了中國中鐵。到 2004 年，中國中鐵集團公司在鐵道部專業設計院的基礎上，組建成立了中鐵工程設計諮詢集團有限公司，這就是鐵道部專業設計院的前世今生。

作為「緩建派」的兩位旗手，華允璋在上海，姚佐周在北京，構成了京滬高鐵上馬的南北兩道屏障。

儘管主要理論相似，但姚佐周影響更大，因為他成功地影響了中央高層。1995 年姚佐周連續發表了兩篇文章，給了京滬高鐵「建設派」重重的一擊。

第一篇文章叫〈新建京滬高鐵並非當務之急〉。

第二篇文章叫〈再論新建京滬高鐵並非當務之急〉。

為什麼這兩篇文章發揮了如此重要的作用呢？因為它們被時任中國國務院副總理朱鎔基看到了。

據姚佐周回憶，朱鎔基表示：「這個線路大家都說要快修，唯有姚佐周說要緩修，這個精神就很好。要有不同的意見。我在上海的時候，沒有不同的意見，我不敢拍板。有了不同意見，做了對照之後，我才知道哪個對、哪個不對，我才敢拍板。」[19]

1995 年 4 月 5 日，時任中國國務院總理李鵬在《建設全國統一的綜合交通運輸網絡體系》報告中也表示：「北京到上海的高速鐵路，從長遠發展看是有必要的。什麼時候建，還要根據需要與可能，但可以先做好前期準備工作……『九五』只能做前期工作，如京滬高鐵、西安到南京、洛陽到湛江、進藏鐵路都屬於這一類，要規劃好。」[20]

1996 年關於京滬高鐵的爭論迎來了一個高峰。

在這個問題上，鐵道部展示了驚人的耐性與韌勁。1996 年年初，鐵道部

按既定計劃編製完成了《京滬高速鐵路預可研性研究報告（送審稿）》。

當然在正式上報前，首先要過的第一關就是論證會。

2 月份，鐵道部組織召開了論證會。根據上面領導的指示精神，姚佐周與華允璋是必須邀請的人。他們在論證會上的意見很簡單，那就是反對上馬京滬高鐵。

當然鐵道部對他們的反對並沒有感到特別恐慌，因為他們很孤立，畢竟大部分專家都認為，對當時的中國鐵路運輸而言，京滬高鐵越早建越好。

事實證明，失敗往往都是從輕敵開始的。

很快，姚佐周將完成對「建設派」的致命一擊。

3 月份，全國「兩會」召開，又是一場媒體的狂歡，「建設派」與「緩建派」都充分利用這次會議展開了公關對決。姚佐周以個人名義給全國人大代表、全國政協委員的各個代表團送去了一份關於緩建京滬高速鐵路的建議函。而時任鐵道部高速鐵路辦公室主任沈之介也以全國政協委員的身份，向全國政協提交了建設京滬高速鐵路的書面建議。

在此輪對決中，姚佐周輕鬆獲勝。

3 月 17 日，第八屆全國人民代表大會第四次會議批准通過了《中華人民共和國國民經濟和社會發展「九五」計劃和 2010 年遠景目標綱要》，明確指出：「21 世紀前 10 年，集中力量建設一批對國民經濟和社會發展具有全局性、關鍵性作用的工程……著手建京滬高速鐵路，形成大客運量的現代化運輸通道。」[21]

這意味著京滬高鐵在「九五」期間已經不可能上馬了，相關工作一下被推到了 21 世紀。

此輪失敗，讓以沈志雲、沈之介為代表的「建設派」倍感挫折。沈之介開始主張「曲線救國」。他認為，既然上馬全長 1300 多公里的京滬高鐵阻力太大，不如考慮分段突進方案，比如先上馬上海至南京段高速鐵路。後來，他在接受

媒體採訪時曾經這樣說：「我後來回顧，鐵道部在策略上有錯誤，不應一開始就提出修那麼長的高速鐵路，應該先修滬寧（上海至南京）段。國外也是這樣一段一段修的。」[22]

4 月份，鐵道部再次組織論證會。兩派人馬又展開了一場口水大戰。在這次論證會上，姚佐周講了 2 個小時，華允璋講了 1 小時 15 分鐘，「建設派」旗手兩院院士沈志雲只講了 30 分鐘，但是沈志雲的講話贏得了滿堂彩。沈志雲主要講了 3 個方面：第一，發展高速鐵路是世界鐵路的共同趨勢，高鐵不但能夠創造無法衡量的巨大社會綜合效益，而且也是能夠盈利的，日本新幹線就是成功樣本；第二，京滬線的運量是有實實在在的統計數據支撐的，並沒有低估，建設京滬高鐵勢在必行；第三，提出了幾條具體的措施，建議盡快上馬。最後沈志雲總結，建設高速鐵路是千秋大業，現在應該少動嘴皮子多動手，已經到了埋頭苦幹的時刻了。[23]

儘管「建設派」贏得了此輪口水戰的勝利，但是改變不了京滬高鐵被推遲到 21 世紀的命運。

當然「建設派」也沒有閒著。他們在默默地做著兩件事：第一件事是「暗度陳倉」，將京滬高鐵的口水大戰拋在一邊，推動既有線鐵路大提速，為未來的高鐵運營積累技術及運營經驗。第二件事是將滬寧高鐵列入鐵路「九五」計劃，並腳踏實地實施預可行性研究以及可行性研究，等待時機成熟時能夠快速推出。

這段時間，京滬高鐵建設的推動工作整體陷入低潮期，直到 1998 年，一場更大的論爭風暴來臨！

巨頭參戰

京滬高鐵 18 年論爭大致可以分為三個階段。

1990～1998 年是第一階段，主要是「建設派」與「緩建派」圍繞建與不建、

何時建等問題進行論爭。論爭的結果是「緩建派」獲勝。京滬高鐵被成功推遲到 21 世紀。

1998 ～ 2003 年是第二階段，這一階段主要是「輪軌派」與「磁浮派」的大戰。與上一階段相比，這一階段的鬥爭更加激烈，因為參與的人員層次更高，最低也是院士級別；影響力更大，波及國內國外；形勢更加嚴峻，「磁浮派」基本一直佔據上風，「輪軌派」只能「防守反擊」。最終的結果卻是兩敗俱傷。

2003 ～ 2008 年是第三階段，這一階段已經沒有什麼激烈的論戰了。主要原因有兩個：第一，上海磁浮項目的建成通車基本斷了「磁浮派」的後路，看不到希望的持續虧損與核心技術牢牢掌握在外方手裡的現實，讓「磁浮派」失去了繼續論戰的根基；第二，更重要的是「輪軌派」誕生了一個可怕的強人——民間稱為「中國高鐵之父」的鐵道部部長劉志軍，他一出手就抓住了問題的關鍵，用一劍封喉的方式解決了此前「輪軌派」始終無法解決的根本性問題，那就是將高鐵規劃上升為國家戰略。這正是此前「輪軌派」屢戰屢敗的原因所在，他們此前所做的工作只停留在戰術層面。儘管擁有雄厚的實踐經驗以及大量運營數據支撐，但他們始終無法突破「緩建派」與「磁浮派」設置的重重防線，一直處於左支右絀、被動挨打的地步。每每到了關鍵時刻，對手就會跳出來走高層路線，給他們重重一擊，打得他們大口吐血並臥床不起，很長時間恢復不過來。侷限於戰術的防守反擊而忽略戰略方向，是問題的癥結所在。這位強人出手之處，正是要害之處。2004 年 1 月，在新一屆鐵道部領導班子的努力推動下，以「四縱四橫」1.2 萬公里高速鐵路網為核心內容的《中長期鐵路網規劃》，獲國務院常務會議原則通過，從此中國高鐵發展走上了順風順水的快車道，並最終奠定了今天中國世界高鐵大國的歷史地位。

先回到那個「血雨腥風」的第二階段論爭。

事情起源於 1998 年 6 月 1 日。當天，中國科學院第 9 次院士大會暨中國工程院第 4 次院士大會在京召開，已經接任中國國務院總理的朱鎔基在開幕式

上做了重要報告。他在會議上提到了京滬高鐵，詢問京滬高鐵是否可以採用磁浮技術。[24]

總理在院士大會上的這次詢問在鐵路界掀起了一股勢頭極強的磁浮旋風。「磁浮派」大老中科院院士、科技部副部長徐冠華，中科院院士何祚庥，中科院院士嚴陸光，中科院院士、鐵科院院長程慶國等人迅速跟進，呼籲京滬高鐵採用磁浮技術。當時，磁浮技術在全球的應用是什麼情況呢？這項已經誕生了64年的高速軌道交通技術，在全球尚沒有一條商業運營的線路。

這裡面鋒頭最勁的是中科院院士嚴陸光。

嚴陸光出身名門，1935年生於北京，父親是中國現代物理學研究工作的奠基人之一、中國科學院院士、中國科技大學校長嚴濟慈。[25]

嚴陸光接觸磁浮列車技術始於1987年。當時他還是中科院電工研究所的研究員。當年1月，受中科院委派，他遠赴日本進行了為期4個月的客座研究，主要研究方向是超導體。當時的日本正在搞超導磁浮技術研究，他們在日本九州東南部的宮崎縣建設了一條7公里長的試驗線，當時的試驗時速已達500公里。嚴陸光被請到現場觀看試驗，並被安排到工廠進行參觀。[26] 嚴陸光在那裡待了半個月，然後他就被征服了。回國之後，他開始在各種場合宣傳磁浮。

此時，嚴陸光已經升任中科院電工研究所所長，他聯合有關單位向國家申請了一個課題，名字叫「磁浮關鍵技術研究」。最終國家批了四五百萬元的經費，給到了中科院電工研究所、國防科技大學、西南交通大學和鐵科院四個小組從事磁浮關鍵技術研究。嚴陸光利用這部分資金搞了個玩具模型，弄了十幾公尺長的線路，玩具模型可以在上面浮起來，並能夠低速運行。

後來在一個展會上，嚴陸光又發現日本在搞中低速磁浮研究。於是他又在國內呼籲建設中低速磁浮，他極力推動的項目包括北京八達嶺中低速磁浮項目與四川青城山中低速磁浮項目。但都沒有成功。

經過這一輪努力後，嚴陸光又覺得，時速能跑到100公里的交通工具太多

了，也不差磁浮這一個。要想體現磁浮技術的優勢，只能搞高速磁浮。這時他找到了兩個重要的盟友，一個是中科院院士、以科學打假聞名於世的何祚庥，另一個是中科院院士、中國鐵道科學研究院院長程慶國。

1994 年 3 月全國「兩會」期間，嚴陸光聯合何祚庥等 6 人向全國政協八屆二次會議提交了《開展超導磁浮高速鐵路研究的建議》。[27] 建議國家立項推動磁浮高鐵研究。

到了 1994 年 6 月，他們又聯手組織了中國高鐵發展史上一次著名的會議——中國高速鐵路技術發展戰略討論會。這次會議堪稱中國高鐵發展史上的一次華山論劍，「緩建派」、「輪軌派」、「磁浮派」紛紛亮相，進行了一次觀點大碰撞。

中國高速鐵路技術發展戰略討論會，又稱第十八次香山科學會議。香山科學會議是由國家科技部於 1993 年正式發起成立的，理事會成員還包括軍方、教育部、衛計委、農業部等 10 個部門。香山科學會議有點類似於美國的戈登會議，是科學界的神仙會，主要是面向未來，什麼都可以談，什麼都可以暢想，當然越能暢想代表你的理論越前沿，整體氛圍比較寬鬆。

1994 年 6 月 10 日，會議正式開始，會期 3 天。登台亮相的各江湖派別如下：

「輪軌派」：

主要代表包括鐵道部總工程師沈之介、兩院院士沈志雲。

「磁浮派」：

主要代表包括中科院院士何祚庥、中科院院士嚴陸光、中科院院士程慶國、美國阿貢實驗室博士何建良。

「緩建派」：

主要代表華允璋。

「醬油派」：

代表若干。

看完這個名單，你會驚奇地發現，在1994年召開的這次會議上，「磁浮派」竟然已經整體佔了上風！因為這次會議的執行主席是何祚庥與嚴陸光，是「磁浮派」的兩位掌門人，也就是說這是人家的主場。所以在邀請會議代表時，他們對「磁浮派」有所照顧也是可以理解的嘛！作為會議的執行主席，他們當然也不會浪費自己的權力。在會議總結報告中，他們成功地加入了這樣一段結論：「高速磁浮列車是當前唯一能達到時速 500 公里運營速度的現實可行的高速地面交通工具，可實現大城市間的高速客運。」

就在這次會議上，「輪軌派」旗手沈志雲與「磁浮派」掌門嚴陸光進行了第一次交手過招。

其實，他們這一對冤家，還頗有緣分。就在這次會議舉辦前幾天，6月3日至 8 日，中科院第 7 次院士大會暨中國工程院成立大會在北京召開。在這次會議上，以「沈氏理論」聞名於世的中科院院士沈志雲，正式當選為首批中國工程院院士，也成為中國第一批兩院院士。也是在這次會議上，沈志雲與嚴陸光恰巧被分在了同一個房間，兩個人愉快地度過了 6 天的「同居」生活。據沈志雲回憶，兩人在房間內就磁浮技術進行了深入探討 [28]。

從目前的資料來看，院士大會上的那次相逢，氣氛應該是比較融洽的。香山科學會議的這次交手，卻讓兩位大老走上了正面交鋒的道路。當然，真正的激戰還在後面，還要等到 1998 年那次注定要載入史冊的院士大會之後。

磁浮風暴

應該說，嚴陸光在香山科學會議上的收穫並不少。那份高度評價了磁浮列車的會議總結報告，算是「磁浮派」的一次亮劍。更重要的是，他在這次會議上結識了「輪軌派」代表，時任鐵道部總工程師、高速辦主任的沈之介。在私下交流時，沈之介對嚴陸光表示，磁浮是個好事，是個新技術，應該發展，但鐵道部已經做了京滬高速鐵路的可行性研究，正在國家立項，希望不要影響京

滬線的建設。[29] 當時,「輪軌派」與「磁浮派」還處於同一戰壕,共同對抗「緩建派」,推動中國高鐵向前發展。為了安撫這位盟友,沈之介還通過自己的努力為嚴陸光爭取了一個國家軟課題項目,調查論證磁浮關鍵技術。

利用這個軟課題項目,嚴陸光組織了一批人員到德國與日本去考察磁浮技術。就是在這次考察中,嚴陸光結識了日本「超導磁浮之父」、前日本國鐵總工程師京谷好泰。京谷好泰雖然是日本「超導磁浮之父」,但是他的一項重要工作卻是積極推動磁浮技術在中國落地。就在 1994 年,嚴陸光努力操辦香山科學會議的年份,京谷好泰也在中國,他當時的身份卻是「說客」。他正在努力遊說浙江省政府上馬滬杭磁浮項目,推動日本超導磁浮技術在中國落地。[30] 當時掌握磁浮技術的日本與德國,因為在經濟上根本看不到盈利前景,擺明了建起來就是一個持續虧損的大包袱,所以國內民意根本不允許他們在自己國家建設磁浮高鐵。他們不約而同地把中國當成了一個試驗場,但中國一些專家卻把這當成了天上掉下來的餡餅,做著在高鐵領域彎道超車的「黃粱美夢」。當時的浙江省政府幾乎被京谷好泰說動了,把他介紹給了浙江省經濟建設規劃院,要求該院做磁浮技術的前期研究工作,並向國家科委匯報。

京谷好泰見到嚴陸光之後,最大的感受就是相見恨晚。於是,兩人開始聯手推動滬杭磁浮的上馬。京谷好泰讓嚴陸光相信:第一,磁浮技術擁有不可替代的優越性,必須搞高速磁浮;第二,中國是世界上最適合搞高速磁浮的國家。他對嚴陸光說,他們搞磁浮已經 30 多年了,技術非常成熟,現在已經能夠跑到時速 500 公里了。但是這種技術在日本不一定用得上,因為日本太小了,能夠選擇的線路只有東京到大阪再到九州,但是這條線已經有高速輪軌在運營了。中國不一樣,中國很大,非常需要高速磁浮。[31]

1998 年 6 月 1 日,朱鎔基總理在院士大會上提到了京滬高鐵使用磁浮技術的可能性。磁浮風暴正式在全國颳起。

當時嚴陸光正在美國，在肯尼迪發射中心看航天飛機發射，因為這架航天飛機上有他為丁肇中反物質譜儀做的永久磁鐵。6月11日，嚴陸光回到北京，收到了很多人打過來的電話，說總理在院士大會上提磁浮了，趕快行動吧。嚴陸光沒有辜負大家的期望，行動非常迅速，連夜就給總理寫了一封信。信的主要內容是介紹世界磁浮發展的基本狀況，建議中國大力發展磁浮技術。對於京滬高鐵是否適合上磁浮的問題，嚴陸光認為立即將原定京滬高鐵項目改為磁浮項目的風險較大，難以下定決心。當然，做出這個結論並不難，畢竟當時世界上還沒有一條商業運營的磁浮線路，磁浮技術只是處於試驗階段。直接推動京滬高鐵這種世界矚目的長距離、大運量線路上磁浮，風險不言而喻，沒有人敢承擔這個責任，嚴陸光也不敢。

既然京滬高鐵立即上馬磁浮有難度，怎麼辦？鼓勵京滬先上輪軌，再考慮推動其他線路上磁浮？

嚴陸光的選擇是阻止京滬高鐵上馬，然後等待磁浮技術成熟。他在給總理的信中有這麼一段話：「記得香山科學會議前後，聽到過鐵道部的兩位老總華允璋、姚佐周談到我國鐵路建設現階段不應急於建高速輪軌，應把資金用於現有線路提速（至150公里／小時），擴大鐵路里程、成網和加大電氣化程度上的意見。這種意見雖屬少數，但也有一定道理。」[32]

這看似輕飄飄的一招，其實體現了「嚴掌門」極其深厚的功力。這標誌著「輪軌派」與「磁浮派」聯手對抗「緩建派」的局面正式成為歷史。當年輪軌高鐵與磁浮高鐵作為新技術，在發展初期均面臨巨大的社會阻力。為了推動技術的向前發展，「輪軌派」與「磁浮派」選擇聯手對抗「緩建派」，做大高鐵這個概念。此一時，彼一時，在面對京滬高鐵發展技術路線問題時，原先聯手抗敵的一對盟友，友誼的小船說翻就翻了；原先處於對抗狀態的一對冤家，友誼的小船說建就建成了。至此，「磁浮派」與「緩建派」聯手阻止京滬高鐵上馬的局面正式形成。「輪軌派」旗手沈志雲曾經感嘆：「意想不到的爭論，把

京滬高速鐵路的開工整整推遲了 10 年。」[33]

6 月 25 日，朱鎔基總理對嚴陸光的信做出了批示：「請志寰、永福同志閱。請和嚴陸光同志一談。我還是那個意見，同德國合作，自己攻關，發展磁懸浮高速鐵路體系。先建試驗段。」[34]7 月底，鐵道部副部長孫永福帶著總工程師沈之介與科技司司長去拜訪了嚴陸光，並帶去了總理的批示，孫永福認為，總理的意思是中國要發展這種技術，但是京滬高鐵馬上要動工了，我們的磁浮技術底子還比較差，推動京滬高鐵上馬磁浮顯然不現實，但是搞個試驗線是沒有問題的。[35]

事實上，就在朱鎔基總理閱讀嚴陸光信件的時候，孫永福正帶了一個由 12 人組成的考察團，在德國考察磁浮技術。考察團於 6 月 23 日出發，7 月 8 日回國，先後訪問了德國與法國。孫永福考察歸來後還寫了一份《德法高速鐵路考察報告》，詳細比較了磁浮與輪軌的技術特點，認為輪軌才是中國高鐵發展的方向。但是，孫永福也建議由國家科技部牽頭，將磁浮科技作為國家重大科研項目立項，並建立磁浮試驗線。

孫永福在另外一篇文章中，是這樣描述他對磁浮高鐵的看法的：

磁浮技術的缺點也是顯而易見的，最主要的問題就是沒有投入實際運營。德國埃姆斯蘭磁浮試驗線 TR 型常導磁浮列車是對外開放的，世界各地的人感到好奇，都可以買票坐一趟。全程 31.5 公里，南北為環線，只有中間直線段 6 公里能跑到時速 430 公里，時間只有 6 秒，然後馬上就減速了。每天只運行幾趟，其餘時間為分析試驗數據，進行設備檢查。日本山梨磁浮試驗線 18.4 公里，MLX 型超導磁浮列車最高時速 500 公里，直到今天都沒有商業運營，只是展示高速成果而已。我們考察的時候得知，他們技術上還有一些問題，有待深入研究。另外，磁浮技術的造價要比輪軌高，還有就是它和現有輪軌體系的兼容性差，比如說修了北京至上海磁浮鐵路，那麼從上海到東北或到西北去的旅客，必須要換乘別的輪軌技術列車才能到達，這就給旅客帶來不便，也會因

此丟失一部分客流。[36]

獲得總理批示後，嚴陸光的思路也開始發生變化。起初，他跟日本人打得火熱，主張採用日本人的超導磁浮技術路線，但是總理的批示是「同德國合作，自己攻關」，而德國人的技術路線是常導磁浮，於是嚴陸光轉而開始主張發展常導磁浮。

超導、常導這些名詞，聽起來讓人挺頭大，其實原理很簡單。所謂常導磁浮，就是利用正負極相吸的原理實現懸浮；而超導磁浮，則是利用同極相斥的原理實現懸浮。就懸浮原理而言，超導磁浮是領先常導磁浮的。為什麼？因為常導磁浮利用異極相吸，距離變小時，吸力會進一步變大，然後就必須削弱磁場力度，否則就吸到一起了，懸浮也就終結了。所以常導磁浮本身是不穩定的，需要通過主動控制來實現，當然主動控制是德國人的強項。而超導磁浮利用的是同極相斥的原理，當懸浮高度變小時，斥力會變大，懸浮高度就會變大；懸浮高度變大後，斥力會變小，然後懸浮高度會回落，直到與重力相平衡。所以本質上，超導磁浮是一個自穩定系統，無需任何控制就能自動達到平衡。當然在具體的應用中，德國人控制技術高，解決了很多問題，反而是日本的超導磁浮在發展中遇到了很多問題，比如時速超過 300 公里時，列車會發生比較強烈的震動。

總理的批示給「輪軌派」形成了巨大的壓力。當時，沈志雲剛在《人民日報》第 7 版的「院士園地」欄目裡發表了一篇文章，說：「我國已經決定修建時速 250 ～ 300 公里的京滬高速客運專線，已著手研製擺式列車，也已開始進行超導磁浮列車研究……所有這一切都有理由相信，到 21 世紀，我國將以具有自己特色的高速鐵路技術屹立於世界高速鐵路之林。」[37] 總理對嚴陸光信件的迅速回應，讓沈志雲倍感挫折。有一次沈志雲問嚴陸光，是通過什麼渠道聯繫上總理的，嚴陸光告訴他，很簡單，寫封信丟郵筒裡，一個星期後就收到回信了。[38]

沈志雲決定做點什麼。於是他向中國工程院建議，成立一個京滬高速鐵路諮詢課題組，就京滬高鐵的技術路線展開討論，並形成一個最終的報告上報國務院。他的建議很快獲得了中國工程院的支持，課題組既包括「磁浮派」大老何祚庥、嚴陸光、徐冠華，也包括「緩建派」大老姚佐周、華允璋，以及「輪軌派」代表沈之介等人。

課題組的最終報告是通過 3 次會議討論形成的。

1998 年 10 月 21 日～ 24 日，第一次會議在沈志雲的主場西南交通大學舉行。在這次會議上，「磁浮派」與「緩建派」的聯盟關係進一步鞏固。嚴陸光繼續大力推介磁浮技術，但是也承認磁浮技術尚不夠成熟，真要在中國運用，應該是 10 ～ 15 年以後的事情。

11 月 15 日，第二次會議在深圳舉行，16 日課題組成員還試乘了廣深鐵路的 X2000 擺式列車往返廣州。這次會議的主題是研究擺式列車在京滬高鐵上運用的可行性。親自體驗過廣深鐵路上的擺式列車後，這批年紀不小身體還算硬朗但是已經被擺式列車晃得七葷八素的專家們，對擺式列車就再也提不起興趣了。廣深鐵路距離短還能忍受，作為國家鐵路大動脈的京滬高鐵如果採用擺式列車，廣大乘客怎能忍受得了？結果是，除個別專家外，大家一致反對在京滬高速鐵路上採用擺式列車。華允璋極其鬱悶，轉而大力支持「磁浮派」路線。

12 月 27 日～ 30 日，第三次會議在北京大觀園酒店舉行。這是最後的機會了，各派大老們也不再像前兩次會議那樣有所收著了，可謂是火力全開。華允璋沒有出席會議，姚佐周就在會議上激烈反對上馬京滬高鐵，何祚庥、嚴陸光極力主張京滬高鐵採用磁浮技術，沈志雲則認為京滬高鐵要盡早上馬，而成熟的技術只有輪軌。

這種分歧太大了，基本是「雞同鴨講」。吵架很快樂，但是要寫報告就麻煩了。最後，沈志雲負責輪軌列車部分內容，嚴陸光等人負責磁浮部分內容。報告已經起草完畢，轉過年來，到 1999 年 1 月 4 日，何祚庥又要求親自對報

告進行修改，且改動極大。何祚庥除強調發展磁浮高鐵的重要意義外，還大量引用了「緩建派」姚佐周與華允璋的說法，強調京滬線運量下降，建議暫且不建高鐵，等十幾年後再說。沈志雲經過與何祚庥的交流，守住了兩條底線：第一，京滬高鐵要盡快上馬；第二，中國長距離交通採用磁浮技術，至少 10 到 15 年內不行。其他內容均以何祚庥修改為主。雙方最終達成妥協：建議由鐵道部領導修建一條上海至南京的輪軌高速鐵路，由科技部領導修建一條北京機場至天津機場的磁浮高速線路。這樣，「輪軌派」與「磁浮派」的訴求都得到了滿足。最終何祚庥同意，並說服嚴陸光與徐冠華在報告上簽字。3 月 31 日，報告以中國工程院正式文件的方式報送國務院。

至於兩派最終為什麼能夠在報告上達成一致，「磁浮派」會同意磁浮技術至少 10 年內不行的結論，主要還是因為兩派對這一結論的解讀不同。京滬高鐵 10 年內不宜採用磁浮技術，是一個沒有任何爭議的結論。但是，「輪軌派」的意思是，既然 10 年不行，那就上輪軌；而「磁浮派」的意思是，儘管 10 年內京滬高鐵採用磁浮技術不現實，但是這 10 年內京滬高鐵也不能上馬，然後盡快想辦法建設一條磁浮試驗線，10 年之後再正式上馬京滬磁浮高鐵項目。

兩敗俱傷

中國工程院的報告墨跡未乾，1999 年 4 月 18 日，嚴陸光又給朱鎔基總理寫了第二封信。這次他是與何祚庥與徐冠華一起寫的，主要意思就是一點，中國工程院的那個報告我們雖然簽了名，但是我們是違心的，報告的結論說「在京滬線上採用輪軌技術方案可行」是不妥當的。此外，他還建議抓緊建設一條磁浮試驗線。[39] 他的想法就是先阻止京滬高鐵上馬，然後建設一條磁浮試驗線，等試驗線技術成熟之後，將其平移到京滬高鐵上。

嚴陸光再次獲得了勝利。朱鎔基批示給了曾任鐵道部副部長、時任中國國

際工程諮詢公司董事長的屠由瑞：「組織研究，要請計委、經貿委、鐵道部、科學院、工程院等有關部門參加。」[40]

論證會於 1999 年 9 月 12 日～16 日在京舉行。12 日上午，嚴陸光率先出馬，講了兩個小時；接著沈之介講了一個半小時，主要是解釋京滬線為什麼不能馬上上馬磁浮；下午，主要是中國工程院說明去年召開的三次會議及最終形成的總結報告的主要內容。13 日上午，則是華允璋與姚佐周的包場，到了下午，華允璋還不過癮，又講了半個小時。後面是各派人士出場時間，又是各抒己見，針鋒相對，直到 16 日會議閉幕。整體而言，因為磁浮技術不夠成熟，主張立即上馬磁浮的專家還是少數。最後，屠由瑞對嚴陸光說：「看來看去，京滬線採用磁浮技術還是不成熟，但要搞個試驗線是可以商量的。」[41]

這次論證會，「磁浮派」雖然獲得了勝利，但是勝果未如預期，京滬高鐵上馬磁浮技術不被大多數專家看好；「輪軌派」也是元氣大傷，此後京滬高鐵可行性研究停止了。「輪軌派」與「磁浮派」的論戰也進入了非對稱時期，「磁浮派」全面佔據上風。鐵道部只能默默地支持輪軌高速鐵路發展。

這次論證會不久，嚴陸光決定再接再厲，擴大戰果。9 月 30 日，他在美國訪問期間給朱鎔基寫了第三封信，主要內容有三點：第一，抓緊建設一條磁浮試驗線；第二，鑑於鐵道部很忙，建議由科技部組織實施；第三，請總理給北京、上海、天津、廣東、浙江等主要領導打招呼，有利於工作推進。[42]

這又是一封水平極高的公關信件。在嚴陸光看來，指望一向腳踏實地、首先考慮可執行性的「輪軌派」大本營鐵道部支持建設磁浮線路，看來希望是不大了，那就交給科技部吧。而科技部有一位副部長，正是「磁浮派」的大老之一——中科院院士徐冠華，兩年後他還將正式升任科技部部長。當然，如果總理能夠給地方政府打打招呼，事情肯定就更好辦了！

此時的嚴陸光也是喜事連連，信件發出後不久他就接到任命，前往浙江，擔任寧波大學校長。磁浮試驗線推進的事情也在按照他設計的路線往前發展。

朱鎔基總理批示給了鐵道部部長傅志寰、中科院院長路甬祥、科技部部長朱麗蘭及國家計委[43]，由科技部具體組織實施。京滬高鐵經歷重重險阻仍舊難以破繭，而德國人在自己國家始終沒有搞成的磁浮高鐵，竟然在遙遠的東方以他們想都沒有想到的方式邁出了重要一步。世界上第一條也是迄今為止唯一一條商業運營的磁浮高鐵即將在中國上馬。

談到這段經歷時，沈志雲曾經在自己的口述自傳中頗為不平地表示：經過 3 次正式會議討論形成的中國工程院的諮詢報告，通過正式渠道上報國務院後，猶如石沉大海。與此形成鮮明對比的是，嚴陸光以個人名義寫給國務院的建議書。嚴陸光先生 13 次上書總理，13 次都得到總理的批覆。[44]

在中國科技部的主導下，磁浮試驗線項目果然獲得了快速推進。2000 年，科技部正式成立了磁浮可行性研究小組，嚴陸光擔任組長。北京、上海、深圳三個中國經濟走在最前面的城市為此展開了競爭，在最終的比選中上海勝出。時任上海市長、中國工程院院士徐匡迪對磁浮技術非常熱心，發揮了重要作用。

從此，上海磁浮建設踏上了快車道。

2000 年 5 月，嚴陸光帶隊到德國訪問。德國搞磁浮搞了數十年，但始終無法落地，報一個項目因為費用太高被否了，換另外一個項目，又因為費用太高再次被否。當時，他們費盡心力推動的柏林至漢堡磁浮高速鐵路項目剛剛又被否了。他們的隊伍組建了，又沒事幹，所以正急火攻心。嚴陸光的到來對他們而言，可謂是久旱逢甘霖。雙方一磋商，很快就達成了協議。

6 月 30 日，中德雙方政府正式簽署協議。代表中方簽字的是上海市長徐匡迪。

8 月份，上海申通聯合上海寶鋼、上汽集團等 6 家企業，聯合發起成立了上海磁浮交通發展有限公司。

8 月 24 日，國家計委批覆了上海市磁浮列車示範運營線工程項目建議書。

2001 年 1 月 23 日，磁浮公司與德國西門子公司（SIEMENS）、蒂森克虜伯公司（ThyssenKrupp）、磁浮國際公司（TRI）簽署合同，合同金額 12.93 億德國馬克。這只是一個購買合同，沒有技術轉讓內容。

1 月 26 日，磁浮公司又與德國軌道樑技術聯合體（TGC）簽署了軌道樑技術轉讓合同，總金額 1 億德國馬克。這是中國唯一拿到手的磁浮項目相關技術。3 月 1 日，上海磁浮項目正式開建。

2002 年 12 月 31 日，全線開通試運營。

2003 年 1 月 4 日，上海磁浮正式商業運營，線路全長 29.863 公里，運營時速 430 公里，全程只需要 8 分鐘。

上海磁浮項目的開通運營，標誌著京滬高鐵論爭第二階段的結束。嚴陸光認為上海磁浮項目取得了巨大成功。主要理由有三個：第一，從開工到建設完工只用了 22 個月；第二，雖然運營過程中出過很多故障，但是後期實現了穩定運營，實現了時速 430 公里的預定目標；第三，到 2005 年 6 月，已經累計運行 163 萬公里，載客 379 萬人次。

毫無疑問，上海磁浮項目是一個成功的項目，畢竟是世界上唯一商業運營的高速磁浮線路。但是如果說是巨大成功，卻並不符合事實。首先是每公里 3 億元的造價[45]，嚇退了後來者；其次是票價高企，30 公里左右的線路收費 50 元導致上海市民怨聲載道，即便如此仍不能覆蓋高額運營費用，僅運營前三年就虧損超過 10 億元[46]。有人開玩笑說，再過不久上海磁浮就能虧出另外一條磁浮來。

所以整體來看，京滬高鐵論爭的第二階段沒有贏家。對「輪軌派」而言，京滬高鐵的開工被生生推後了 10 年；對「磁浮派」而言，儘管成功建成了磁浮試驗線，但是高企的造價及巨額的運營成本，讓磁浮技術在與輪軌技術的競爭中劣勢盡顯。所以在京滬高鐵第三階段的論爭中，「磁浮派」幾乎毫無還手之力。以嚴陸光為代表的「磁浮派」轉而努力爭取滬杭磁浮項目。由於在京

滬高鐵的競爭中失意，本來國家有關部門有意促成滬杭磁浮項目，算是一種平衡。但是，無奈只有上海一頭熱絡（主要是考慮上海磁浮項目已經形成了一定的產業鏈），而浙江方面被高企的建設成本與運營成本所嚇退，根本就毫無興趣。等到滬杭高鐵輪軌項目正式上馬後，滬杭磁浮項目也就更不可能了。

註釋

1. 詳見京滬高速鐵路股份有限公司 2014 年 12 月發佈的研究報告《京滬高速鐵路社會效益與間接經濟效益分析評價研究》。

2. 詳見京滬高速鐵路股份有限公司 2014 年 12 月發佈的研究報告《京滬高速鐵路社會效益與間接經濟效益分析評價研究》。

3. 齊中熙、劉詩平、樊曦，〈運營 3 年如何實現盈利？——京滬高鐵帶來的啟示〉，新華社 2015 年 1 月 25 日電。

4. 孫曉遠，〈4.5 億人次！京滬高鐵開通運營 5 周年〉，《人民鐵道》報，2016 年 6 月 29 日。

5. 詳見京滬高速鐵路股份有限公司第二屆董事會第五次會議通過的《京滬高速鐵路股份有限公司總經理工作報告》。

6. 蔡慶華，〈從京滬高速鐵路看中國鐵路發展〉，《人民鐵道》報，2014 年 12 月 17 日。

7. 齊中熙，〈京滬高速鐵路的論證歷程大事記〉，新華社 2008 年 4 月 18 日電。

8. 孫德永，〈在我國發展高速鐵路的幾點意見〉，《鐵道工程學報》，1990 年 12 月期。

9. 蔡慶華，〈京滬高速鐵路技術體系的形成和意義〉，《中國鐵路》，2014 年第 3 期。

10. 金辰虎，〈高速鐵路、城市有軌交通技術開發研究中心在京成立〉，《鐵道運輸與經濟》，1985 年第 06 期。

11. 吳琪，〈中國高鐵：並非「瘋狂」的鐵路加速度〉，《三聯生活周刊》，2011年第1期。

12. 蔡慶華，〈京滬高速鐵路技術體系的形成和意義〉，《中國鐵路》，2014年第3期。

13. 〈中國高速鐵路成功之路（上）〉，孫永福口述，高芳整理，《縱橫》雜誌，2014年第10期。

14. 李樹德，〈京滬高速鐵路研究歷程和主要工程概況〉，《鐵道標準設計》，2006年增刊。

15. 相關內容見國家軟科學課題《京滬高速鐵路重大經濟技術問題前期研究報告》，1994年12月。

16. 楊天石，《蔣介石與南京國民政府》，中國人民大學出版社，2007年7月版。

17. 詳見國家科委、國家計委、國家經貿委、國家體改委、鐵道部京滬高速鐵路重大技術經濟問題前期研究課題組發佈的《京滬高速鐵路重大技術經濟問題前期研究報告》。

18. 朱鎔基1993年4月12日～21日在湖南考察農村和鐵路建設工作時的談話，見《1993年中國鐵路改革與發展重要文稿》，第17頁，中國鐵道出版社，1994年6月版。

19. 王強、羅率，〈京滬高鐵十年一覽〉，《商務周刊》，2004年第17期。

20. 參見《我的高鐵情緣——沈志雲口述自傳》，湖南教育出版社，2014年8月；國務院總理李鵬的〈建設全國統一的綜合交通運輸網絡體系〉一文，《鐵道車輛》雜誌，1997年第1期有登載。

21. 報告原文可到中國人大網（www.npc.gov.cn）查閱。

22. 韓福東，〈京滬高鐵激變12載〉，《南方都市報》2006年4月9日。

23. 沈志雲口述，張天明訪問整理，《我的高鐵情緣——沈志雲口述自傳》，第251頁，湖南教育出版社，2014年8月版。

24. 李偉，〈中國高鐵21年爭議未止〉，《東方早報》，2011年6月30日。

25. 俞建偉，《嚴陸光傳》，第 1 頁，寧波出版社，2005 年 4 月版。

26. 嚴陸光，《磁浮交通文集》前言〈我與磁浮〉，中國電力出版社，2007 年 1 月版。

27. 中國人民政治協商會議第八屆全國委員會第二次會議，提案第 0991 號，嚴陸光《磁浮交通文集》收入該提案，中國電力出版社，2007 年 1 月版。

28. 沈志雲口述，張天明訪問整理，《我的高鐵情緣——沈志雲口述自傳》，第 252 頁，湖南教育出版社，2014 年 8 月版。

29. 嚴陸光，《磁浮交通文集》前言〈我與磁浮〉，中國電力出版社，2007 年 1 月版。

30. 劉剛、梁嘉琳，〈滬杭磁懸浮漫長的博弈〉，《中國新聞周刊》2010 年 12 月刊。

31. 嚴陸光，《磁浮交通文集》前言〈我與磁浮〉，中國電力出版社，2007 年 1 月版。

32. 〈關於高速磁浮列車的情況匯報（1998 年 6 月 11 日）〉，嚴陸光《磁浮交通文集》，第 179 頁，中國電力出版社，2007 年 1 月版。

33. 沈志雲口述，張天明訪問整理，《我的高鐵情緣——沈志雲口述自傳》，第 252 頁，湖南教育出版社，2014 年 8 月版。

34. 俞建偉，《嚴陸光傳》，第 150 頁，寧波出版社，2005 年 4 月版。

35. 嚴陸光，《磁浮交通文集》前言〈我與磁浮〉，中國電力出版社，2007 年 1 月版。

36. 孫永福口述，高芳整理，〈中國高速鐵路成功之路（上）〉，《縱橫》雜誌，2014 年第 10 期。

37. 沈志雲，〈迎接高速鐵路發展新高潮〉，《人民日報》，1998 年 6 月 4 日。

38. 沈志雲口述，張天明訪問整理，《我的高鐵情緣——沈志雲口述自傳》，第 258 頁，湖南教育出版社，2014 年 8 月版。

39. 〈1999 年 4 月 18 日函〉，嚴陸光《磁浮交通文集》，第 182 頁，中國電力出版社，2007 年 1 月版。

40. 王強、羅率，〈京滬高鐵十年一覺〉，《商務周刊》，2004 年第 17 期。

41. 嚴陸光，《磁浮交通文集》前言〈我與磁浮〉，中國電力出版社，2007 年 1 月版。

42. 〈關於發展我國高速磁懸浮列車體系的建議（1999 年 9 月 30 日）〉，嚴陸光《磁

浮交通文集》，第 185 頁，中國電力出版社，2007 年 1 月版。

43. 沈志雲口述，張天明訪問整理，《我的高鐵情緣——沈志雲口述自傳》，第 260 頁，湖南教育出版社，2014 年 8 月版。

44. 沈志雲口述，張天明訪問整理，《我的高鐵情緣——沈志雲口述自傳》，第 258 頁、第 265 頁，湖南教育出版社，2014 年 8 月版。

45. 俞建偉，《嚴陸光傳》，第 158 頁，寧波出版社，2005 年 4 月版。

46. 張鳳安、李芃，〈磁懸浮經濟賬：上海磁浮公司三年虧損超 10 億〉，《21 世紀經濟報道》，2008 年 1 月 15 日。

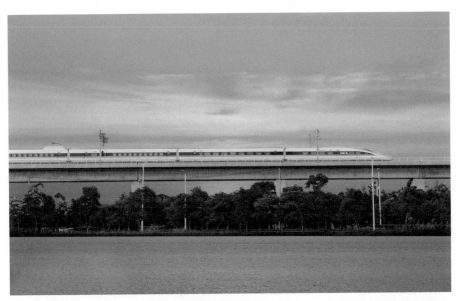

CRH380A 型高速動車組行駛在京滬高鐵丹昆特大橋上

中國從瑞典 ADtranz 公司購買的 X2000 擺式動車組

中國中車與西南交通大學聯合研製的中低速磁浮列車（1）

中國中車與西南交通大學聯合研製的中低速磁浮列車（2）

中國中車與西南交通大學聯合研製的中低速磁浮列車（3）

1998 年 10 月 21 日～ 24 日，在西南交大舉行的磁懸浮與高速輪軌研討會，前排左一周
翊民，左二姚佐周，左三華允璋，左四沈志雲，左五劉大響，左六嚴陸光

上海高速磁浮列車。羅春曉攝影

第三章 大提速

潘陽蘇家屯，一座蒸汽機車博物館裡停滿了各種「老爺車」——世界各國生產的曾在中國大地上奔跑過的各種型號的蒸汽機車。這些「老爺車」見證了中國當年「萬國機車博物館」的無奈與辛酸。

在這些「老爺車」裡面，一輛藍色塗裝的蒸汽機車分外惹人注目，紅色的標牌上寫著「勝利 7-751」字樣。這是該館的鎮館之寶。1934～1943年，它曾牽引著「亞細亞號」列車運行在長春至大連區間，最高運營時速130公里，成為當時世界上最高端、最豪華的列車之一。

59年後的1993年，一位出身鐵路世家的鐵道部副部長來到這裡，瞻仰這台帶著歷史光環的蒸汽機車，他叫傅志寰。1938年4月伴著父親拉響的火車汽笛聲，傅志寰降生於哈爾濱三棵樹，後來留學蘇聯學習電力機車，當年同沈志雲一起在莫斯科大學大禮堂聆聽了毛澤東關於青年的那次著名演講。回國後，傅志寰成為電力機車專家，在鐵道部株洲電力機車研究所工作，後來擔任鐵道部科技司司長，1990年12月任鐵道部副部長。

眼前的這台老古董，59 年前就在這塊土地上以最高時速 130 公里運營，而在當下中國鐵路的最高時速也不過 110 公里。當時，全國 56% 的鐵路線路最高運營時速不到 100 公里，四分之一的鐵路線路最高運營時速不超過 80 公里，全國鐵路的平均運行時速更是只有 49 公里。[1] 這給了傅志寰深深地震撼，傅志寰說，這讓他「深感不安」，並在以後的日子裡多次向其他人提起。[2] 從此，提速的種子就在傅志寰的心裡萌芽。

事實上中國鐵路運輸正面臨巨大的危機，在改革春風吹拂的神州大地，高速公路正如雨後春筍一樣蓬勃發展，高速公路客運以及同樣快速發展的民航給予鐵路客運以巨大的衝擊。此後的三年裡（1995 ～ 1997 年），中國鐵路客運量竟然出現了連續三年同比下降。中國鐵路也陷入大幅虧損中。[3]「龜速」運行的中國鐵路客運，已經被高速公路與民航的快速發展衝擊得潰不成軍。

鐵路客運高速化已經成為不可阻擋的歷史潮流。鐵道部如果再不回應旅客的需求，繼續沉浸在「我開什麼車你就坐什麼車」的狀態中，中國鐵路客運邊緣化將不可避免。

此時全球正在掀起建設高速鐵路的熱潮，繼日本、法國後，德國、意大利、西班牙、比利時、韓國、美國、瑞典、中國台灣等國家和地區都加入這股大潮中。中國也躍躍欲試，有關部門積極推動京滬高速鐵路上馬。但是，中國高鐵前進的腳步卻正被「緩建派」牢牢地拖住，動彈不得。

是坐以待斃，還是另闢蹊徑？中國鐵路人選擇的是「明修棧道，暗度陳倉」，通過既有線鐵路的大提速，為高鐵時代的到來奠定了堅實的基礎，書寫了世界鐵路史上的宏偉篇章。

歷史之門

時速 160 公里是一個坎，它是時速 120 公里的普速鐵路邁向時速 200 公里的高速鐵路所必須征服的「天王山」。所以時速 160 公里的鐵路又被稱為準高

速鐵路。要征服高速鐵路，首先必須征服準高速鐵路。

　　既然高鐵建設一時難以展開，那就先讓我們在時速 160 公里的準高速鐵路上大展拳腳吧！磨刀不誤砍柴工，中國正是通過大規模的既有線改造提速，打造了龐大的時速 160 公里鐵路客運網絡，為中國高鐵時代的到來打下了堅實的基礎。中國鐵路大提速規模之宏大、社會影響之良好、技術積累之深厚，都可謂世所罕見，被稱為跨世紀工程。

　　既然要打造時速 160 公里的準高速鐵路網絡，總要有一個突破口，選哪裡？歷史選擇了廣深鐵路，中國鐵路從這裡打開了既有線鐵路大提速這扇歷史之門。這個選擇的難度倒是不大，因為廣深鐵路實在是不二之選。理由如下：

　　第一，廣深鐵路位置特殊，位於祖國的南大門，是對外開放的窗口，並與香港的廣九鐵路南段相連，港澳同胞出入多。1997 年香港會正式回歸，在這裡建設準高速鐵路有利於香港的繁榮與穩定。此外，乘坐該條鐵路的乘客收入水平高，經濟承受能力強。

　　第二，這條鐵路以客運為主，貨運為輔，白天開行旅客列車，晚上開行貨運列車，行車組織比較簡單。我們都知道，鐵路客運對提高速度的需求最為迫切。

　　第三，這條交通走廊各種交通工具競爭激烈，除鐵路外，廣州與香港間的旅客運輸方式還包括高速公路、客船、氣墊船等，因此這條鐵路對通過提高運營速度來提高競爭力的需求更加迫切。

　　第四，這條鐵路只有 147 公里，距離適中，而且處於路網的盡頭，作為提速試驗段對整個路網的影響很小。

　　第五，由於地域的關係，廣深鐵路較容易吸引外資參與。

　　1991 年，廣深準高速鐵路建設領導小組正式成立，鐵道部部長李森茂任組長，廣東省副省長張高麗、鐵道部副部長屠由瑞任副組長，廣鐵（集團）公司為此成立準高速鐵路建設指揮部，並確定鐵道部第四勘察設計院為總體設計

單位。[4] 廣深準高速鐵路的建設正式拉開大幕。

廣深準高速鐵路項目不同於一般的技術改造項目，它是一項具有很強科研試驗性質的工程項目，有人將它總結為「五邊」，即：邊科研、邊設計、邊施工、邊運營、邊完善。工程參建單位眾多，參建人員超過 10000 名。[5] 廣深準高速鐵路建設是對既有廣深鐵路的升級改造，其難點在於，在搶時間建設的同時還不能影響廣深鐵路的正常客貨運輸。施工期間，每天通過 5 對廣九直通車、23 對廣深客車和 10 多對貨車。所以，多數項目是在下半夜和晚上貨車運營間隙完成的。[6]

經過 3 年的奮鬥，廣深準高速鐵路改造圓滿完成。全線少部分路段（廣州東至下元段、深圳至平湖段）為常規路線，設計時速 90 公里；大部分路段（下元至平湖段共計 98.5 公里）為準高速路線，設計時速 160 公里，其中新塘至石龍段約 25 公里設置了時速 200 公里的試驗段。

到 1994 年 9 月 21 日，廣深準高速鐵路全線竣工，並開始夜間綜合試驗，至同年 12 月 8 日全部完成。據原中國南車四方股份公司董事長江靖回憶，在廣深準高速鐵路的試驗中有兩件事讓他印象深刻，一是在兩列車交會試驗時，強大的交會壓力波竟然將列車車窗玻璃全部打碎了；二是有一次，列車在高速行駛時，將一塊施工人員留在鋼軌間的鋼板吸起來，並將車底的設備損壞了。[7] 可見，儘管設計時速只有 160 公里，但是安全運營廣深準高速鐵路仍舊充滿了挑戰。

1994 年 12 月 22 日，廣深準高速鐵路勝利通車。開通儀式定在下午 2 點鐘舉行。除了來自內地的大批新聞記者外，還有很多來自香港的記者，他們中有人傳說鄧小平要出席此次開通儀式，畢竟深圳這座神奇的城市深深打上了老人的印記。最終鄧小平沒有來，出席儀式的是中國國務院副總理鄒家華。為一條 100 多公里的鐵路開通，國務院副總理親自出席也算是高規格了。鐵道部部長韓杼濱發表講話，對廣深準高速鐵路給予了高度評價。[8]

　　當然，這條準高速鐵路的改造，不但在線路建設上面進行了探索，還引領中國鐵路信號系統進行了革新。為了配合廣深鐵路，20世紀90年代初，中國引進了法國阿爾斯通（Alstom）公司的計算機聯鎖系統。該系統於1991年11月19日率先在廣深鐵路紅海站開通使用，成為中國鐵路幹線上第一個計算機聯鎖車站。

　　有了線路，還得有在線路上奔跑的車輛。為此中車戚墅堰公司根據鐵道部的要求，為廣深準高速鐵路研製了一款，因為外表設計大氣，被車迷冠以「獅子」綽號的東風11型內燃機車。這是中國設計的第一款時速160公里的準高速客運內燃機車。當然，它之所以能夠成為第一款，是因為它成功地把它的前任拍在了沙灘上。20世紀80年代，根據國家統一部署，中車戚墅堰公司研製了東風9型客運內燃機車，設計時速為145公里。廣深準高速鐵路的建設上馬後，中車戚墅堰公司又根據國家要求，在東風9型內燃機車基礎上研製了「獅子」——時速160公里的準高速客運內燃機車。於是，悲催的東風9型內燃機車還沒有正式上線就停產了，總共只生產了兩台驗證車。值得一提的是，0002號東風9型內燃機車，曾在1992年的試驗中跑出了時速163公里的最高紀錄。

　　作為東風9型內燃機車的替代者，「獅子」用自己的實力證明自己是一個名副其實的更強者，它在自己下線的第一次試驗中就跑出了時速167公里的試驗速度。1994年4月11日，0001號「獅子」在鐵科院環形試驗線牽引著7輛鐵路客車跑出了時速183公里的紀錄，創了當時的中國鐵路第一速。

　　1994年12月22日，廣深準高速鐵路開通運營，5輛嶄新的「獅子」投入運營，成為廣深線上的明星車型。此後，中國鐵路經歷了6次大提速，「獅子」一直扮演著重要角色。到2005年停產時，「獅子」共生產了458台。

　　值得一提的是，「獅子」是繼東風8型貨運內燃機車、東風9型客運內燃機車之後，第三款裝載國產16缸280型柴油機車的內燃機車型號。於今，國產16缸280型柴油機車已經隨著中國中車產品的出口走向了世界，出口到了

沙特阿拉伯、伊朗、委內瑞拉、幾內亞、肯尼亞等國家。

衝鋒號

1994 年年底，廣深準高速鐵路投入運營，獲得了社會的廣泛好評，同時也收穫了良好的經濟效益。在廣深交通走廊上，提速後的鐵路開始扭轉競爭力下滑的態勢，展現了巨大的競爭力，成為中國鐵路的標竿。與此同時，全國鐵路客運卻在與高速公路和航空的競爭中陷入下滑的泥潭之中。1995 年，廣深準高速鐵路開通第二年，中國鐵路客運量開始了連續 3 年的同比負增長。[9]

一邊是提速後，競爭力大增；一邊是維持舊貌，客運量下滑。中國鐵路客運該向何處去，我想明眼人一看就明白。但是，作出決定並不容易，因為廣深鐵路畢竟只有 147 公里，而且處於鐵路網的末梢，工程執行起來相對容易。如果對龐大的中國鐵路網幹線進行提速改造，這個工程就太浩大了。工程浩大尚在其次，技術與安全風險卻是懸在頭頂之上的「達摩克利斯之劍」，讓人壓力很大。

但是中國鐵路必須往前走，這是對中國鐵路運輸行業發展負責，也是對中國發展負責。

經過反覆權衡，鐵道部決定先選擇幾條幹線區段進行提速試驗。1995 年 6 月 28 日，鐵道部部長韓杼濱主持召開部長辦公會，正式決定在既有線上進行提速試驗，為將來的大提速進行技術儲備。這次會議還確定了幾條提速的原則：第一，花錢不能太多，因為鐵道部兜裡的銀子實在有限；第二，兼顧速度、密度與重量，既要旅客列車運行時速達到 140 ～ 160 公里，又要保證 5000 噸貨物重載列車正常開行，還要提高行車密度，畢竟當時的鐵道部主要靠貨運賺錢，當然這個難度確實夠大的；第三，保證安全，這個不用多說，沒有安全就沒有一切。

1995 ～ 1997 年，鐵道部共組織了 4 次提速試驗，正式吹響了中國鐵路大

提速的號角。

第一次提速試驗選址滬寧線。1995 年 9 月 16 日～ 22 日，提速試驗首先從貨運開始，東風 4E 型貨運內燃機車與東風 8 型貨運內燃機車分別牽引 4200 噸貨物進行試驗。同年 10 月 8 日～ 20 日，鐵道部又在該線上進行了旅客列車提速試驗，由東風 11 型客運內燃機車擔當牽引動力，最高試驗時速 173 公里。

具體的試驗過程枯燥而繁瑣，就不細說了，直接說這次提速試驗的結果吧，那就是中國第一列快速列車的誕生。1996 年 4 月 1 日，上海鐵路局在滬寧線上正式開行了被命名為「先行號」的快速列車。牽引機車由 0006 號「獅子」擔當，旅客列車則由中車浦鎮公司生產的 25 型雙層旅客列車擔當。「先行號」列車在上海到南京區間運行，最高時速 140 公里，兩地間旅行時間由 4 小時縮短到 2 小時 48 分。[10]

第二次提速試驗選址京秦線。1995 年 11 月 2 日～ 4 日，北京鐵路局在北京至北戴河區間進行提速試驗。由「獅子」牽引 12 輛準高速雙層旅客列車進行，最高試驗時速 175.7 公里。[11] 這次試驗的結果是 1996 年 7 月 1 日北京鐵路局開行了「北戴河」號快速列車，最高運營時速 140 公里，全程 277 公里旅行時間由此前的 3 小時 38 分縮短到 2 小時 30 分。

第三次提速試驗選址瀋山線。1996 年 6 月 30 日～ 7 月 30 日，瀋陽鐵路局先後在瀋山線組織了 3 次大規模的針對性提速試驗。[12] 瀋山線提速試驗是這幾次提速試驗中，內容最豐富、組織最複雜、取得的試驗數據最全面的一次。這次試驗的結果是 1996 年 10 月 8 日，北京到大連快速客運列車開通運營。這是中國第一條跨區域、長距離的快速旅客列車，全長 1138 公里，旅行時間由此前的 16 小時 15 分壓縮到 11 小時 58 分。我們從這趟快速客運列車上已經能夠看到未來第一次大提速的影子了。

第四次提速試驗選址鄭武線。這是四條參與提速試驗的線路中，唯一一條電氣化鐵路。擔當此次提速試驗牽引動力的，就是中國高速機車車輛中聲名赫

赫的韶山 8 型電力機車，被車迷們親切地稱為「小八」。中國鐵路首次突破時速 200 公里的豐功偉績，就是由「小八」創造的。關於它的故事，還會在後面的篇章中重點介紹。1996 年 11 月 10 日～21 日，「小八」牽引 25 型客車、雙層客車、準高速客車進行了一系列試驗，取得了大量寶貴試驗數據，為今後電氣化區段提速改造奠定了基礎。

　　經過四次提速試驗，中國鐵路在積累試驗數據的同時也積攢了信心。大提速的大幕即將拉開，中國鐵路發展也即將迎來一個新時代。

世紀鴻篇

　　至此，中國鐵路大提速可謂是「萬事俱備，只欠東風」。

　　於是，鐵道部部長韓杼濱主持召開部長辦公會，決定從 1997 年 4 月 1 日起正式實施既有線鐵路大面積提速戰略，並全面調整列車運行圖，開發適應市場要求的運輸新產品。

　　中國鐵路第一次大提速主要涉及京滬、京廣、京哈三大鐵路幹線。主抓這項工作的是鐵道部負責運輸的副部長劉志軍以及總工程師華茂崑。[13] 中國鐵路第一次大面積提速是一次歷史性的突破，在中國鐵路發展史上具有不可撼動的歷史地位。主要是下面兩點：

　　第一，中國鐵路歷史上最受歡迎的客運產品——「夕發朝至」列車正式上線，共推出了 78 列，被稱為「移動賓館」。這是中國鐵路客運產品的重大創新，一經推出，立刻大受市場歡迎，成為中國鐵路的招牌產品。

　　第二，在前期試驗的基礎上，快速客運列車批量上線，共推了 40 對，將中國鐵路既有線最高運營時速提高到了 140 公里。全國鐵路平均運營時速也由 48.1 公里提高到了 54.9 公里。

　　這次大提速大獲成功。有多成功？成功地成為中國鐵路客運的轉折點。從提速第二年開始，中國鐵路一改客運量連續 3 年同比下降的狀況，實現了同比

大幅增長。從此之後，除了 2003 年因為「非典」疫情導致大家出行人幅減少的特殊情況外，中國鐵路客運量再也沒有出現過同比下降的情況。

1998 年年初，傅志寰接韓杼濱成為新一任鐵道部部長。不久，他主持召開部長辦公會，決定在當年 10 月 1 日實行鐵路既有線第二次大面積提速。這次大提速仍舊圍繞京滬、京廣、京哈三大鐵路幹線，主要是對第一次大提速的補充與完善，有以下幾個方面的突破：

第一，三大幹線快速列車最高運營時速由 140 公里提高到 160 公里；非提速區段快速列車最高運營時速提高到 120 公里。

第二，廣深準高速鐵路通過租用瑞典擺式列車 X2000，開行了最高運營時速達 200 公里的旅客列車。按照國際鐵路聯盟的定義，既有線改造時速達 200 公里即為高速鐵路。雖然只有一個班次，算是一個特例，信號系統還是老式的，但某種意義上，1998 年 10 月 1 日之後的廣深鐵路已經算是高速鐵路了。

第三，快速列車在第一次大提速 40 對的基礎上增加了一倍，達到 80 對；「夕發朝至」列車因為大受歡迎，由 78 列增加到 228 列。

2000 年 10 月 21 日，中國鐵路又進行了第三次大提速。與前兩次大提速主要在京滬、京廣、京哈三大南北幹線上進行不同，這次大提速主要針對隴海、蘭新、浙贛等東西向鐵路，同時也包括京九這條南北大通道。2000 年，中國正式實施西部大開發戰略，中國東西部間人員、物資的交流迅速增加。鐵路第三次大提速正是在這樣的背景下實施的。經過這次提速，北京到烏魯木齊的 T69/70 次列車旅行時間比 1997 年壓縮了 19 小時 36 分；上海到烏魯木齊的 T53/54 次列車旅行時間比 1997 年壓縮了 22 小時 58 分。經過這三次奮力地改造，中國鐵路提速線路總里程已經接近 1 萬公里，初步形成了覆蓋全國主要地區的「四縱兩橫」提速網絡。

第三次大提速除了硬件上的突破外，在管理上也有一個表面上看起來不起眼，但是對乘客出行體驗有重大影響的突破，就是全國鐵路首次實現聯網售

票，首次有 400 個較大車站獲得了異地售票資格。

為了總結前三次提速的經驗，2001 年 7 月 2 日，鐵道部還專門在北京組織召開了座談會，並根據座談會的精神制定了一個既有線提速的綱領性文件——《鐵路「十五」提速計劃及實施意見》。應該說這份文件對速度的認識非常到位，文件開篇就說：「速度是交通運輸發展的重要標誌，世界交通運輸發展的歷史，就是一部速度不斷提高的歷史。提速不僅僅是提高了列車速度，更主要的是推動了鐵路運輸質量的提高和科技進步。」[14]

這份文件還拋出了一個雄心勃勃的計劃，提出要在 2001 年、2003 年和 2005 年再分別進行 3 次大規模提速，形成覆蓋全國主要城市的 1.6 萬公里提速鐵路網。文件為中國鐵路描繪了一個美好的未來，提出客運專線旅客列車最高時速要達到 200 公里，繁忙幹線旅客列車要達到時速 160 公里，部分幹線旅客列車時速要達到 120 公里。主要幹線城市，距離 500 公里以內要實現「朝發夕至」，距離在 1200 公里左右的要實現「夕發朝至」，距離在 2000 公里左右的要實現「一日到達」。[15]

根據這份文件描繪的路線圖，第三次大提速一年後，2001 年 10 月 21 日鐵道部又組織了第四次大提速。這次大提速主要是對前幾次大提速的進一步延伸和完善，鐵路提速線路延展里程拓展到 1.3 萬公里。

時間來到 2004 年 4 月 18 日。3 個月前《中長期鐵路網規劃》剛剛獲得中國國務院批准，「四縱四橫」客運專線網絡塵埃落定；半個月前中國國務院剛剛召開了鐵路機車車輛裝備問題專題會議，確定了「引進先進技術，聯合設計生產，打造中國品牌」的總方針，以「引進消化吸收再創新」為核心內容的高速動車組技術引進工作即將展開。此時正處在中國高鐵時代的前夜，轟轟烈烈的、前無古人後也不可能有來者的中國高鐵大建設時代即將到來。就在這一天，鐵道部開啟了中國鐵路第五次大提速。

第五次大提速也有很多亮點、很多突破，概括起來包括以下幾點：

第一，首次開行了「Z」字頭的直達特快列車，共開行了 19 對，主要在京滬、京廣、京哈等幹線鐵路上運營，其中上海局有 11 趟，被火車迷們稱為「大動局」的上海鐵路局，此時已經威風凜凜了，也可以說「大動局」已經雛形初現。直達特快列車平均運行時速達到了驚人的 119.2 公里，特快列車的平均運營時速也達到了 92.8 公里。

需要特意說明一下的是，為了開行直達特快列車，鐵道部專門要求中車戚墅堰公司研製了被車迷們親切地稱為「豬頭」的東風 11G 型客運內燃機車。之所以被稱為「豬頭」，一是因為它的外形圓潤酷似一隻小豬；二是因為它擔當的運輸列車是直達特快列車，簡稱「直特」，拼音簡稱是「ZT」，與豬頭的拼音簡稱一致。

中車戚墅堰公司不是已經有「獅子」——東風 11 型客運內燃機車了，為什麼還要研製新型內燃機車？原因是直達特快列車對牽引機車提出了更高的要求。一是長交路、一站直達。「交路」是個鐵路專業用語，是指機車擔當運輸任務的固定周轉區段。「長交路」是指機車運行交路突破 1000 公里，例如北京至杭州的交路超過 1600 公里，中途不更換機車。二是單司機操縱，不再配備副司機，僅由一個司機完成全程運行。所以，鐵道部對「豬頭」的要求是「三個一」，即：以時速 160 公里的最高速度一次運行超過 1600 公里、由一個司機進行操作控制、一次裝車試驗成功。對於這「三個一」，優秀的「豬頭」都做到了。當時的鐵道部領導班子正在大力宣傳鐵路「跨越式發展」，而優秀的「豬頭」被他們視為掌上明珠，所以當時生產的每台「豬頭」上，都印有「跨越」字樣標誌。「豬頭」採用的是雙機重聯，截至 2010 年 10 月停產共生產了 184 台（92 組）。

第二，京滬、京廣、京哈少部分路段最高運營時速能夠達到 200 公里，實際上已經符合國際鐵路聯盟對高速鐵路的定義了。

第三，25T 型鐵路客車上線運營。25T 型鐵路客車，能夠滿足以時速 160

公里持續運行 20 小時不停站，主要部件滿足 200 萬公里內無需換修的要求。25T 型鐵路客車構造時速為 210 公里，最高運營時速為 160 公里。這是截至目前中國普速鐵路上最高端的鐵路客車型號，採用藍白相間塗裝，與紅白相間塗裝的 25G 型鐵路客車及墨綠色塗裝的 22 型或 25B 型鐵路客車相區分，備受車迷及廣大乘客喜愛。2013 年後，包括 25T 型列車在內的大部分鐵路旅客列車被統一換成墨綠色塗裝。

中國鐵路第五次大提速是中國高鐵時代到來前，中國鐵路進行的最後一次大提速。雖然，後面還有一個名叫「第六次大提速」的事件發生，但是它與前面的五次大提速已經有了本質意義上的區別，在那次大提速中，一種名叫「和諧號」的白色精靈開始在中華大地穿行，並俘獲了中國人的心靈，它們就是「CRH」（中國高速列車的英文縮寫，也是中國高速列車的品牌名稱）中國高速動車組。那次大提速正式開啟了中國高鐵時代的大門，中國從此邁入高鐵時代。

邁向高速

不謀全局者不足謀一域，不謀萬世者不足謀一時。

中國在扎扎實實開展既有線大提速的同時，也在進行著高速鐵路技術前沿探索。主要包括兩個方面：一是進行衝高試驗；二是建設高速試驗路段。

我們先來介紹一下衝高試驗。首先要登場的就是中國高速機車車輛中的大老——韶山 8 型電力機車，也就是車迷口中的「小八」。「小八」可不簡單，它也是當年為廣深準高速鐵路建設的配套項目。它是由中車株機公司與中車株洲所聯合研發的，1995 年 2 月兩台試驗車下線。由於當時廣深線沒有進行電氣化改造，所以只好先配屬了鄭州鐵路局，在鄭州至武漢段擔當運營任務。

時間來到 1997 年 1 月 5 日，北京東北角的鐵科院環形試驗線。這是中國最重要的鐵路試驗基地之一，中國最新研製的機車車輛往往首先就要到這裡進

行試驗測試。該條試驗線於 1958 年建成投產，經過改造後試驗線路全長約 47 公里，其中電氣化線路約 35 公里。

當天，時任鐵道部副部長傅志寰率領一隊鐵道部官員以及技術專家來到鐵科院環形試驗線。中國鐵路要進行歷史上第一次時速 200 公里高速試驗。當時，在高鐵「緩建派」的巨大輿論壓力下，「高鐵」幾乎成了一個敏感詞語，所以當天的試驗是祕密進行的。「小八」的後面跟著的是中車浦鎮公司研製的 25Z 型雙層旅客列車，在微風輕拂的試驗場地上，「小八」顯得異常威武。

隨著命令的下達，「小八」緩緩啟動並逐漸加速，激情澎湃處，「小八」牽引著列車像一陣風一樣掠過。時速 212.6 公里，中國鐵路第一個突破時速 200 公里的紀錄誕生了。現場歡聲雷動，鐵道部的官員們與來自中車旗下各公司的技術專家們擊掌相慶。受當時的大環境影響，當時這次試驗的結果並沒有對外發佈，外界輿論靜悄悄的，水波不興。

但是，這並不能掩蓋傅志寰內心的激動。激動之餘，鐵道部決定向更高的目標邁進。畢竟鐵科院環形試驗線的曲線半徑只有 1432 公尺，這並不能讓「小八」盡情地發揮，它還需要一個更大的舞台。

選擇一個什麼樣的舞台呢？其實，可選擇的餘地並不多，為什麼？因為當時中國鐵路大部分都是內燃線路，電氣化線路並不多。到 1997 年中國鐵路營業里程是 51395 公里，其中電氣化里程只有 12027 公里，約佔 20%。[16] 最後選來選去，確定了三個候選方案：第一是北京到秦皇島的線路；第二是京廣鐵路鄭州至武漢段；第三是廣深鐵路。廣深線最先被排除，因為廣深線試驗段只有 25 公里，有點短。然後在京秦段與鄭武段的比較中，鄭武段最終勝出。因為鄭武段有一段 53 公里的線路條件非常好，其中有一段長達 23.826 公里的大直線，非常利於衝高速。[17]

1997 年 5 月 12 日，鐵道部黨組正式發文確定在 1998 年 6 月 15 日進行韶山 8 型電力機車衝高速試驗。為什麼要到一年以後才進行這次衝高試驗呢？因

為需要對線路及車輛進行改造。

線路的改造主要包括平面改造，如抬道、補砟、撥道等投資 32 萬元，軌道改造投資 1673 萬元，道岔改造投資 2880 萬元，橋樑改造投資 350 萬元，接觸網改造投資 2400 萬元，加上其他費用共投資 8068.5 萬元。[18]

機車車輛的改造主要包括韶山 8 型電力機車的改造，一是使用了架懸式輪對空心軸轉向架；二是修改齒輪傳動比；三是採用了 900 千瓦電機；四是更換了電機軸承、液壓減震器、受電弓，並加裝了軸溫監測裝置，各項費用總計花費 310 萬元。參與試驗的客車共有 5 輛，由浦鎮公司、長客股份公司、四方股份公司生產，改造費用共計 770 萬元。機車車輛改造費用共計 1080 萬元。[19]

1998 年 6 月 15 日，試驗正式開始，到 6 月 24 日試驗結束，共進行了 20 個往返試驗，試驗列車累計運行了 2883 公里。

這次試驗聲勢浩大，參與的人員包括鐵道部各司局、鄭州鐵路局各單位、中車所屬各公司、鐵科院、西南交通大學、北方交通大學等共計 1000 多人。[20] 據原中國南車董事長趙小剛回憶，當時車上車下參與試驗的人員則達 2000 人。他在現場問中國工程院院士、中車株機公司總工程師劉友梅：「試驗有 100% 的把握嗎？」劉友梅沉思片刻後回答：「沒問題！」趙小剛又追問：「我聽說鐵科院的參試人員，單位都給買了人身保險了，我們要不要買？」劉友梅回答說：「我們不能買。我們是研製單位，我們買了，那麼多參試單位的人心裡就不踏實了，我對安全有絕對的信心！」[21]

實踐證明，在繁忙的鐵路正線進行如此高速試驗挑戰還是非常多。試驗第二天，6 月 16 日，試驗列車由許昌站下行開往小商橋站，試驗列車以時速 160 公里運行，迎面駛來了由南寧開往西安的上行列車 K316 次，該列車由一輛電力機車牽引著 18 輛 22 型客車，時速 115 公里。上午 9 時 23 分左右，試驗列車與 K316 次列車交會。意外發生，K316 次列車的一塊玻璃被巨大的交會壓力波吸走，另外兩塊玻璃被氣流打碎。K316 次列車被吸走的玻璃，連續打在

了試驗列車不同部位的客車上，先是打在了客車的側牆上，接著又打在了側門的兩個鐵扶手上，直接將扶手打彎，後面又連續打在了試驗列車的扶手上，打掉了橡膠護層，打在試驗列車的玻璃上，將玻璃打碎。

此前，在廣深準高速列車的試驗中，也曾經發生過交會列車將旅客列車的玻璃吸下來、將貨物列車的篷布吸走的情況。這次意外中的「交會試驗」，試驗列車時速只有 160 公里，普通旅客列車時速只有 115 公里，兩車相對時速只有 275 公里，就產生了如此強大的交會壓力波。聯想到 2016 年 7 月 15 日，兩列中國標準動車組在鄭徐高鐵試驗線上，分別以時速 420 公里進行交會試驗，兩車相對時速超過 840 公里，平均每秒 233 公尺，試驗取得巨大成功，各項參數符合設計標準。這不得不讓人感嘆中國高鐵取得的巨大進步。

6 月 24 日，試驗最後一天，「小八」沒有滿編牽引 5 輛車，而是只牽引著中車長客股份公司與中車浦鎮公司各一輛客車進行試驗。天氣不錯，微風輕拂，「小八」心情倍爽，撒開丫子跑了一圈，時速表指向了 239.7 公里。中國鐵路第一速誕生了！這個速度也是迄今為止中國電力機車最高試驗速度。後來打破這個速度紀錄的是，中國設計的第一列時速 200 公里的電動車組大白鯊。

這就是中國鐵路人在沒法建設高速鐵路的情況下，通過高速試驗進行技術積累的故事。但鄭武線的試驗，說破天，畢竟也只是一次試驗而已。無論它多麼成功，也不可能憑藉它這一次試驗，就完成中國高鐵相關技術的積累。要進行更多的、常規化的高速試驗，中國必須建設自己的高鐵試驗線，將這些高鐵試驗線建成試驗田，並在這裡培育中國高鐵的種子，慢慢等待它的開花與結果。中國建設的高鐵試驗田共有兩個：

第一個是廣深準高速鐵路，通過電氣化改造，進一步提升了線路的技術標準，成為中國最重要的高速試驗線路，後來中國研製的十多款國產動車組，大多數都在這裡進行過試驗。

第二個就是秦瀋客專，這條線路某種意義上也成為中國高鐵的黃埔軍校，

用鐵道部原建設司司長楊建興的話說，「參加京滬高鐵建設的技術骨幹有 90%
都曾參加過秦瀋客專的建設。」可見秦瀋客專在中國高鐵建設史上的地位。

秦瀋客專的相關情況，我們將在下一章中做重點介紹。這裡我們再重點說
一下廣深準高速鐵路的電氣化改造情況。

在中國，廣深鐵路是一條非常特殊的鐵路，具有很強的試驗性質。

第一，它的經營體制是特殊的，它是一個在紐約、香港、深圳三地上市的
上市公司，所以它並不同於帶有很強公益性的普通國有鐵路，而是帶有很強的
經營性質。1996 年廣深鐵路被改造為廣深鐵路股份有限公司，並在紐約、香
港實現上市。在廣深鐵路改制的時候，作為市場化的試驗，它獲得了自主定價
權，可以在國家鐵路定價基礎上上浮 50%，所以今天才會出現與國鐵相比，
廣深鐵路速度慢、票價高的情況。廣深鐵路全長 139 公里，二等座 79.5 元，
一等座 99.5 元，核算下來一等座每公里票價 0.72 元，二等座每公里票價 0.57
元。與之相對比，作為國有鐵路的廈深鐵路，全長 502 公里，一等座 181 元，
二等座 150.5 元，核算下來，一等座每公里票價 0.36 元，二等座每公里票價只
有 0.3 元。

第二，廣深鐵路是中國高鐵早期的試驗田。1996 年廣深鐵路股份有限公
司在紐約、香港兩地實現上市後，融了一筆錢，然後就投入了電氣化改造。

1997 年 2 月，總投資 8 億元人民幣的廣深鐵路電氣化改造工程正式開工，
經過 15 個月的施工，至 1998 年 5 月工程全面完成。經過電氣化改造後，廣深
鐵路一躍又成為中國速度等級最高的鐵路，其中石牌至平湖段 108.5 公里可以
滿足時速 200 公里運行條件，下元至茶山段 27.14 公里可以滿足時速 250 公里
運行條件。這段時速 250 公里線路也成為中國高速動車組的「黃埔軍校」，在
引進日歐高速動車組平台前，中國自主研製的十多種動車組，如「大白鯊」、
「先鋒號」、「中華之星」等，幾乎都在這裡進行過高速試驗。

廣深鐵路的開風氣之先，還不僅限於此，它還是中國最早租用國外擺式動

車組，也是中國截至目前唯一正式運營過擺式動車組的鐵路線路。這款擺式動車組，當然就是大名鼎鼎的瑞典 ADtranz 公司生產的 X2000 擺式動車組。

　　為了為將來的電氣化做準備，1996 年 11 月廣深鐵路與瑞典 ADtranz 公司簽訂合同，租用一列 X2000 擺式動車組，租期兩年，年租金 180 萬美元。廣深鐵路租用 X2000 擺式動車組，一方面是想提升廣深鐵路的服務水平，另一方面也是想測試擺式動車組在中國的可行性。列車於 1998 年運抵中國天津，然後在北京鐵科院環形鐵路試驗線完成了相關試驗。1998 年 8 月 28 日，電氣化的廣深鐵路正式投入運營，X2000 擺式動車組也在同一天上線。X2000 擺式動車組擔當的客運班次品牌，被命名為「新時速」，一時之間成為中國鐵路的招牌。

　　由於只是租用，瑞典並沒有將相關維修技術給予中國。所以 X2000 列車的定期保養需要到香港，由瑞典的工程人員來完成。後來廣深鐵路就把這列車買了下來，用以取得維修技術，但是相關配件仍舊需要從國外購入。

　　在 2007 年 4 月 18 日中國新型的「和諧號」動車組投入運營之前，X2000 擺式動車組一直是中國最高端的客運列車。2007 年 4 月 18 日，「和諧號」CRH1 型高速動車組在廣深鐵路投入運營後，X2000 列車正式從廣深鐵路退役，到 2012 年該列車被拆解後又運回到了瑞典老家。

　　X2000 列車在中國的運營，具有很強的探索性質。在京滬高鐵「建設派」與「緩建派」的紛爭中，擺式動車組曾經是其中一個重要選項。但是在中國工程院組織專家試乘了 X2000 列車後，擺式動車組作為一個選項就被徹底地否決了。

　　後來，中國也曾經試圖研製過擺式動車組，中車大連公司、中車唐山公司與中車浦鎮公司聯手搞了一個「普天號」擺式動車組，但是還沒有上線運營就被鐵道部否決了。至今仍被封存在車輛廠裡。

註釋

1. 華茂崑，《中國鐵路提速之路》，第 37 頁，中國鐵道出版社，2002 年 2 月版。

2. 〈傅志寰訪談錄〉，見馬國川著《共和國部長訪談錄》，三聯書店，2009 年 10 月版。

3. 鞠家星，〈提速，世紀之交的宏偉篇章〉，《中國鐵路》，2002 年第 11 期。

4. 楊東晉，〈廣深準高速鐵路建設工程：中國高速鐵路的起步〉，《中國鐵路》，1992 年第 10 期。

5. 曾軍敏，〈鐵路建設的里程碑——廣深準高速鐵路建設側記〉，《中外房地產導報》，1995 年第 4 期。

6. 曾軍敏，〈鐵路建設的里程碑——廣深準高速鐵路建設側記〉，《中外房地產導報》，1995 年第 4 期。

7. 趙小剛，《與速度同行——親歷中國機車車輛工業 40 年》，第 207 頁，中信出版社，2014 年 5 月版。

8. 鞠家星，〈提速，世紀之交的宏偉篇章〉，《中國鐵路》，2002 年第 11 期。

9. 參見由中華人民共和國國家統計局編寫的，由中國統計出版社出版的歷年《中國統計年鑑》。

10. 陳建龍，〈滬寧線「先行號」投入運營〉，《鐵道車輛》，1996 年第 5 期。

11. 〈「北戴河號」快速旅客列車運行在京秦線上〉，《中國鐵路》，1997 年第 2 期。

12. 華茂崑，《中國鐵路提速之路》，第 117 頁，中國鐵道出版社，2002 年 2 月版。

13. 鞠家星，〈提速，世紀之交的宏偉篇章〉，《中國鐵路》，2002 年第 11 期。

14. 〈鐵路「十五」提速計劃及實施意見〉，《中國鐵路》，2001 年第 9 期。

15. 〈鐵路「十五」提速計劃及實施意見〉，《中國鐵路》，2001 年第 9 期。

16. 參見由中華人民共和國國家統計局編寫的，由中國統計出版社出版的歷年《中國統計年鑑》。

17. 華茂崑，《中國鐵路提速之路》，第 536 頁，中國鐵道出版社，2002 年 2 月版。

18. 華茂崑，《中國鐵路提速之路》，第 548 頁，中國鐵道出版社，2002 年 2 月版。

19. 華茂崑，《中國鐵路提速之路》，第 548 頁，中國鐵道出版社，2002 年 2 月版。

20. 華茂崑，《中國鐵路提速之路》，第 579 頁，中國鐵道出版社，2002 年 2 月版。

21. 趙小剛，《與速度同行——親歷中國機車車輛工業 40 年》，第 122 頁，中信出版社，2014 年 5 月版。

瀋陽蒸汽機車博物館鎮館之寶「勝利 7-751 號」蒸汽機車

有「獅子」之稱的東風 11 型內燃機車

韶山 8 型電力機車牽引旅客列車經過黃鶴樓

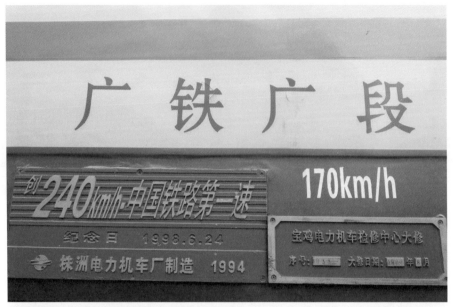

韶山 8 型電力機車在鄭武線創造 240 公里時速現場

鐵路第四次大提速新聞發佈會現場

被稱為「豬頭」的東風 11G 型內燃機車在海南。羅春曉攝影

韶山 8 型電力機車創造時速 240 公里速度紀錄紀念標牌

第四章　速度傳說

2003年10月12日，在中國高鐵發展史上，本是一個值得大書特書的日子，中國第一條客運專線——秦瀋客專正式開通運營。

實際上卻是靜悄悄的。

秦瀋客專這樣一條重量級線路的開通，不但沒有迎來一個符合自己身份的開通儀式，沒有迎來任何高級別官員的到場祝賀，甚至連一個《人民鐵道》報的頭條都沒有博到。

2003年10月13日的《人民鐵道》報只發了一篇小文來報導這個事件，開頭是這樣寫的：

雨夜中，瀋陽北至北京的K54次列車靜靜地停靠在瀋陽北站的第一站台上，旅客們紛紛壓緊被寒風吹起的衣襟匆匆登上列車。他們中的絕大多數並不知道，他們將成為京秦瀋客運通道開通後的第一批旅客。[1]

楊濱、潘輝、傅虹鐳，《人民鐵道》報的這三位記者是「不幸」的，他們採訪了一個歷史性的事件，寫了一篇歷史性的文章，卻連一個頭條都沒有博到；

秦瀋客專更是可憐，在這篇報導中甚至連名字都沒有被提起，只是作為「京秦瀋客運通道」的一部分存在著。秦瀋客專可是中國第一條客運專線，10 月 12 日是它的生日，而京秦鐵路只是一條既有鐵路，雖然也經過了改造，與秦瀋客專一起構成大通道，但無論如何，僅僅用京秦瀋客運通道來指代，連秦瀋客專的名字都不提，這是一種侮辱。

當然，《人民鐵道》報的這三位記者也是幸運的，他們是歷史的見證者，他們與那些「壓緊被寒風吹起的衣襟」的乘客一起經歷了中國第一條客運專線的開通。

這就是中國高鐵的傳奇故事，發展的過程跌宕起伏，經常是一波未平一波又起，常常在高潮時被打入低谷，卻也經常在低谷時孕育一個更大的高潮。

京滬高鐵的紛爭是這樣，秦瀋客專橫空出世與潸然淚下同樣如此。2003 年本是中國高鐵第一個高潮的頂點，但卻在頂點處戛然而止。秦瀋客專幾乎被廢棄，「中華之星」也成了「流星」。與此同時，跨越式發展的大幕卻正在徐徐拉開，從 3 月份孕育，到 6 月份形成完整的理論體系，CRH「和諧號」的種子正在秦瀋客專與「中華之星」委屈淚水的澆灌中慢慢發芽，並即將結出碩果。

在事物發展的歷史長河中，總會有一些關鍵時間節點出現。2003 年就是這樣一個關鍵時間節點。它是中國高鐵發展第一個高潮的結束，也是中國高鐵發展第二個高潮的開始。以這些重要時間節點為坐標，中國高鐵發展歷史大致經歷了五個時代，出現過三次發展高潮。

第一個時代起於 20 世紀 70 年代，止於 1998 年，我們可以稱之為中國高鐵發展的史前時代。中國高鐵在這個時期並沒有真正誕生，只是進行了一些技術積累與理論探索。這一時代的主要成就包括京滬高鐵理論探索、廣深準高速鐵路建設以及既有線鐵路大提速。

第二個時代起於 1998 年，止於 2002 年，這是中國高鐵發展的第一個高潮，我們可以稱之為中國高鐵發展的青銅時代。這一時代的主要成就包括秦瀋客專

以及以「中華之星」為代表的中國早期系列動車組型號。

第三個時代起於 2003 年，止於 2010 年，這是中國高鐵發展的第二個高潮。這一時代繪就了中國高鐵的發展藍圖，定義了中國高鐵的技術標準，打造了中國高鐵的路網骨架，定位了中國高鐵的發展路線，夯實了中國高鐵的技術根基。這是中國高鐵發展的黃金時代，「四縱四橫」高速鐵路網與 CRH「和諧號」高速列車，是這一時代的代表性成就。

第四個時代起於 2011 年 2 月，止於 2013 年 8 月，這是中國高鐵發展的黑暗期。特別是 2011 年，這是中國高鐵發展史上重要轉折年份，一系列重大事件集中發生在這個年度，中國高鐵由高峰跌入低谷。2 月份原鐵道部領導人劉志軍、張曙光腐敗案件爆發，新任鐵道部部長盛光祖上台；3 月份，鐵道部醞釀高鐵降速；6 月 30 日，世界上建設標準最高的京滬高鐵按照時速 300 公里降速開通運營，7 月 1 日，中國高鐵迎來大面積降速，武廣高鐵、鄭西高鐵、滬寧高鐵均由時速 350 公里降速至時速 300 公里；7 月 23 日，甬溫線動車事故爆發，全面掀起高鐵討伐潮；8 月 16 日，中國高鐵迎來第二次大面積降速。當然，之所以將這段時間稱為黑暗期，更重要的原因是中國高鐵的降標事件，畢竟降速只是暫時的，而降標則是永久的。這段時間大批京廣線以西的幹線高鐵被降低標準，造成了永恆的、無可挽回的損失，這裡面包括大西高鐵、寶蘭高鐵、蘭新高鐵、西成高鐵等線路。

第五個階段，起於 2013 年 8 月中國國務院通過了鐵路投融資改革，中國高鐵開始從低谷慢慢爬升，至今尚未結束。這是中國高鐵發展的第三個高潮期。經過調整的中國高鐵，在前期發展的框架基礎上，進一步擴大了路網規模、夯實了技術根基、提升了運營服務。這一時期中國高鐵的成就主要體現在三個方面，一是以印尼高鐵、中老高鐵為代表的「走出去」項目，中國高鐵成功出海；二是，以「復興號」為代表的第三代中國高速動車組的下線運營；三是，中國高鐵恢復時速 350 公里運營速度。

本章要講述的故事就是高鐵發展的第一個高潮——青銅時代，它們的主角是兩個悲情的英雄——秦瀋客專與「中華之星」。

秦瀋悲歌

中國高鐵最初是以「客運專線」這個偽裝的名字正式登上歷史舞台的。為什麼會這樣呢？因為高鐵這個名字樹大招風，反對者如過江之鯽，只好換個馬甲出來混混，而客運專線就是一個不錯的馬甲。為什麼？客車要快跑，速度一般比較高；貨車要多拉，速度往往相對較低。速度快的客車與速度慢的貨車套跑，會相互干擾，影響線路的通過能力。為了提高效率，就要客貨分線，所以世界上的高速鐵路往往都是客運專線。

秦瀋客專就是中國第一個穿上這個馬甲的高速鐵路。其實早在 1986 年鐵道部就開始研究擴大秦皇島至瀋陽鐵路的輸送能力，鐵三院受命編製研究報告。當時的決策者，一直在建新線還是改造既有線之間搖擺，到 1987 年終於決定建新線了，又開始在建設客運專線還是建設貨運專線，或者建設客貨混行鐵路之間搖擺。到 1995 年，鐵道部終於做了決定，建設時速 160 公里的秦皇島到瀋陽客運專線，最小曲線半徑 1500 公尺、困難地段 1200 公尺。

如果按照這個標準建設，秦瀋客專無疑就是又一條廣深鐵路而已，一條準高速鐵路。

但是到了 1998 年，情況發生了變化，鐵三院根據鐵道部的授意，開始按照曲線半徑不小於 2500 公尺進行設計。到秦瀋客專正式開工時，鐵道部最終決定按照最小曲線半徑 3500 公尺、困難處 3000 公尺進行建設。這意味著秦瀋客專已經發生了質的變化，為什麼？因為這代表秦瀋客專的技術標準已經提高到設計時速 200 公里，預留時速 250 公里。中國第一條理論上的高速鐵路正式誕生。

我們都知道中國高鐵歷史上有個著名的「跨越式發展」路線，中國高速鐵

路大發展以及 CRH「和諧號」動車組就是這個路線的產物；其實在 1998 年，中國鐵路也有一個響亮的口號，叫「跨世紀工程」，秦瀋客專就是這項工程的產物。1998 年 3 月 28 日，新上任的鐵道部部長傅志寰在加快鐵路建設動員大會上提出了「決戰西南、強攻煤運、建設高速、擴展路網、突破七萬」的口號，這個口號為接下來 5 年的鐵路發展定了基調。[2] 由於主要工作發生在世紀交替前後，所以又被稱為「跨世紀工程」。

1999 年 8 月 16 日，秦瀋客專正式動工，工期 4 年。2003 年是個重要年份，因為這一年傅志寰要到齡退休，鐵道部主要領導要換屆。根據形勢發展的需要，鐵道部又將秦瀋客專建成時間提前到 2002 年 12 月 31 日，要求 2003 年 1 月 1 日開始試運營。[3]

當時的鐵道部對秦瀋客專這個項目高度重視。為了加強秦瀋客專建設與京秦鐵路提速改造工作的協調，鐵道部成立了以蔡慶華副部長為組長的「京秦瀋客運通道協調組」，到 2002 年 6 月 27 日，鐵道部又成立了以傅志寰為組長，副部長蔡慶華、劉志軍、王兆成為副組長的「京秦瀋客運通道領導小組」，要求確保秦瀋客專於 2003 年 1 月 1 日開通試運行，2003 年 8 月正式運營。

但是，秦瀋客專最終沒能按照預定時間開通運營，這樣就注定了它的悲劇。因為鐵道部領導班子換屆了，新一屆領導班子有了新的發展思路，也就是鐵路的「跨越式發展路線」，中國高鐵要按照世界一流標準進行建設，而作為青銅時代的產物、低標準建設的秦瀋客專顯然就不可能受待見了。

2002 年 6 月 16 日，秦瀋客專全線鋪通，2002 年 11 月，秦瀋客專全線範圍內完成了第三次綜合試驗。但是，開通日期還是遙遙無期，直到 2003 年 10 月 12 日，秦瀋客專正式開通運營，與經過提速改造的京秦鐵路，合稱京秦瀋客運通道。擔當線路運營的也不是傅志寰時代計劃的「中華之星」動車組與「先鋒號」動車組，而是韶九客運電力機車牽引的 K54 次列車，運營時速也不是 200 公里，而是 160 公里，成了一條與廣深鐵路一樣的準高速鐵路。秦瀋客專

被正式閹割，無緣中國第一條高速鐵路的稱號。

此後，出現一個機會，秦瀋客專本有可能借此翻身。這就是「中華之星」的上線運營。雖然，與秦瀋客專一樣歷經磨難，但是「中華之星」在世人的關注下，終於還是通過了專家的鑑定考核，於 2005 年 8 月 1 日上線運營。

「中華之星」的總負責人、中國工程院院士劉友梅上書鐵道部主要領導，希望能夠讓「中華之星」在秦瀋客專上按照時速 200 公里運營。畢竟也是曾經創造了 321.5 公里／小時的中華第一速的「中華之星」，劉友梅本抱有滿腔熱情，但是他得到的是冷水澆頭。不行！理由是秦瀋客專的行車條件達不到要求。[4]

秦瀋客專與「中華之星」這對指腹為婚的「娃娃親」雖然終於在一起了，但是厄運還沒有到頭。根據鐵道部的安排，「中華之星」擔當的車次是 L517/518 次，運營時速 160 公里。「L」代表的是臨時旅客列車，也就是說隨時都可能被取消。更要命的是，鐵道部只允許「中華之星」在瀋陽與山海關之間運行。山海關是個很小的城市，客流難以保障。加上鐵道部刻意保持低調，所以這個曾經的明星車型在這條本應該地位顯赫的客運專線上擔當的車次，知者寥寥。

如果能夠讓「中華之星」在秦瀋客專全線運營，客流就會更加有保障，畢竟與山海關這個小地方相比，秦皇島已經算一個大城市了，而且是頗有名氣的旅遊城市。劉友梅決定再次上書，希望能夠將 L517/518 的運營區間擴大到秦皇島至瀋陽。但是，他又被否決了。

秦瀋客專與「中華之星」的這個命運，雖說與技術路線有一定的關係，但核心問題還是當時鐵道部部長劉志軍的個人的偏見，包括與前任部長之間的矛盾，這種安排顯然是一種有意為難。

當然，這還不是秦瀋客專的最低谷。2007 年 2 月 1 日，秦瀋客專地位進一步降低，被併入京哈鐵路，稱為「京哈線秦瀋段」。[5]

對秦瀋客專而言，當時的境況已經糟糕到不能再糟糕了，也就沒有什麼可怕的了。機會在最糟糕的時節孕育。

2007 年 4 月 18 日，偉大的中國鐵路第六次大提速正式實施，CRH「和諧號」動車組上線運營，中國高鐵元年正式到來。引進法國技術生產的 CRH5A 型「和諧號」動車組在秦瀋客專上線運營，時速 250 公里。秦瀋客專終於摘掉了準高速鐵路的帽子，正式成為一條名副其實的高速鐵路。中國第一條高速鐵路的桂冠最終沒有旁落，秦瀋客專實至名歸。

但是，當時的鐵道部官方並不這樣宣傳，官方把中國第一條高速鐵路的名頭給了 2008 年 8 月 1 日開通的京津城際高鐵。毫無疑問，京津城際高鐵在世界高鐵發展史的地位是無與倫比的，它是世界上第一條時速 350 公里的高速鐵路，但是秦瀋客專是中國第一條高速鐵路的事實無法改變。

2016 年 2 月 15 日，國家鐵路局在官網上公佈了名為《中國高速鐵路》的統計表，秦瀋客專正式被官方列為中國第一條高速鐵路，設計時速 250 公里，初期運營時速 200 公里。

「黃埔軍校」

秦瀋客專爭議頗多，但地位無與倫比，倒不在於中國第一條高鐵的虛名，而在於它對中國高鐵的養成，包括人才的育成與技術的實踐，稱它為「中國高鐵的黃埔軍校」一點都不為過。實際上，秦瀋客專在傅志寰時代立項時，為中國將來大規模的高鐵建設先行探路，進行技術和人才儲備，正是它的初衷。

我們先來看第一點——人才。

秦瀋客專全長 404.64 公里，參與建設的隊伍包括中國中鐵旗下的中鐵一局、中鐵二局、中鐵三局、中鐵四局、中鐵五局、中鐵大橋局、中鐵電氣化局，以及中國鐵建旗下的 8 個工程局，共計 15 個局參與，可以說是對中國高鐵建設隊伍的一次大操練。

　　所以，一位鐵路專家回憶說：「有的工程路局因為在秦瀋客專的建設上沒有得標，當事人都哭了，因為他們知道，一旦在秦瀋項目中出局，很有可能以後的高鐵項目也因為沒有相關從業經驗而丟掉。」[6]

　　所以在一次學術會議上，原鐵道部建設司司長楊建興激動地說：「參加京滬高鐵建設的技術骨幹有 90% 的人都參加過秦瀋客專的建設。」[7]

　　我們再來看第二點——技術。

　　秦瀋客專採用了大量新技術、新工藝、新設備，涉及路基、橋樑、軌道、通信及信號等，很多都具有試驗性質。如為了適應高速列車運行，秦瀋客專採用了長站距設計，全線只設 10 個車站，平均距離約 40 公里，最大站間距達到了 68.6 公里，這些設計突破了常規鐵路甚至國外高鐵的站間距分佈原則，可以說是一個大膽的嘗試。再如，在路基工程上，秦瀋客專對路基與橋涵之間，不同剛度的路基之間均設置過渡段，以保證軌下基礎剛度的平順變化。為了秦瀋客專建設，還專門研製了 600 噸架橋機，率先在中國鐵路建設中大範圍採用雙線混凝土箱型樑、混凝土鋼構連續樑。秦瀋客專的接觸網首次採用銅鎂合金導線，受流性能大大提升。秦瀋客專信號通信系統以車載速度顯示作為行車憑證，是中國第一條取消地面通過信號機的鐵路。

　　高速鐵路建設技術涉及方方面面，每一項都不簡單。如接觸網的設計，如何保證高速列車高速運行時受電弓始終不脫離接觸網，保證列車始終能夠獲得源源不斷的動力能源，這就是一項很大的挑戰。你可以設想一下，隨著受電弓滑過接觸網的接觸線，接觸線一定會產生上下的震動。它會以一定的頻率與速度往前傳遞，這種震動波傳遞的速度與列車的運行速度越接近，受電弓就越容易脫離接觸導線。要避免這種情況，就要從接觸網的材料以及結構設計上想辦法，保證接觸網的張力。

　　儘管高鐵建設的技術有萬萬千，需要一項一項地去突破，但是對中國高鐵而言，具有里程碑意義的技術突破有兩項：一項是無縫鋼軌，另一項是無砟軌

道。毫無疑問，秦瀋客專最重要的探索實踐是無縫鋼軌的鋪設。

坐過綠皮火車的人都知道，列車在軌道上運行時，耳邊總會響起「卡嗒、卡嗒……」的響聲。特別是在一望無際的黑暗中，遠處星星點點的燈火，這種「卡嗒」聲彷彿就是催眠的搖籃曲。當然這是文藝青年的感受，對大多數普通乘客而言，這種「卡嗒」聲會影響旅行的舒適性。這種「卡嗒」聲來源於鋼軌與鋼軌之間的接縫。普通鐵路的鋼軌一般長 25 公尺，鋼軌與鋼軌之間有幾公釐到十幾公釐的空隙。火車輪軌的踏面駛過縫隙時就會發出有節奏的「卡嗒」聲。

這種接縫也不利於列車的高速安全運行，所以高速鐵路要選擇無縫鋼軌。有人可能會說了，那還不簡單，焊接上就行了，現在焊接技術太高了，連航母都是分段焊接的。

是的，焊接很簡單，但是難點不在焊接，而在鋼軌的熱脹冷縮。暴露在野外的鋼軌，在烈日與暴雨之中，溫差變化超過 50 攝氏度，會產生極大的熱脹冷縮，這種熱脹冷縮的力專業術語叫「應力」，可以達到 100 噸。中國科學院院士、北京交通大學光波技術研究所所長簡水生曾經在接受媒體採訪的時候專門分析過這個問題，他說：「高速鐵路上的鋼軌，是由每一根長達 100 多公里的鋼軌焊接起來的，其溫度膨脹係數，是 1.1 乘以 10 的負 5 次方，也就是溫度每變化 1 攝氏度，鋼軌就伸長或縮短 1.1 公尺。」[8] 而秦瀋客專最長的一段鋼軌全長 200.918 公里。對於這麼長無縫鋼軌的熱脹冷縮，你說到底恐怖不恐怖？

那解決的辦法是什麼？實際操作起來很難，但是大道理說通了也比較簡單。第一種方法，找到中間溫度，然後用彈性扣件將鋼軌牢牢地鎖住，當然這個力一定要能夠抵禦鋼軌熱脹冷縮的應力；第二種辦法，在溫度差異大的季節變化時，如從夏天到冬天，或者從冬天到夏天，解開鋼軌的扣件，集中釋放一次應力，應力釋放完畢，鋼軌長了截掉，鋼軌短了補上。

　　秦瀋客專是中國首次成功採用無縫線路一次鋪設[9]，採用CHN60型鋼軌，軌條分為三段，最長的一段200.918公里，設計與施工研究相結合，解決了多項前沿性問題。

　　除了無縫鋼軌鋪設技術的探索，秦瀋客專也進行了小規模總計2公里長的無砟軌道鋪設試驗。無砟軌道是中國高鐵建設技術突破的第二個里程碑。

　　「砟」又寫作「碴」，就是小塊的石頭。普通鐵路我們都見過，枕木是鋪在大量的石砟上面，然後鐵軌又鋪在枕木上。可不要小瞧這些小塊石頭，它們的作用可不小。它們能夠使鐵道上的積水很容易就排走，它們能夠減低列車經過時所帶來的震動及噪聲，使乘客的乘坐舒適程度增加，它們能夠吸熱幫助鋼軌在熱脹冷縮中保持穩定，避免發生列車事故，它們還能夠分散列車給鋼軌的壓力，保持鐵道的穩定性。

　　尺有所短，寸有所長。有砟軌道的缺點也很明顯，特別是在高速鐵路領域。如隨著列車速度的提升，石砟道床會出現不規則沉降，軌道的變形也會愈來愈嚴重，同時還由於石砟變形的不均勻性造成軌道的各種不平順，影響高速列車的舒適性和安全性；如高速列車在高速鐵路上快速奔跑，會造成強大的列車風，致使道砟顆粒被風捲起，道砟粉碎化現象嚴重。

　　所有上面這些都會讓有砟軌道需要頻繁的維護。根據德國高速鐵路的資料，當行車速度為每小時250～300公里時，其線路維修費用約為行車速度為每小時160～200公里時的2倍；速度為每小時250～300公里時，通過總重達3億噸後，道砟就需全部更換。

　　而有砟軌道的缺點正是無砟軌道的優點。無砟軌道的特點就是：平順性好、穩定性好、使用壽命長、耐久性好、維修工作少、避免了飛濺的道砟。所以世界上大多數高速鐵路都採用無砟軌道。

　　當然無砟軌道因為是硬性連接結構，所以對鋪設的精度有非常高的要求，需要對軌道板進行精確定位，才能形成平順、穩定、安全、耐久的高速鐵路無

砟軌道。這就對無砟軌道技術提出了很高的挑戰。

還有重要的一點，無砟軌道是剛性連接，但是要保證列車穩定運行必須有一定的彈性。有砟軌道的彈性就來源於道砟，無砟軌道怎麼辦？那就是 CA 砂漿。CA 砂漿，就是水泥、瀝青、混合料、水、鋁粉等組成的混合物，作為板式軌道混凝土底座與軌道板間的彈性調整層，是一種具有混凝土的剛性和瀝青的彈性的半剛性體。但是，用什麼材料組成，各種材料如何配比，那這就是無比困難的一件事了！這些數據就是核心機密。

當然，秦瀋客專只是試驗了在橋樑上的 2 公里無砟軌道，並不能算是真正的突破。中國高鐵無砟軌道技術的真正突破要到 2003 年，當年 2 月 25 日，四川遂寧至重慶客專正式開工建設。遂渝鐵路全長 131.166 公里，設計時速 200 公里，預留時速 250 公里。遂渝鐵路設置了全長 17 公里的無砟軌道綜合試驗段，是中國第一次鋪設長區段無砟軌道，是中國第一次在土質路基上而不是橋樑或隧道中鋪設無砟軌道。此前中國共鋪設了大約 330 公里無砟軌道，但是全部是在橋樑或者隧道中，技術多是引自德國或日本。遂渝鐵路的無砟軌道雖然也引進了國外技術，但是已經不是簡單的購買與使用，作為中國高鐵跨越式發展的一部分，遂渝鐵路無砟軌道技術進行了消化吸收和再創新，實現了突破並轉化為中國自己的技術，創造了中國高鐵建設領域多項創新成果。2006 年 5 月 1 日遂渝鐵路通車，當年就申報了專利 56 件，其中發明專利 26 件，實用新型專利 30 件。[10]

秦瀋客專對中國高鐵技術積累的貢獻還不僅僅侷限於此，它還是中國高速列車研發的試驗場。秦瀋客專設計時速 200 公里，預留時速 250 公里，但是在山海關至綏中區間，秦瀋客專還建設了約 62.3 公里的時速 300 公里的高速試驗段，這是廣深鐵路試驗段的升級版，普通動車組可以在廣深鐵路試驗段試驗，但是佼佼者如「中華之星」與「先鋒號」就要在這裡一展雄風。

中國在秦瀋客專試驗段共進行了 3 次大的綜合試驗。第一次是 2001 年 12

月，測試的是動力集中型的「神州號」動車組，線路不錯，但是「神州號」能力有限，最高時速剛過 200 公里，達到了 201.7 公里。第二次是 2002 年 9 月，測試的是中國動力分散型動車組的代表「先鋒號」。此前一年，2001 年 10 月 26 日～11 月 16 日，「先鋒號」主要在廣深鐵路進行試驗，最高跑出了時速 249.6 公里的速度紀錄。2002 年 9 月轉至秦瀋客專進行測試的「先鋒號」動車組進一步釋放了自己的天賦，9 月 10 日，「先鋒號」跑出了時速 292 公里。第三次是 2002 年 11 月，測試的是「中華之星」，它的紀錄就是那個著名的時速 321.5 公里。

此後，「中華之星」與「先鋒號」這兩款「和諧號」之前的中國動車組雙雄，雙雙在秦瀋客專完成了 50 萬公里的運營考核，雖然此後前途各異，但是都沒有什麼好結果，雙雙被打入冷宮，逐漸淹沒在歷史的塵埃中。

動車時代

在「和諧號」上線之前，中國曾經經歷過一個讓人熱血沸騰的動車時代。那個時代，百家爭鳴、百花齊放，十幾款動車組、幾十個型號，紛紛面世並上線運營。雖然大多數都不成器，但是也有一些型號實現了批量生產，創造了很好的經濟效益，如在廣深鐵路上運營的「藍箭」動車組，繼 X2000 擺式動車組後被命名為「新時速」列車。

更重要的是，通過這些動車組的研發與運用，中國培養了一大批高速列車研發人才，而這批人正是接下來發生的高速動車組技術引進消化吸收的主力。北京大學教授路風曾經說過，技術可以引進，但是能力引進不來。[11] 為什麼說技術可以引進？因為技術可以附著在一些有型的東西上，如圖紙、設備、工藝流程等，這些都可以花錢買來。但是能力是看不見摸不著的，它無法購買，只能通過實踐獲得，它附著在人的身上。高鐵走出了一條不一樣的路，同樣是技術引進，迅速實現了消化吸收再創新，青出於藍而勝於藍，不但國內市場沒

有丟，而且成為國際市場的大玩家。其關鍵點不在於引進，而在於引進背後的功夫。

中國最早研發的動車組被稱為「摩托」動車組。「摩托」其實是英文「Motor」的音譯。該動車組是中車四方股份公司聯合中車大連所、上海交通大學等單位於 1958 年研製的，2 動 4 拖，設計時速只有 120 公里。由於當時技術底子比較差，所以該款動車組問題比較多，1961 年就停運了。但是，中國渴望動車組的心並沒有停止，1962 年中國從匈牙利進口了 8 列 NC3 型柴油動車組，到 1987 年全部報廢。後來，中國又自主研製過一列動力分散型動車組，被命名為 KDZ1 型電力動車組，研製廠家是中車長客股份公司、中車株洲所與鐵科院。但是這次研製也不成功，最終沒能投入應用。[12]

真正讓中國高速動車組研製進入百花齊放時代的是鐵道部的一次改革。1995 年鐵道部下發了《關於擴大鐵路局更新改造投資決策權的規定》[鐵計〔1995〕173 號]，下放採購權，突出鐵路局市場經濟主體地位，釋放了它們的活力。

1995 年前後中車旗下各公司開始與各鐵路局聯手研製各種動車組，並出口國外。經過幾年時間的積累與沉澱，動車組的研製在 1999 年前後開始出現井噴現象。最先應該被提及的是中車唐山公司，他們聯手南昌鐵路局於 1998 年推出了 NZJ 型雙層內燃動車組，4 輛編組 2 動 2 拖。因為車頭正面有點像唐老鴨，又因為生產的廠家名字中有一個「唐」字，所以這款車就被車迷們親切地稱為「唐老鴨」。「唐老鴨」於 1998 年 6 月出廠，交付南昌鐵路局後，被命名為「廬山號」。「唐老鴨」做了很多技術上的新探索，在中國動車組研製歷史上功不可沒，但是由於可靠性低於預期，被責令回廠改造。後來，中車唐山公司又新造了一列「唐老鴨」供南昌局使用，但是可靠性問題始終沒有解決，後來被提前報廢了。

「唐老鴨」之後，中國的動車組研製正式進入百花齊放時代，各鐵路局聯

合中車旗下各車輛廠研發了大量動車組型號，詳情見下表：

中國早期研製的這些動車組型號，探索開拓的意義更大，實際使用中往往都存在穩定性不高的毛病，所以很多都只生產了 1 列。如中國最早投入使用的動力分散型電動車組「春城號」，它是為配合昆明世界園藝博覽會而研製的動

動車組型號	出廠時間	生產廠家	動力配置	驅動方式	設計時速	生產配置情況	備註
天安號	1994 年 9 月	中車四方	動力集中，1 動 0 拖	內燃，液力傳動	120 公里	生產 2 列，配屬北京局、潘陽局	公務動車組，定員 13 人，軸重 18 噸
自行公務動車組	1996 年	中車唐山	動力集中，1 動 0 拖	內燃，電力傳動	120 公里	生產 2 列，配屬哈爾濱局、哈爾濱局齊齊哈爾分局	公務動車組，定員 18 人
伊朗動車組	1997 年 10 月	中車株機、中車長客	動力集中，2 動 8 拖	電力，直流傳動	140 公里	生產 6 列，出口用於伊朗德黑蘭市郊鐵路	雙層動車組，軸重 22 噸，定員 1408 人
NZJ 型	1998 年 6 月	中車唐山	動力集中，2 動 2 拖	內燃，電力傳動	設計時速 160 公里，交付後改為 120 公里	生產 2 列，配屬南昌局，被命名為「盧山號"	人稱「唐老鴨」，雙層動車組
NYJ1 型	1999 年 2 月	中車四方	動力集中，2 動 5 拖、2 動 8 拖	內燃，液力傳動	100 公里至 140 公里	南昌局「九江號」2 列，哈爾濱局「北亞號」4 列，集通鐵路「罕露號」3 列，北京局「晉龍號」2 列，廣西地方鐵路「北海號」1 列，包神鐵路「神華號」1 列	共計生產 13 列，其中「神華號" 運營到 2010 年
春城號	1999 年 2 月	中車長客、中車株洲所	動力分散，3 動 3 拖	電力，直流傳動	120 公里	生產 1 列，配屬昆明局	1999 年 4 月開始在昆明至石林間運行，總功率 2160 千瓦，定員 600 人

DDJ1 型 大白鯊	1999 年 6 月	中車株機、中車株洲所、中車長客	動力集中，1 動 6 拖	電力，直流傳動	200 公里	生產 1 列，配屬廣鐵集團，在廣深鐵路運營	總功率 4000千瓦，軸重 21噸，1999 年10 月上線，2002 年停運，2003 年報廢在鐵科院環行線
NZJ1 型 新曙光號	1999 年 8 月	中車戚墅堰、中車浦鎮、上海局	動力集中，2 動 9 拖	內燃，電力傳動	180 公里	生產 1 列，配屬上海局	軸重 20.4 噸，定員 1140 人，最高試驗時速 194 公里，1999 年 10 月 10日在滬寧線、滬杭線上線
斯里蘭卡動車組	2000 年 1 月	中車四方	動力集中，1 動 5 拖	內燃，電力傳動	100 公里	生產 15 列，出口用於斯里蘭卡可倫坡市郊鐵路	1676 毫米寬軌，總功率1015 千瓦，定員 1226 人，超載時 1680人
DJJ1 型 藍箭	2000 年 9 月	中車株機、中車長客、中車株洲所5000	動力集中，1 動 6 拖	電力，交流傳動	200 公里	生產 8 列，配屬廣鐵集團，在廣深鐵路運營	總功率 4800千瓦，定員421 人，軸重19.5 噸
NZJ2 型	2000 年 10 月	中車大連、中車長客、中車四方	動力集中，2 動 8 拖、2 動 10 拖、2 動 11 拖	內燃，電力傳動	160 公里、180公里	北京局 1 列命名為「神州號」、蘭州局 4 列命名為「金輪號」	「神州號」2動 10 拖，時速 180 公里，雙層動車組，定員 1440 人；「金輪號」有單層有雙層，設計時速均為160 公里
DJF2 型 先鋒號	2001 年 7 月	中車浦鎮、中車大同、中車株洲所	動力分散，4 動 2 拖	電力，交流傳動	200 公里	共生產 1 列	2 動 1 拖為一個單元，總功率 4800 千瓦，軸重 15 噸，定員 424 人，最高試驗時速292.8 公里
DJF1 型 中原之星	2001 年 9 月	中車株機、中車四方、中車株洲所、鄭州局	動力分散，4 動 2 拖，後擴展為8 動 6 拖	電力，交流傳動	160 公里	共生產 1 列，配屬鄭州局	擴編後總功率6400 千瓦，定員 1392 人，軸重 16 噸

天安 002 公務動車	2001 年	中車四方	動力集中，2 動 0 拖	內燃，液力傳動	160 公里	共生產 1 列	試製，沒有投入運用
NYF1 型柳州公務車	2002 年	中車四方	動力集中，2 動 0 拖	內燃，液力傳動	120 公里	共生產 1 列，配屬柳州局	軸重 16 噸，定員 38 人
DJ J 2 型中華之星	2002 年 8 月	中車株機、中車大同、中車長客、中車四方	動力集中，2 動 9 拖	電力，交流傳動	270 公里	共生產 1 列	定員 772 人，最高試驗時速 321.5 公里
青藏鐵路公務車	2003 年 2 月	中車四方	動力集中，1 動 1 拖	內燃，液力傳動	120 公里	共生產 1 列，配屬青藏鐵路公司	軸重 19.5 噸，定員 11 人
普天號	2003 年 5 月	中車唐山、中車大連、中車浦鎮	動力集中，2 動 6 拖	內燃，電力傳動	160 公里	共生產 1 列	中國首款擺式動車組，軸重 18.5 噸
三茂鐵路擺式動車組	2003 年 9 月	中車唐山	動力分散，4 動 1 拖	內燃，液力傳動	160 公里	共生產 2 列，交付三茂鐵路	試驗最高時速 176 公里，定員 359 人
長白山號	2004 年 9 月	中車長客	動力分散，6 動 3 拖	電力，交流傳動	210 公里	共生產 1 列，在秦瀋客專、瀋大鐵路、遂渝鐵路運營	定員 650 人，最高試驗速度 250 公里
納米比亞動車組	2005 年 3 月	中車四方	動力集中，1 動 3 拖	內燃	120 公里	共生產 5 列	1065 毫米窄軌內燃動車組
天馳號	2005 年	中車四方	動力集中，1 動 2 拖	內燃	160 公里	共生產 1 列，配屬瀋陽鐵路局	公務動車組

車組型號。1999 年 4 月 16 日，「春城號」正式上線運營，擔當 K439/440 次列車，往返於昆明與石林之間，成為昆明名副其實的城市名片。世界園藝博覽會期間，「春城號」幾乎趟趟爆滿，賺足了眼球。但是後來，因為穩定性不足，經常發生故障停車事故，需要調用內燃機車將其拖回，甚至到後期直接不再攜帶頭車整流罩，以便發生事故時用機車快速牽引。最終，到 2003 年 5 月，「春城號」停止在昆明石林間運營，然後經常以臨客身份服務雲南各地的鐵路線，

直到 2009 年正式退役。

　　另外一個例子是「中原之星」。在技術上「中原之星」也有很多有益的探索，採用了交流傳動技術，使用了 IGBT 逆變器，剛下線時集萬千寵愛於一身。2001 年 11 月 15 日，江澤民總書記還曾在鐵道部部長傅志寰的陪同下，登臨「中原之星」視察。[13] 但是「中原之星」同樣具有穩定性差的通病。2001 年 10 月 23 日 7 時，「中原之星」由鄭州開往許昌小商橋進行了第一次試車，剛開出不久就趴窩了，折騰了半天終於重新上路了，不久又趴窩了。第一次試車就這樣提前結束。2001 年 11 月 18 日，「中原之星」正式投入運營，它的「子彈頭」設計確實是一道風景，但無奈運營過程中仍舊是故障頻發，經常趴窩。[14]2002 年 10 月 1 日，擴編後的「中原之星」上線運營，還邀請了許多記者前來體驗，但是讓人很丟臉的是，半路又趴窩了。當年鄭州鐵路局鄭州客運段乘務員提到這個車就會不停地搖頭：「這個車，讓我們沒少挨乘客的罵。」「中原之星」運行半年後，即因為維修成本過高而停駛。[15]

　　但是也有成功的例子，如被命名為「藍箭」的 DJJ1 型動車組。「藍箭」的名字取自羅大理（Gianni Rodari）的散文童話《藍箭》。在童話中，「藍箭」是一列玩具火車的名字，這列火車能夠將幸福和快樂傳遞給孩子們。取名「藍箭」，就是希望它能夠成為「傳遞幸福的列車」。話說，廣深鐵路引進瑞典 X2000 擺式列車後，命名為「新時速」列車，開創了「小編組、高密度、高速度」的廣深鐵路運營模式，名聲大震，上線率一直維持在 100% 左右。廣深鐵路一看有銀子賺，決定擴大「新時速」列車的規模。但是購買 X2000 擺式列車太貴了，於是準備引進國產動車組，選中的合作廠家是中車株機公司和中車長客公司。而且廣深鐵路公司還採用了時髦的租賃方式，由廣州中車公司花 5 億元購買了 8 列「藍箭」，然後租給廣深鐵路公司來運營。

　　「藍箭」2000 年 9 月正式下線，在鐵科院環形線最高試驗速度達到了每小時 235.6 公里，11 月份轉到廣深鐵路試驗，最高速度達到每小時 236 公里。

「藍箭」正式上線運營後，與那列 X2000 擺式動車組一起構成的「新時速」列車團隊，讓廣深鐵路公司賺得盆滿缽盈。瀋陽鐵路局一看，「藍箭」是好車呀，立馬下單定了 4 列，中車株機公司、中車長客公司樂呵呵地把配件都備好了，剛準備開工，鐵道部領導換人了，大手一揮訂單就作廢了。中車株機公司與中車長客公司只好躲在被窩裡偷偷地哭了好幾天。為此國家科委科技幹部局局長金履忠還給中央有關領導寫了一封名為「請端正我國高速鐵路裝備發展方向」的信 [16]。恨得時任鐵道部部長劉志軍牙根直癢癢。

當然，「藍箭」的高穩定性是相對於其他的國產動車組而言的，與瑞典的 X2000 擺式動車組相比，「藍箭」的故障率還是高了一些，特別是剛剛投入運行的前兩年，多次出現機械故障。經過廣深鐵路公司與機車車輛廠的共同努力，兩年後「藍箭」的故障率就大幅下降，列車的 10 萬公里故障率由 7.33 件，下降到 2003 年的 0.15 件。[17]

當然，即便如此，這個數據還是無法與後來的「和諧號」動車組相比。到「和諧號」動車組時代，鐵道部對高速動車組的故障率考核指標已經不是 10 萬公里故障率了，而是百萬公里故障率。由此一個指標的變化，大家也能明白，這個時代研製的動車組與「和諧號」動車組，其實壓根就不是一回事，也僅僅只是都叫「動車組」而已。對「和諧號」動車組而言，百萬公里故障率超過 2 即為不合格，而其中的佼佼者如 CRH380A 高速動車組百萬公里故障率只有 0.3 左右。於是，2007 年「和諧號」動車組正式上線後，「藍箭」就退出了廣深鐵路的運營。這些功動車輛轉到韶關至坪石間，擔當 T 字頭列車的運營，2008 年又被調往成都鐵路局擔當成都至重慶的城際列車運營，2009 年又被調往貴陽至都勻段運營，2012 年 11 月 21 日，8 列「藍箭」列車全部退役。

剩餘型號中，值得大書特書的當然就是「先鋒號」與「中華之星」這一對動車雙雄，代表著「和諧號」動車組之前中國國產動車組研發的最高水準。「中華之星」作為故事最多的動車組型號，將專節介紹，這裡重點談談「先鋒號」。

20 世紀末、21 世紀初，隨著秦瀋客專的上馬，中國鐵路已經下定決心奔向高速時代了。為了在機車車輛方面有所突破，鐵道部上報國務院立項了兩個動車組項目，一個是動力集中型的，它就是「中華之星」；一個是動力分散型的，它就是「先鋒號」。所以，與上面提到的眾多動車組型號相比，「先鋒號」出身就比它們高一個等級。其他型號都是鐵路局聯合中車下屬的車輛廠研製的，而「先鋒號」是國家正式立項的。

「先鋒號」由中車浦鎮公司牽頭，聯合中車大同公司、中車株洲所共同研製，借鑑了日本新幹線 300 系的部分技術，並使用了日本三菱電機公司的 IGBT 牽引逆變器。列車每 3 輛組成一個單元，其中包含 2 輛動車 1 輛拖車，6 輛編組 4 動 2 拖，定員 424 人。「先鋒號」軸重只有 15 噸，雖然沒有達到新幹線 300 系 11.4 噸的變態水平，但是與其他國產動車組型號動不動就上 20 噸的軸重相比，還是有一點新幹線技術的影子。

「先鋒號」於 2001 年 5 月正式出廠，10 月 26 日～ 11 月 16 日在廣深鐵路進行試驗，試驗最高時速達到了 249.6 公里，可謂不飛則已，一飛衝天；不鳴則已，一鳴驚人。2002 年 9 月，「先鋒號」又轉到秦瀋客專試驗段進行試驗，前面介紹秦瀋客專的時候我們已經提到了，9 月 10 日，時任鐵道部部長傅志寰與副部長蔡慶華親臨指揮，「先鋒號」創造了時速 292.8 公里的中國鐵路試驗速度紀錄。

當然，歷史注定「先鋒號」與「中華之星」一樣會命途多舛。「先鋒號」要完成 50 萬公里運營考核試驗。2004 年 10 月「先鋒號」的運營考核試驗正式完成，此時「和諧號」動車組的第一個訂單已經正式簽訂，中車四方股份公司、中車長客股份公司與中加合資公司四方龐巴迪公司（Bombardier）瓜分了這一單生意。於是，剛剛研製成功不久的「先鋒號」就被丟在了一旁。

當然，「中華之星」還有劉友梅院士為之奔走呼籲，而「先鋒號」沒有人為之呼籲。於是，不受待見的「先鋒號」就被棄置在鐵科院在北京的環形鐵路

試驗線。直到 2006 年，鐵道部正式出資購買了這一列「先鋒號」動車組，中車浦鎮公司等 3 家公司的錢總算沒有打水漂。2007 年 5 月，已經曬了近 3 年太陽的「先鋒號」返回中車浦鎮公司維修，同年 6 月 6 日出廠，6 月 8 日到達重慶北，配屬在成都鐵路局，擔當成都至重慶北城際特快列車運營。2007 年 7 月 7 日，「先鋒號」正式上線運營，最高運營時速被限制在 160 公里。運營剛剛兩個月，就在途中發生故障，晚點 2 個小時。2009 年 9 月 30 日，「先鋒號」被調走，2010 年 5 月「先鋒號」開始改在貴陽至都勻段運營。那時候的貴州因為還沒有「和諧號」動車組，所以「先鋒號」的到來也讓他們很是興奮了一陣子。2010 年 10 月，「先鋒號」再次返廠，然後就被廢棄至今。

中華之星

在中國高鐵發展的青銅時代，能夠壓軸的也只有「中華之星」了。

「中華之星」是國家正式立項的項目，起源是京滬高鐵的輪軌與磁浮路線之爭。鐵道部為了證明輪軌路線的正確，亟需拿出一款技術過硬的動車組產品來為自己背書。於是，他們決定上馬一款時速 270 公里的高速動車組項目。我們必須說，這是一個雄心勃勃的項目，要知道當時世界上運營速度最高的高速鐵路也只有時速 300 公里。2000 年年初，鐵道部正式將時速 270 公里高速列車產業化項目上報國家計委，2000 年下半年國家計委就以 2458 號文件正式批准立項，同時列入國家高新技術產業化發展計劃項目，該文件明確這是中國具有自主知識產權的高速列車項目，並正式命名為「中華之星」。[18]

2001 年 4 月，鐵道部正式下達了《270 公里時速高速列車設計任務書》，確定了「中華之星」的列車參數：2 動 9 拖，包括 2 輛一等座車，6 輛二等座車，1 輛酒吧車。

當時的鐵路系統對「中華之星」這個項目可以說是空前重視，要錢給錢，要人給人。研發資金方面，國家批准的總研發資金是 1.3 億元，其中國家撥

款 4000 萬元，鐵道部出資 4000 萬元，參與研發的單位籌資 5000 萬元。研發資源方面，「中華之星」幾乎萃聚了當時最頂尖的機車車輛研發資源，由來自中車株機公司的工程院院士劉友梅掛帥，擔任總設計師，召集了包括四大機車車輛廠（株機公司、大同公司、四方股份公司、長客股份公司），四大研究所（鐵科院、株洲所、四方所、戚墅堰所），兩家高等院校（西南交大、中南大學）在內的眾多技術專家參與研發，所以該項目又被稱為「四四二工程」。[19] 其中中車株機公司負責研製 1 輛動力車、中車大同公司負責研製 1 輛動力車、中車長客股份公司負責研製 4 輛拖車、中車四方股份公司負責研製 5 輛拖車。

要知道，就在鐵道部正式下發計劃書的前一年，2000 年 9 月 28 日，中國機車車輛工業迎來了一次大的改革，中國機車車輛工業總公司被從鐵道部剝離出來，並分拆為中國南車集團與中國北車集團，劃歸國務院國資委[20]。參與研究的機車車輛廠與研究所已經分屬南北車兩大集團，而根據設立的初衷，南北車集團是直接競爭的關係。所以，項目明確：「中華之星」研製成功後，南北車集團共享知識產權，該項目形成市場後，南北車各分得一半市場。[21]

2001 年 8 月，「中華之星」通過了技術設計審查，進入試製階段。一年後，2002 年 9 月，「中華之星」研製成功並被拉到北京鐵科院環形線開始型式試驗。應該說，在「中華之星」之前中國最成功的動車組型號當屬「藍箭」，而「中華之星」其實就是「藍箭」的升級版。當然，作為一個時代的代表作品，「中華之星」有絕對的實力，它採用了更多的新技術，並有大量零部件選用了進口產品。尤其讓人驚艷的就是它的「鴨嘴獸」頭型設計。當然，今天的人們已經看慣了 CRH「和諧號」動車組的流線型設計，再看「中華之星」已經感覺平淡無奇了。但是，在 2002 年「中華之星」剛剛下線時，這個「鴨嘴獸」頭型可是引來了「哇」聲一片。這個頭型還經過中南大學高速列車研究中心風洞測

試，具有良好的氣動性能。

2002 年 11 月，「中華之星」轉到秦瀋客專進行線路試驗，中國當時最高水平的試驗線路與中國最高水平的動車組終於合體了。秦瀋客專的試驗段設計時速達到 300 公里，集萬千寵愛於一身的「中華之星」不把壓箱底的本事拿出來亮一亮，實在是說不過去。於是，他們決定玩一個大的。2002 年 11 月 27 日，「中華之星」摘掉了 6 輛非動力車廂，以 2 動 3 拖的試驗編組形式準備衝一個速度紀錄，最低目標是打破「先鋒號」的時速 292.8 公里速度紀錄。試驗結果，時速 321.5 公里。這個速度紀錄直到 2008 年 4 月 24 日，才由 CRH2-061C「和諧號」動車組在京津城際鐵路上打破。

「否極泰來」這個源於《周易》的成語，而中國還有一部著名的古書叫《淮南子》，其中有一句話講了同一個道理的另一半，叫「樂極則悲」。秦瀋客專否極泰來，而「中華之星」則樂極生悲。「中華之星」創造時速 321.5 公里速度紀錄，不但讓參與研製的科技人員群情激奮、歡呼雀躍，而且也讓時任鐵道部部長傅志寰大為振奮。第二天，傅志寰決定親自上車參與一次高速試驗，或許還有更大的驚喜也未可知，傅志寰計劃試乘的時間是 11 月 28 日上午 9 時。更大的驚喜沒有到來，更大的驚嚇卻收穫了一個。鐵道部部長親自參與不是小事，為了確保安全，試驗人員決定在傅志寰正式到來前，先上線跑一圈，最高時速 285 公里。但「中華之星」這趟出去，沒能順利回來。離返回基地還有 17 秒，安裝在轉向架上的故障診斷系統報警了。工作人員檢查發現，是中車大同公司生產的動力車下面的一個軸的托架軸承座冒煙了。劉友梅讓人查看數據後，發現軸承溫度已經達到 109 攝氏度，屬於一級警報。隨後用紅外線測溫計檢查，軸承座溫度也達到了 90 攝氏度。試驗被迫停止，傅志寰也只好悻悻地返回。故障轉向架被拉回中車大同公司拆解後發現，是從法國進口的軸承出了問題。[22] 這個事件此後被作為「中華之星」質量不可靠的依據被拿出來反覆說事，成為影響其命運的重要事件。

其實這只是一個偶然事件，因為鐵道部部長傅志寰的參與而被賦予了特殊的色彩。而從後來傅志寰在各種場合力挺「中華之星」的表現來看，傅志寰本人或許並沒有把這次意外看成一個能夠決定一個車型命運的事件。當然了，包括這次事故，也包括「中華之星」創造時速 321.5 公里速度紀錄，都是祕密進行的，當時並沒有媒體參與，也不可能有媒體進行報導。直到這一年的年底，12 月 20 日，鐵道部才通過中車株機公司透露給新華社，「中華之星」在 11 月 27 日創造了時速 321.5 公里速度紀錄。新華社發了一篇電訊稿，「中華之星」名揚天下。

外界不知道「中華之星」的這次試驗事故，但是能夠決定「中華之星」命運的人知道。2003 年 1 月，「中華之星」開始在秦瀋客專上進行線路考核。3 月份傅志寰卸任鐵道部部長，劉志軍接任。截至 2004 年 12 月，「中華之星」共完成考核里程 53.6 萬公里。2005 年年初，「中華之星」返回四大機車車輛廠進行解體拆檢，拆檢後沒有發現任何重大問題，可以確認整車和零部件狀態良好。當然也有人有不同意見，認為「中華之星」試驗的頭半年內，就發生了A 級故障（嚴重故障，對列車運行造成影響，必須恢復或隔離後才能維持運行）31 項，B 級故障（一般故障，可隔離或者帶故障運行，不影響應用，但回庫後必須查找原因並進行處理）22 項，C 級故障（零碎小故障，可在下一個修程時處理）6 項，總計 59 項。

當然，不管怎麼說這些故障畢竟只是發生在運行考核期間，而發現故障並改進本身就是運行考核目的之一。但是有些人不這樣認為，於是對「中華之星」的鑑定工作一拖再拖。國家發改委實在看不下去了，以 2005 年第 253 號文的形式向國務院領導作了匯報。國務院領導將文件批到了鐵道部，鐵道部部長劉志軍指示相關部門盡快落實「中華之星」的驗收工作。

「中華之星」畢竟是國家項目，國家撥款 4000 萬元，鐵道部也投入了4000 萬元，儘管它在新一屆鐵道部領導那裡不受待見，但是如果有更合適的

溝通解決途徑，「中華之星」雖然不能如 CRH「和諧號」般大紅大紫，但是在中國高速列車的大盤子裡佔有一席之地，還是有可能的。

就在此時，另外一件事又發生了。2005 年 6 月 26 日，中國工程院召開了一場「提高裝備製造業自主創新問題」的座談會，工程院院士劉友梅就「中華之星」面臨的困境向與會院士做了匯報。會後劉友梅聯合傅志寰、沈志雲在內的 52 名院士，以中國工程院紅頭文件的方式，向國務院呈送了一封簽名信 [23]，建議有關部門應該盡快組織鑑定，並實現產業化。可以想見，到國務院告狀這件事讓當時的鐵道部部長劉志軍如何惱怒。「中華之星」的最後一線生機也不復存在了。

2005 年 7 月 11 日～ 12 日，「中華之星」的階段驗收總結會終於在京召開，鐵道部有關司局、鐵科院、鐵路高校、瀋陽鐵路局、南北車集團均派人參加。此時，以「四縱四橫」高速鐵路網規劃為核心的《中長期鐵路網規劃》已經將鐵路行業內各單位緊緊地團結在了一起，CRH「和諧號」動車組的第二次招標也已經啟動，這次招標的是時速 300 公里的動車組。該次會議專家組的最終意見是，建議「中華之星」按照時速 160 公里運營。2005 年 8 月 1 日，「中華之星」正式上線運營，擔當的車次只是臨時旅客列車，車次為 L517/518，運行區間為秦瀋客專瀋陽至山海關區段。臨客是為了滿足季節性、偶發性客流需要而加開的旅客列車，這意味著它隨時都可能被停掉。

看著「中華之星」落得這樣的下場，可以想見作為「中華之星」的主要締造者劉友梅會有怎樣的心情。他繼續為「中華之星」奔走呼告，他請求讓「中華之星」按照時速 200 公里運營，被否決，理由是秦瀋客專的行車條件達不到。他又請求將「中華之星」的運營區間擴大到秦瀋客專全線，因為秦皇島是旅遊城市，乘客較多，結果還是被否決。

「中華之星」最終也沒能摘掉臨客的帽子，運營剛剛滿一年零一天，2006 年 8 月 2 日，「中華之星」就被停運了。這列曾經被寄予殷切期望、代表著一

個時代的高速列車，最終也沒有實垷哪怕一個車次的時速 200 公里以上的運營。停運後，「中華之星」被棄置在瀋陽鐵路局瀋陽機務段，此後輾轉吉林通化，最後被停放在瀋陽北動車所。

「中華之星」最終也沒有走向現實，而是成為了歷史。但是，它沒有走進歷史的垃圾堆，而是經過梳洗打扮之後，走進了博物館。2013 年 2 月 27 日，盛光祖執政的鐵道部一紙調令將全身覆蓋著厚厚塵土的「中華之星」從瀋陽北動車所用吊車機車拖了出來。[24] 拂去歷史的塵埃，「中華之星」又露出了它的真容。當然，此時的中國高鐵已經是「和諧號」動車組的天下，與它們相比，「中華之星」不但老態龍鍾，而且技術上也落後了不止一個時代。經歷了無數起起伏伏，見過了大場面的「中華之星」，我想是很欣慰地走向了位於北京的中國鐵道博物館。

老態龍鍾的「中華之星」從瀋陽到北京的旅行，全程都是由其他機車拖曳的，沒有使用自己的動力。其中瀋陽北動車所至皇姑屯間最高速度不超過每小時 15 公里，皇姑屯至瀋陽西間最高速度不超過每小時 20 公里，瀋陽西至高台山間最高速度不超過每小時 40 公里，高台山到錦州間最高速度不超過每小時 60 公里，錦州至北京間最高速度不超過每小時 80 公里。「中華之星」在試驗過程中暴露的主要問題就是軸溫過高影響行車安全，所以旅途全程每個重要節點站都要進行軸溫監測。

2013 年 2 月 28 日 14 時 45 分，「中華之星」被牽引著緩緩駛進中國鐵道博物館東郊館。[25] 當然，對於中國鐵道博物館而言，2 動 9 拖 11 輛編組的「中華之星」實在是太龐大了，正式入駐中國鐵道博物館的只有 4 輛車：一輛頭車、一輛一等座車、一輛二等座車、一輛酒吧車。「中華之星」另外一輛頭車則入駐瀋陽蘇家屯鐵路陳列館。

時至今天，我們回過頭來看「中華之星」，仍然難以給它一個讓所有人認同的定位，愛之者眾，鄙夷不屑者亦不在少數。它代表了一個時代的技術高度，

身上還披著自主化設計生產的神奇光環，但它故障頻發，穩定性較差，大量零部件從國外進口，國產化率並不高，動力集中型的設計不符合高速列車技術發展方向，都注定讓它難以擔當中國高速列車主力車型的重任。某種意義上，它只是一個試驗列車。當然，它創造了時速 321.5 公里的速度神話，它還蒙受了不公待遇，擁有跌宕起伏的傳奇經歷，所有這些都讓它在更多情況下成為一種情懷、一個時代的符號！

註釋

1. 楊濱、潘輝、傅虹鐳，〈京秦瀋客運通道開通，十月十二日晨，K54 次、T238 次順利抵達北京〉，《人民鐵道》報，2003 年 10 月 13 日。

2. 江世杰，〈決戰西南、強攻煤運、建設高速、擴展路網，我國鐵路建設確定五年目標〉，《人民日報》，1998 年 3 月 29 日。

3. 見秦瀋客運專線技術總結委員會編撰的《秦瀋客運專線技術總結》，第 13 頁。

4. 王強，〈「中華之星」緣何成流星，高鐵技術關鍵時刻掉鏈子〉，《商務周刊》，2006 年 3 月 13 日。

5. 王彥山、楊慶余，〈京哈幹線秦瀋段換軌施工全面啟動〉，瀋陽鐵路局官方網站，2016 年 9 月 19 日。

6. 〈中國高鐵斷代史：「第一高鐵」秦瀋客專如何被湮沒〉，《21 世紀經濟報道》，2011 年 6 月 11 日。

7. 趙小剛，《與速度同行——親歷中國鐵路工業 40 年》，第 214 頁，中信出版社，2014 年 5 月版。

8. 〈中科院院士簡水生：讓時間去考驗京滬高鐵吧〉，《華夏時報》，2011 年 7 月 26 日。

9. 見秦瀋客運專線技術總結委員會編撰的《秦瀋客運專線技術總結》，第 107 頁。

10. 王雄，《中國速度——中國高速鐵路發展紀實》，第 29 頁，外文出版社，

2016 年 6 月版。

11. 路風,〈追蹤中國高鐵技術來源〉,《瞭望》2013 年第 48 期。

12. 關於「和諧號」之前的高速動車組研製,詳細可參見高鐵見聞著《高鐵風雲錄》第五章,湖南文藝出版社,2015 年 10 月版。

13.〈江澤民視察新型特快列車〉,新華社,2001 年 11 月 15 日電。

14. 王雄,《中國速度──中國高速鐵路發展紀實》,第 110 頁,外文出版社,2016 年 6 月版。

15. 王雄,《中國速度──中國高速鐵路發展紀實》,第 111 頁,外文出版社,2016 年 6 月版。

16. 孫春芳,〈張曙光受賄護駕國產動車自主研發被劉志軍棄用〉,《21 世紀經濟報道》,2013 年 9 月 18 日。

17.〈中國首條準高速鐵路開通 8 年運營無事故〉,《華聲報》,2003 年 6 月 28 日。

18. 王強,〈「中華之星」緣何成為流星,高鐵技術關鍵時刻掉鏈子〉,《商務周刊》,2006 年 3 月 13 日。

19.〈國產高鐵列車中華之星夭折記:部長更迭改變命運〉,《濟南日報》,2011 年 8 月 9 日。

20. 當時稱中央企業工作委員會,2003 年 3 月 24 日後被重組為國務院國有企業監督管理委員會。

21. 趙小剛,《與速度同行──親歷中國鐵路工業 40 年》,第 211 頁,中信出版社,2014 年 5 月版。

22. 王強,〈「中華之星」緣何成為流星,高鐵技術關鍵時刻掉鏈子〉,《商務周刊》,2006 年 3 月 13 日。

23. 王強,〈「中華之星」緣何成為流星,高鐵技術關鍵時刻掉鏈子〉,《商務周刊》,2006 年 3 月 13 日。

24.〈「中華之星」駛向鐵道博物館〉,觀察者網,2013 年 2 月 28 日。

25.〈「中華之星」動車組部分車輛入藏中國鐵道博物館〉，中國鐵道博物館官方網站，2013 年 2 月 28 日。

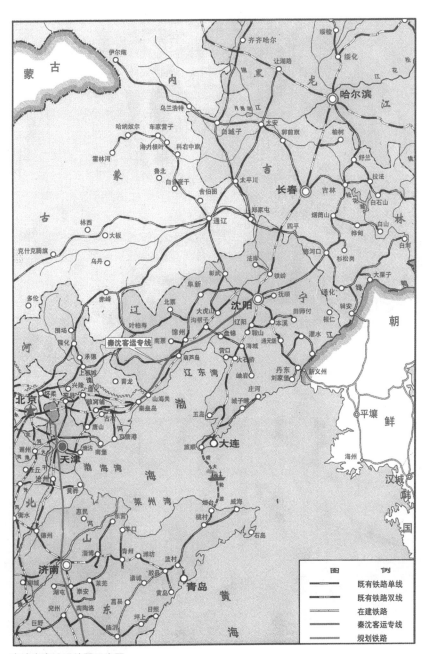

秦瀋客專地理位置示意圖

「中華之星」總設計師劉友梅

「中華之星」

唐老鴨「盧山號」雙層動車組

石昆線上的春城號動車組

藍箭動力集中型動車組

先鋒號動力分散型動車組（1）

先鋒號動力分散型動車組（2）

第五章　跨越式發展

2004 年年初的四川依舊是天寒地凍。位於峨眉山市的西南交通大學家屬院的一棟小樓裡，中國高鐵旗手、兩院院士沈志雲正在吐槽新任鐵道部部長。新官上任三把火，竟然要搞既有線鐵路提速至每小時 200 公里。簡直就是瞎胡鬧！[1]

此前百花齊放的國產動車組研發，在劉志軍上台後基本都被停掉了。沈志雲一手打造的西南交大牽引動力國家重點實驗室，此時的業務也是異常冷清。沒有新的動車組型號上馬，自然就沒有工廠前來做牽引動力相關的試驗。沈志雲看不懂劉志軍的思路，覺得他是在倒退。

沈志雲手握著鼠標，盯著電腦屏幕，瀏覽著新聞信息。突然，一條信息跳入了他的眼簾，讓沈志雲倒吸了一口涼氣，他一拍大腿，大呼一聲：「好大的膽子！」[2]

沈志雲讀到的是關於《中長期鐵路網規劃》獲國務院原則通過的相關信息。這條消息為什麼會讓沈志雲如此激動？他在自己的口述自傳裡這樣寫道：

「一條京滬高速（鐵路），論證了十年還沒有能夠批得下來，這一下就要修 1.3 萬 [3] 公里輪軌高速鐵路，構成『四縱四橫』的一張高速鐵路網，下這樣的決心，談何容易！本屆政府換屆不到一年就批准了這個劃時代的中長期規劃，可見新領導其實早就有此打算了。」[4]

此時，具有歷史轉折意義的中國鐵路跨越式發展已經拉開大幕，一張雄心勃勃又思路清晰的鐵路發展藍圖已經鋪開。「四縱四橫」高速鐵路網就是中國鐵路「跨越式發展路線」的核心內容。

什麼是跨越式發展？此前十幾年搞不定一條高鐵，現在一次就搞定幾十條，這就是跨越式發展。它是指一定歷史條件下落後者對先行者走過的某個發展階段的超常規的趕超行為。

這就是我們常說的彎道超車嘛！不過彎道超車，車不一定能夠超得了，翻車的概率也是不小。

這並不是一種通常人的選擇，難度大、挑戰大，成功的例子不多，失敗的例子卻比比皆是。但是中國高鐵成功了，因為有非常之人方能做非常之事，有非常之謀劃，才能建非常之功！正是因為有了爭議人物劉志軍，中國高鐵才成就今天這樣一段傳奇。

不跟你玩了

從鐵道部 20 世紀 90 年代初計劃上馬京滬高鐵開始，高速鐵路「建設派」、「緩建派」、「磁浮派」就圍繞中國要不要建高速鐵路，應該建設什麼標準的高速鐵路，展開了曠日持久的大論戰。這場架一吵就吵了十幾年，京滬高鐵仍舊停留在概念階段。無論是面對早期的「緩建派」，還是面對後來的「磁浮派」，作為「建設派」的鐵道部從來不是佔上風的那一方，經常被打得找不到北。

有國家計委、國家科委、國家經貿委、國家體改委這樣的強大隊友，又有

包括沈志雲在內的眾多高鐵技術專家鼎力支持，還有中國中車、中鐵工、中鐵建、中國通號旗下龐大的科研技術人員作根基，要技術有技術，要資金有資金，要人才有人才，為什麼看似強大的鐵道部，總是被幾個退休的老先生或者中科院院士用幾篇發表在報紙上的論文，就打得一敗塗地呢？

原因就在於當時的鐵道部對於高鐵建設這個問題，有戰術沒戰略，有計劃沒藍圖，一個問題一個問題地去回答，一個技術一個技術地去回應，剛剛解決這個問題，人家馬上又提出另外一個問題。比如「緩建派」旗手之一華允璋，你說新建京滬高鐵，他說太費錢，應該改造既有線上擺式列車；費了好大的力氣，開了無數的會議，終於證明擺式列車不適合中國了，他又說，輪軌技術太落後應該上磁浮高鐵。如此這般，鐵道部一直被牽著鼻子走。

戰略要解決什麼問題？第一，中國為什麼要建高速鐵路；第二，中國要建設什麼樣高速鐵路；第三，中國要通過什麼途徑建設高速鐵路。難道此前鐵道部沒有回答過這三個問題嗎？只能說零星地涉及過，但是沒有完整地回答過。此前的鐵道部更多侷限於某一條高速鐵路的就事論事的討論，而沒有站在整個國家鐵路網發展規劃的角度，提出完整的理論與戰略。

高速鐵路建設是國家大事，並不只是鐵道部一個部委的事情，所以高速鐵路的規劃必須上升為國家意志。而要上升為國家意志，首先你要拿出一個完整的規劃來，完整地回答中國為什麼要建高速鐵路，中國要建設什麼樣高速鐵路，中國要通過什麼途徑建設高速鐵路這三個問題。這個規劃是國家規劃，但是只能由鐵道部來提出，最終由國家討論通過。而當時鐵道部的想法只是將京滬高鐵納入到國家「八五」或者「九五」計劃裡。京滬高鐵「八五」計劃建不了，就「九五」計劃建，「九五」計劃建不了就「十五」計劃建，京滬高鐵建不了，那就建秦瀋客專。如此這般。基本是頭疼醫頭，腳疼醫腳。

2003 年中國高鐵迎來了轉折，因為他們迎來了大當家——新任鐵道部部長劉志軍。他不說建京滬，也不說建京廣，而是給你分析，中國現在有多少鐵

路，中國應該有多少鐵路，那接下來的一段時間中國需要建多少鐵路，然後他就畫了一張大餅，拋出了一個《中長期鐵路網規劃》，未來將建設一張 1.3 萬公里的高速鐵路網絡。然後，一條、兩條、三條……突然，他說，差不多了，線路有點多了，我這裡錢不夠了。有的省份（我們以「B 省」來稱呼）立馬不幹了，跳起來說，A 省有，我們 B 省為什麼不能有？劉志軍說，老兄，我的錢不夠用呀。B 省脫口而出，錢不夠，我出！於是，不但高鐵的建設規劃解決了，而且建設模式也發生了革命性的變革。以前是等著國家給錢，伸手向國家要錢，現在是地方政府主動出錢，然後鐵道部再自己去銀行貸款。目標解決了，機制順暢了，錢也有了，剩下的當然就是捋起袖子大幹一場了！

上面只是概略言之，實際執行起來，哪有那麼容易。但是新一屆鐵道部領導班子確實是一等一的實幹派，他們做的第一件事就是不打嘴仗。我不跟你爭論京滬高鐵是要建輪軌還是建磁浮了，也不爭論京滬高鐵是按照時速 250 公里建設，還是按照時速 300 公里建設了。

你說京滬要建高鐵，他們說反對；你說京滬要建輪軌高鐵，他們說必須建磁浮高鐵；你說鐵路發展要走「跨越式發展路線」，他們立刻蒙圈了，不知道你要幹什麼。為什麼要走跨越式發展路線呢？因為中國鐵路太落後了，成為國民經濟卡脖子瓶頸，只有通過跨越式發展才能讓中國鐵路滿足國民經濟發展的要求，才能讓中國高鐵趕上國際水平。於是，中國高鐵發展的理論障礙被掃除了。因為無論是「緩建派」，還是「磁浮派」，對於中國鐵路相對比較落後這個事實都是承認的。著名經濟學家厲以寧還專門撰寫了一篇〈鐵路跨越式發展的經濟學意義〉來誇獎該路線，從 5 個方面進行了長篇論述，包括後發優勢與跨越式發展模式，鐵路跨越式發展戰略思路的提出，跨越式發展是發展經濟學理論在基礎設施領域的成功應用，跨越式發展是對鐵路行業生命周期準確判斷基礎上做出的正確的戰略模式選擇，能力跨越和技術跨越是中國鐵路跨越式發展的兩個重要方面。[5]

其實鐵道部領導班子的交接在 2002 年年底就開始了。2002 年 10 月 10 日，鐵道部黨組召開擴大會議，傅志寰卸任鐵道部黨組書記，劉志軍接任；2003 年 3 月「兩會」期間，傅志寰又當選為全國人大財經委員會主任委員，卸任鐵道部部長，劉志軍實現鐵道部黨組書記、部長一肩挑。

2002 年 11 月 8 日，中國共產黨的第十六次全國代表大會在京召開。劉志軍在參加小組討論時，從鐵路適應全面建設小康社會的歷史責任角度，思考鐵路發展戰略，就提出中國鐵路要實現跨越式發展。這是有記載的鐵路跨越式發展思路的最早萌芽。[6] 會後，鐵道部有關人員通過對劉志軍發言的整理與擴充，初步形成了鐵路跨越式發展思路的框架。為了進一步對理論進行充實和完善，原鐵道部新聞發言人王勇平還組織班子出了一本專著，名叫《系統論與跨越式發展》。

2002 年 12 月 28 日，全國鐵路工作會議在京召開。12 月 30 日，劉志軍在會議總結講話中正式提出，鐵路要承擔全面建設小康社會的重任，必須實現跨越式發展。他還對鐵路跨越式發展思路做了概括性的描述，提出了 6 點內容。[7] 2003 年 3 月鐵道部領導班子正式換屆後，劉志軍開始找各司局長談話，就鐵路實現跨越式發展，徵求大家的意見，讓大家一起出點子。3 月 23 日，鐵道部召開黨組會議，劉志軍又在會議上就該戰略做了詳細闡述，並通過大家的交流討論對戰略進行了充實。3 月 24 日，針對這一戰略，鐵道部又組織召開了部長辦公會，劉志軍再次就這一思路的內涵進行了全面闡述。與此同時，他還提出了 28 個課題，分派給各司局進行專題調研。[8] 這標誌著鐵路跨越式發展思路開始逐漸發展成為一個完整的理論體系。

創造理論並充實完善理論非常重要，但不是最重要的事情。最重要的事情是讓理論落地，能夠指導現實。實話說，這個世界每天都會誕生很多理論，但是大多數情況下都隨風而散了。讓理論落地恰恰是劉志軍的長項。於是，在接下來的時間裡，他抓住機會就向中共中央、國務院領導匯報，利用一切機會進

行溝通，鐵路跨越式發展思路獲得了有關領導的首肯。

2003 年注定是一個不平凡的年份。發源於 2002 年 11 月 16 日廣東順德的 SARS 病毒，從廣東開始向全國乃至全球蔓延。2003 年 3 月底，北京已經成為「非典」重災區。就在劉志軍忙著籌劃、充實、推廣鐵路跨越式發展思路時，全國已經投入了一場抗擊「非典」的大戰之中。但是，這並沒有阻擋鐵道部快速推進跨越式發展戰略的腳步。

4 月 15 日，時任中共中央政治局常委、中國國務院副總理黃菊到鐵道部視察並聽取工作匯報，劉志軍當然不會放過這個機會，把鐵路跨越式發展的思路向黃菊作了匯報。黃菊在視察時指出：當前鐵路工作的主要矛盾是運輸生產力與全社會日益增長的運輸需求不相適應。這個矛盾的解決要靠發展、靠建設。鐵路部門要抓住發展這個第一要務不放，努力使鐵路發展實現新的跨越。黃菊還指出，你們經過調研提出的鐵路跨越式發展的思路，體現了中國共產黨的十六大關於全面建設小康社會的精神，反映了我們國家鐵路的實際情況。[9]

這是中共中央領導關於鐵路跨越式發展思路的首次公開表態，距離鐵道部新一屆領導班子上任剛滿一個月。前面提到的兩個戰略問題中的第一個問題解決了。要不要建設高速鐵路？當然要建！為什麼要建？因為當前鐵路工作的主要矛盾是運輸生產力與全社會日益增長的運輸需求不相適應。這個矛盾的解決要靠發展、靠建設。

然後就是第二個問題與第三個問題，中國要建設什麼樣高速鐵路以及中國要通過什麼途徑建設高速鐵路。

藍圖新篇

在 2003 年的「非典」防控大戰中，鐵道部是重點部門，因為要控制 SARS 病毒傳播就要控制人口流動。在疫情最嚴重的時段，鐵道部幾乎天天開

會佈置「非典」疫情防控，劉志軍還要經常到線路及車站檢查工作。劉志軍極其重視人際關係的處理，有高層領導到火車站或者列車上檢查，他往往都要親自陪著。但就是在這種緊張的疫情防控大戰中，鐵路跨越式發展戰略的相關推進工作，仍舊在高速推進中。

鐵路跨越式發展，說到底也只是一個口號而已。它要化身為指導中國鐵路發展的理論，必須有實體內容作支撐，而且要上升為國家意志。劉志軍早就準備好了內容，而且一直在馬不停蹄地推進中。這是一份規劃，是一份關係中國高鐵成功與失敗的規劃，是一份關係中國鐵路未來發展面貌的規劃。在正式公佈時它的名字叫《中長期鐵路網規劃》，而鐵道部準備時，它叫《中長期鐵路網規劃方案建議（2003～2020）》。這份規劃是鐵路跨越式發展思路的兩大核心內容之一，另外一個則是鐵路裝備的引進消化吸收再創新戰略。這兩大內容與鐵路跨越式發展路線，構成了一主兩翼，是支撐整個中國高鐵發展的主體內容。

《中長期鐵路網規劃》其實就是 3 月 24 日鐵道部部長辦公會上，劉志軍佈置的 28 個調研課題之一。當時的要求是著手編製未來 5 年到 20 年的鐵路網規劃。新官上任三把火，沒有一個部門敢怠慢。更何況他是「劉瘋子」，不但喜歡親自站在火車頭指揮鐵路高速試驗，而且最喜歡的事就是乘坐火車，經常長時間連續乘坐火車到各地檢查。此前歷次鐵路大提速，每次他都至少要把所有的提速線路乘坐一遍，而且就站在火車頭前，挑毛病，找不足。作為副部長時他主管運輸，春節假期必定是在火車上度過，從來就沒有在家過過。榮升部長後，他還添了新毛病，經常凌晨兩三點鐘打電話把部下叫到辦公室，讓他們解決某個問題。碰上這種工作狂，大家自然壓力山大，工作一點都不敢馬虎鬆懈。

經過大量調研後，規劃草案很快就拿出來了。當然後面的步驟也比較常規，路內開會，徵求意見；路外相關單位開會，徵求意見；專家學者開會，徵

求意見。總之就是各種徵求意見。

當然，這裡面還有更關鍵的步驟，那就是向上匯報與溝通。劉志軍抓住機會向多位中央領導匯報了規劃的思路。當然這個過程非常曲折，也困難重重，為了向某位領導匯報，劉志軍連續約了一個月，才最終完成了匯報工作。5月底，劉志軍又在中南海向國務院副總理曾培炎和發改委負責人專題匯報了規劃的內容，為規劃的落地奠定了堅實的基礎。

6月1日，鐵道部以正式文件的方式將規劃上報國家發改委，開啟了由國家發改委主導的論證程序。相關的論證會共召開了4次，參加者（包括書面參加者）包括軍方、相關部委、中央企業、經濟學家、技術專家、顧問公司等。

《中長期鐵路網規劃》上報國家發改委後，鐵道部剩下的工作就是溝通，博弈，討價還價。當然其他的工作也沒有停止，事實上關於高速動車組引進消化吸收再創新的工作此時已經啟動。不過這是一個更大的局，故事也更加精彩。

另外一個重要的問題，就是跨越式發展路線的整體拋出了。經過這麼長時間的論證充實，鐵路跨越式發展的思路已經成熟，並形成了完整的理論體系。萬事俱備，只欠東風。劉志軍準備召開一個專題會議，將跨越式發展路線正式拋出，並啟動大規模的輿論造勢工作。

2003年6月28日，鐵道部在北京召開鐵路跨越式發展座談會。劉志軍在會上做了《落實「三個代表」要求，抓住新的歷史機遇，努力實現中國鐵路跨越式發展》的報告，全面系統地闡述了跨越式發展路線，主要包括原因、內涵、目標、主要任務四大部分。原因嘛，自然就是因為鐵路落後太多了，滿足不了老百姓的需求，存在落後的「位差」。內涵也很簡單，一個字就是快，多解釋兩句的話就是跳過發達國家曾經走過但是我們不必重複的一些過程，跳過去就快了嘛！目標有6個，主要任務有8個，內容很多。概括一下，最重要的就是三點：第一，要有路，路網要擴大，線路水平要高；第二，要有高水平的車輛，

自主研發太慢了，先把國外先進的技術引進來，然後以此為平台開展自主攻關研發；第三，提高鐵路運輸服務水平，即生產力調整。

此後，鐵道部逢會必提跨越式發展，並從 2003 年第 3 季度開始在眾多媒體上連續刊發有關鐵路跨越式發展的新聞報導，利用社會輿論進行轟炸式宣傳報導。厲以寧那篇〈中國鐵路跨越式發展的經濟學思考〉也是在這個時間段發表的。劉志軍也因此贏得了「劉跨越」的美名，與「劉瘋子」一樣，成為了劉志軍的代名詞。此時，距離劉志軍接任中國鐵道部部長只有不到 4 個月的時間！其目標之明晰、路線之準確、動作之迅速、力道之剛猛，無不令人拍手叫絕。

鐵道部忙裡忙外，國家發改委也沒有閒著。一方面，連續召開論證會，另一方面與鐵道部就《中長期鐵路網規劃》的內容進行磋商。經過反覆權衡與利益博弈，國家發改委成功完成所有工作，並將文件上報國務院。2004 年 1 月 7 日，國務院召開常務會議，討論並原則通過了《中長期鐵路網規劃》。一個具有劃時代意義的鐵路網規劃正式面世了，鐵路「跨越式發展路線」的基石正式鑄就。

為什麼說具有劃時代的意義？第一，它廓清了中國高鐵發展史上的種種爭議，指明了中國高鐵發展的方向，打開了中國高鐵發展的大門。從此，中國高鐵告別了多說少做的時代，迎來了少爭論快發展的時代，迎來了黃金時代。第二，它提出了「四縱四橫」客運專線網絡，奠定了中國高速鐵路網的主骨架，直到今天，中國高速鐵路網建設仍舊是在這個基礎上發展完善。第三，它確定的中國高速鐵路的相關標準，直到今天仍是中國高鐵的圭臬。

那麼「四縱四橫」都是哪「四縱」，哪「四橫」？第一縱，京滬高鐵。當然，規劃時為了避免爭論壓根就沒有提「高鐵」二字，而是用客運專線來代替。第二縱，北京至廣州至深圳客運專線。現在又已經延伸到香港。廣州到香港的這一段又稱廣深港高鐵，因為涉及到建設標準、高造價等因素，廣受爭議。如香

港段全長只有 26 公里，但是耗資高達 844.3 億港元，平均每公里造價約 32.5 億港元，被稱為世界上最貴的高鐵。每公里造價約是日本北陸新幹線的 4 倍、京滬高鐵的 16 倍、貴廣高鐵的 26.4 倍！廣深港高鐵的事情，後面再做想詳細介紹。第三縱，北京至瀋陽至哈爾濱客運專線，包括瀋陽到大連的支線。這是世界上首條高寒高鐵。第四縱，杭州至寧波至福州至深圳客運專線。後來的「723 事故」就發生在這條線上。

「四橫」裡面，第一橫，徐州至鄭州至蘭州客運專線，連雲港被無情地拋棄了。第二橫，杭州至南昌至長沙客運專線。這就是滬昆高鐵的主骨架，往東延伸就到了上海，往西延伸就到了昆明。第三橫，青島至石家莊至太原客運專線。這是「四縱四橫」裡面表現最弱的一條線路，青島到濟南的路段，其中速度最快的車次平均運行速度也只有每小時 144 公里，逼著山東省只好又上馬了新的濟青高鐵項目。而濟南到石家莊的路段到現在都還沒有完工，估計要成為「四縱四橫」裡面最後完工的路段了。第四橫，南京至武漢至重慶至成都客運專線，也就是滬漢蓉通道。這是「四縱四橫」通道裡面等級最低的一條線路，很多路段設計時速標準僅為 200 公里。

當然這個規劃並不止於客運專線，而是全面涵蓋了中國鐵路網發展的整體目標。如在中國鐵路網規模上，規劃的目標是 2005 年達到 7.5 萬公里，2010 年達到 8.5 萬公里，2020 年達到 10 萬公里。規劃還對電氣化鐵路改造設定了目標，2005 年達到 2 萬公里，2010 年達到 3.5 萬公里，2020 年電氣化線路佔比達到 50%，也就是 5 萬公里。

在新一屆鐵道部領導班子心目中，中國鐵路的最終目標是要實現客運高速、貨運重載。他們的眼裡不只有新建的京滬高鐵，還有擴能改造的大秦鐵路。大秦鐵路於 1992 年建成通車，到 2002 年年運量首次突破 1 億噸。新一屆鐵道部領導班子決定對大秦鐵路進行 2 億噸擴能改造，要求把大秦線 2 億噸擴能改造工程，建設成鐵路跨越式發展的標誌性工程、現代化重載煤運通道的示範性

工程、既有線擴能改造的樣板性工程。2004 年年底大秦鐵路擴能改造項目完成，2005 年大秦鐵路年運量突破 2 億噸，2007 年突破 3 億噸，2010 年突破 4 億噸。大秦鐵路成為中國貨運鐵路的標竿與旗幟。

當然，本著不爭論的務實原則，《中長期鐵路網規劃》通過後，鐵道部沒敢宣傳，怕樹大招風，成為眾矢之的，而是悄悄地在私底下拚命地工作，加速推進中國高速鐵路發展計劃。直到 2005 年 9 月 16 日，國家發改委才在官方網站發佈了一篇文章，題目叫〈國家《中長期鐵路網規劃》簡介〉。至此，《中長期鐵路網規劃》的內容才為大眾所熟知。而此時，石太客專、武廣高鐵、京津城際鐵路均已開工建設，中國高鐵大建設的黃金時代已經來臨。

《中長期鐵路網規劃》剛剛通過沒幾天，劉志軍在參加南車集團的年終工作會議時，非常興奮地說：「這是本屆政府批准的第一個行業規劃，是黨中央國務院對鐵路系統的關懷，也是鐵路人期盼已久的一件大事，它為機車車輛工業提供了一個大顯身手的舞台。這個規劃的批准實施，對全面建成小康社會提供強大的運力支持，將滿足中國人民日益增長的物質文化生活的需求，使中國鐵路現代化進程從理想變為現實，也必將促進南北車早日進入世界工業製造集團的先進行列。只要我們同行，這個目標就一定能夠實現。」[10]

生產力調整

高水平的路已經規劃落地了，世界一流的高速動車組引進也已經穩操勝券了，剩下還有一件重要的事情，就是提高鐵路的運營服務水平。劉志軍接下來幹的這件事叫生產力調整。這是一件為他帶來重大爭議的事件，因為生產力佈局調整，要動很多人的奶酪。更重要的是這裡面牽扯了劉志軍與鄭州鐵路局的恩恩怨怨。

劉志軍原先是鄭州鐵路局武漢分局局長兼黨委書記，1991 年 9 月調任鄭州鐵路局副局長、黨委常委。據說在鄭州鐵路局任職期間，劉志軍過得並不好，

與領導班子成員關係搞得很僵。1992 年 8 月劉志軍競爭黨委常委失敗，被迫離開鐵路局系統。但是，劉志軍有高人指點，在競爭黨委常委失利的情況下，竟然成功調任湖北省國防工辦黨組書記，由副局級升為正局級。業內流傳，劉志軍恨死了鄭州鐵路局。而在這次生產力調整中，鄭州鐵路局被四分五裂，武漢鐵路分局與西安鐵路分局分別獨立，而且河南南部區域竟然被劃給了武漢鐵路局，鄭州鐵路局一下由中國第一大鐵路局變成最小的鐵路局。從此鄭州鐵路局就長期被曾經是自己一個分局的武漢鐵路局壓制。所以，很多人都說這次生產力調整其實就是劉志軍公報私仇。

可以說，新一屆鐵道部領導班子是一屆不憚以最大動能進行折騰的班子。比如添乘制度。添乘是個專業名詞，就是列車執勤人員以外的鐵路職工，隨車參加乘務組的工作。簡單說吧，就是這列車不是你值班，但是你上車跟著乘務組一起幹活。對添乘的領導而言，哪有什麼具體的工作要幹，又不用掃地，又不用賣票的，而且很多情況下，還要列車上的工作人員來服務。所以，對領導添乘而言，實際上就是一種工作檢查。領導添乘不會像列車工作人員那麼累，但是是一種最接地氣的工作方式，能夠瞭解中國鐵路最基層的真實情況。特別對於某些從基層養路工幹起來的領導，他業務門清，你搞什麼鬼都別想逃過他的眼睛。偶爾添乘還可以，連續添乘就是一個比較辛苦的活了，讓你連續添乘10 天，保證你看到火車都想吐。

添乘是一個很有歷史的詞，但是添乘制度卻是一個新詞。什麼是添乘制度？說白了就是強制某些喜歡坐在辦公室的領導去添乘。這就不好玩了！劉志軍是個工作狂，熱中添乘就熱中添乘吧，強逼著大家跟你一起做工作狂，這就讓很多領導頭開始大了。更重要的是，劉志軍還拿出了絕招，每月月初在《人民鐵道》報頭版刊登上一個月的領導添乘紀錄。

2004 年 8 月 1 日，鐵道部下發《鐵路局主要領導、部機關有關部門負責人定期添乘提速列車機車檢查制度》，添乘制度正式開始實施。這項制度規

定添乘檢查的內容為：攜帶便攜式添乘儀檢查機車操縱情況和列車運行情況，檢查沿線治安及道口、防護柵欄情況，檢查施工作業防護和路料管理情況。文件還要求，各鐵路局主要領導按規定添乘機車並及時向鐵道部寫出一份添乘報告，每月一次。這項制度從 2004 年 8 月開始實施，2004 年 9 月收到第一份添乘報告，一直到今天從來沒有斷過。在添乘制度實施三周年時，劉志軍在接受採訪時說：「添乘不是目的，解決問題、促進各項措施的落實才是添乘的真正目的。我添乘是向全路發出一個信號，引導和帶動全路的幹部深入運輸一線。」[11]

添乘制度只是一件很小很小的事。真正的大事是下面兩件。第一件事是主輔分離，說直白點就是把不屬於主業的內容交出去，涉及鐵路物資、通信、設計、施工企業移交國資委，中小學校、醫院移交地方政府。這次主輔分離對鐵道部而言，整體上是減輕負擔，2003 ～ 2005 年，鐵道部共移交近 40 萬人。但對於有些機構的移交，鐵道部肯定是戀戀不捨的，最明顯的是鐵道部四大勘察設計院，位於蘭州的鐵一院、位於成都的鐵二院、位於天津的鐵三院、位於武漢的鐵四院。2000 年，鐵道部就剝離過一批企業，中國中車、中國中鐵、中國鐵建、中國通號等與鐵道部脫鈎，劃歸中央企業工委，也就是後來的中國國務院國資委。2003 年這次主輔分離，鐵一院、鐵四院給了中國鐵建，鐵二院與鐵三院給了中國中鐵。我們都知道，在建設行業設計諮詢單位位於產業鏈的最上游，具有很強的話語權，鐵道部是非常想掌握在自己的手裡的。但這次主輔分離是國家意志，對於一向講政治的鐵道部而言，當然二話沒說就執行了。但孩子給人家，鐵道部就後悔了。於是，鐵道部又想弄一個回來養。它選中的目標是位於天津的鐵三院。2007 年 1 月 1 日，鐵道部又想方設法戰略控股並重組了鐵三院。所以鐵三院就成了鐵道部唯一直屬的大型綜合設計集團。

同樣的事 2014 年又發生了一次，但是結果卻是另外一番模樣。當然此時的鐵道部已經改制為企業，稱為中國鐵路總公司，掌門人也換成了盛光祖。起

源是中國高鐵走出去,由於中國將建設、車輛、通信信號等各個板塊切割開了,雖然每個板塊都很強,但是整體性和系統性不足,而西門子、阿爾斯通等國際巨頭則擁有從機車車輛、軌道通信信號到供電系統的完整產業鏈和系統集成能力。所以中國企業在參與國際競爭時往往會顯得捉襟見肘。基於此,中國政府有意讓中國鐵路總公司牽頭負責中國高鐵走出去事項。中國鐵路總公司一盤算,中國中鐵、中國鐵建、中國中車等企業都已經在海外打拚了幾十年,海外經驗豐富,我這邊連一個成氣候的國際公司都沒有,怎麼辦事?於是,它打起了中國鐵建旗下中土集團的主意。

中土集團可不是一個等閒角色。它的前身是鐵道部援外辦公室,1979 年經中國國務院批准正式成立中土集團,是中國最早進入國際市場的鐵路企業之一。2000 年中土集團與中國中車等幾家企業一起與鐵道部脫鉤劃歸中央企業工委。2003 年中土集團又被劃歸中國鐵建,成為中國鐵建海外業務核心機構。中國鐵路總公司想要中土集團,中國鐵建不可能阻擋得了,一方面畢竟那是自己當年的老東家,而且現在也是自己的業務甲方,另一方面,中國鐵路總公司一定會通過政府渠道來爭取,某種意義上也就是國家意志,自己也擋不住。但是,中國鐵建可不是當年的中國中鐵。它通過乾坤大挪移的手段,對中土集團進行了重組,成立了一個中非建設公司,將中土集團的特級資質和核心資產劃歸中非建設公司。中土集團成了一個空殼。中國鐵路總公司一看是這種情況,乾脆也不要了,另起爐灶成立了一個中國鐵路國際有限公司。

前面的主輔分離改革儘管艱難,但畢竟是在國家政策主導下進行的,是一種被動行為。下面這項工作更加艱難,因為這項工作鐵道部是主動出擊的,那就是撤銷鐵路分局。這項工作難度極大,因為分局沒有了,很多人的烏紗帽就沒了,所以阻力可想而知。這項工作風險也極大,因為涉及鐵路調度指揮權由鐵路分局遷移到鐵路局,直接關係 7.5 萬公里線路上的 16000 多台機車、50 多萬輛貨車、4 萬多輛客車直接行車指揮,稍有差池,發生安全事故,後果將不

堪設想。這項工作的意義也極大，鐵路管理系統鏈條將由 4 級縮短為 3 級，工作效率將大幅提升。

鐵道部早在 1996 年就開始探索鐵路局直接管理站段，並在部分鐵路局進行試點，積累了一些經驗。但是，這種大規模的改革，一次性完成鐵路分局的撤銷，完成鐵路管理體制由 4 級縮短為 3 級，還是一件一般人不敢想也不敢幹的事情。因為安全是鐵路行業的天，這麼複雜的一件事情，對於大多數人而言，寧可繞過也不願去觸碰。所以時任鐵道部副部長孫永福說：這是幾屆黨組想幹而沒有幹成的事！[12] 這屆鐵道部領導班子就敢幹，因為他們的領頭人叫劉志軍。

整個改革事件籌劃精當，組織嚴密，但是每個人依舊是如臨大敵。2005 年 3 月 12 日，鐵道部召開黨組會議與部長辦公會討論並確定了改革方案。當然這件事也不是一拍腦袋就決定了，早在 2003 年 8 月，剛上任不久的劉志軍就已經指示運輸局就該事開始調研。

3 月 14 日，鐵道部部黨組又開會決定了幹部任免事項。當晚由鐵道部黨組成員帶領的鐵道部指導小組即到達各鐵路局。鐵道部部長劉志軍坐鎮北京鐵道部指揮，副部長孫永福帶隊去了變動最大的鄭州鐵路局，副部長王兆成帶隊去了蘭州鐵路局，副部長彭開宙帶隊去了新成立的西安鐵路局，副部長胡亞東帶隊去了此次變動第二大的北京鐵路局，部黨組成員、紀委書記安立敏帶隊去了新成立的太原鐵路局，部黨組成員、政治部主任何洪達帶隊去了瀋陽鐵路局，部黨組成員、鐵路總工會主席黃四川帶隊去了新成立的武漢鐵路局。劉志軍要求他們全天候工作，安全高於一切，誰出事誰負責，改革期間出現問題，就地免職。

3 月 15 日至 17 日，到達各鐵路局的鐵道部黨組成員完成了與新設立的 3 個鐵路局和撤銷鐵路分局的有關省（市、自治區）黨委和政府領導的溝通。據說，因為此事劉志軍深深地得罪了一些省市的高層領導。業內傳說，劉志軍的

倒掉或多或少的與這件事有一定的干係。

　　3 月 18 日，鐵道部召開全路電視電話會議，改革全面啟動，鐵路分局運輸調度工作開始向鐵路局遷移，要求從 3 月 25 日 18 時起，實現鐵路局調度直接指揮行車。鐵路信息系統進行全路性的調度信息切換，涉及 1322 個調度台、3585 個車站，要新建並調通 2M 專用網絡 228 條。

　　3 月 22 日 13 時 18 分，上海鐵路局調度指揮系統一次性切割成功；3 月 23 日烏魯木齊鐵路局完成遷移、3 月 24 日濟南鐵路局完成遷移、3 月 25 日 18 時，全路 18 個鐵路局全部實現直接對車站指揮行車。調度指揮系統實現平穩過渡。

　　3 月 26 日，鐵道部信息中心大屏幕上顯示，全路所有調度信息系統運行一切正常。這次改革的最大難關算是安然渡過。

　　除了要進行技術上的轉移切換外，本次改革還涉及機構人事改革。人事改革往往是重點中的難點，因為人事改革處理不好，往往就會影響工作，從而影響安全，最終影響改革的成敗。本次改革要在 11 天內，撤銷 41 個鐵路分局，新組建 3 個鐵路局，安置 2 萬多名幹部，其工作難度之大可想而知。

　　毫無疑問，這次改革中最失意的是鄭州鐵路局與北京鐵路局。北京鐵路局分出了大同鐵路分局、太原鐵路分局、臨汾鐵路分局，新組建了太原鐵路局。而鄭州鐵路局雄踞中原，是京廣鐵路與隴海鐵路的交會城市，原先是中國第一大鐵路局，這次改革中分出了西安鐵路局與武漢鐵路局，轉而成了 18 個鐵路局中的小不點。

　　我們從改革取得的成果來評估，無論如何，這都是一次意義重大、效果顯著的改革。為什麼這麼說？我們來看以下幾點：

　　第一，管理機構層級減少、數量減少、人員減少。改革前，各路局行政附屬機構 40 ～ 210 個不等，改革後調整為 30 個左右。全路撤銷地區辦事處共計 130 個。全路管理人員編制由改革前的 14.64 萬名，減少為 10.9 萬名，減幅達

25.55%。

第二，解決了運輸站段規模小、數量多的問題。鐵路站段大幅減少，由於鐵路分局的撤銷，在後續的工作中，全路站段由 2003 年 6 月底的 1526 個減少到 2006 年 3 月的 627 個，減幅高達 58.9%。擴大站段跨度從根本上解決了中國鐵路長期存在的運力資源高度分散的問題，實際的效果是運輸效率和勞動生產率的大幅提升。

第三，解決了主要幹線分割嚴重、作業區段短的問題。京廣鐵路、京哈鐵路、京滬鐵路、隴海鐵路等幹線交路基本打通。如京滬鐵路全長 1400 多公里，此前分佈著 5 個路網性編組站和南倉一個區域性編組站，路網被人為地分割成若干區段，造成列車多次解編，延緩了車輛移動速度。通過鐵路站段改革，調整運輸生產力佈局，較好地解決了這個問題。

和諧鐵路

很多人以為跨越式發展口號伴隨劉志軍執掌鐵道部的整個過程，其實不然，跨越式發展其實只是一個階段性口號。從 2003 年 6 月 28 日，跨越式發展路線被正式拋出，到 2006 年 10 月和諧鐵路口號提出，跨越式發展口號終止，中間不過短短 3 年多一點的時間。

大家之所以會有上述誤解，是因為從跨越式發展口號到和諧鐵路口號中間並沒有任何實質性變化，大家感受到的中國鐵路還是在按照既有路線快速地跨越式發展。也可以說和諧鐵路只不過是跨越式發展換了一個馬甲，又重新出現在了世人的面前。

跨越式發展其實是一個很悲催的口號，儘管它非常符合當時中國鐵路發展的實際，也在中國鐵路發展過程中留下了不可磨滅的功動，為中國高鐵發展深深打上了自己的烙印。但是，就在鐵路跨越式發展口號提出不久，2003 年 7 月 28 日，胡錦濤總書記《在全國防治非典工作會議上的講話》中明確提出了

「堅持協調發展、全面發展、可持續發展的發展觀」。這就是科學發展觀的核心內容。8 月 28 日～9 月 1 日，總書記在江西考察期間第一次提出了「科學發展觀」這一概念，即牢固樹立協調發展、全面發展、可持續發展的科學發展觀。

鐵路跨越式發展符不符合科學發展觀？至少從字面意思上理解容易產生誤會。但當時的鐵道部黨組從理論上論證，鐵路跨越式發展就是科學發展，鐵路跨越式發展路線符合科學發展觀。因為科學發展是全面、協調、可持續的發展。鐵路是中國綜合交通發展的短板，是中國國民經濟發展的瓶頸，與國外同行相比存在落後的「位差」，只有實現鐵路跨越式發展，才能補齊短板，才能實現全面發展、協調發展、可持續發展，所以鐵路跨越式發展符合科學發展觀。

此後，在鐵道部召開的歷次大的會議中，以及鐵道部通過的重要報告中，以科學發展觀為指導，實現鐵路跨越式發展成為必須要強調的內容。但是，隨著科學發展觀理論體系的不斷完善，科學發展觀已經成為指導當時中國經濟社會發展的最重要理論體系。鐵路跨越式發展與科學發展觀字面意義上的衝突成了鐵道部不能承受之重。

2006 年 10 月 8 日～11 日，中國共產黨的十六屆六中全會在京召開，會議審議並通過了《中共中央關於構建社會主義和諧社會若干重大問題的決定》。構建社會主義和諧社會成為中國共產黨和中國國家的中心任務。

在此關鍵時刻，鐵道部黨組及時行動，廢棄了跨越式發展的口號，開始以和諧鐵路建設來概括鐵路發展的目標和任務。和諧鐵路的口號橫空出世。雖然鐵道部在大會小會各種場合、各種新聞宣傳、各種資料中不厭其煩地強調突出和諧鐵路理念，但是和諧鐵路的口號一直沒能叫得像跨越式發展口號那樣響亮。因為它只是一個生硬地造出來的口號，與當時中國鐵路發展的實際情況不符，並沒有概括出當時鐵路發展的本質特徵。

但是，當時的鐵道部黨組有一個殺手鐧。2006 年 7 月 31 日，中國引進

消化吸收的首列國產化高速動車組在青島下線，被命名為 CRH2A；8 月 30 日，由青島四方龐巴迪公司生產的首列高速動車組也正式出廠，被命名為 CRH1A。鐵道部黨組把這些將成為中國高鐵運營主力的高速動車組統一命名為「和諧號」。隨著中國高鐵的快速發展，並給人們出行帶來了革命性的變化，「和諧號」動車組深入人心，成為中國鐵路的最知名品牌，也將中國高鐵與和諧概念緊緊地捆綁為一個整體。2006 年 11 月 16 日，鐵道部主要負責人在《經濟日報》發表署名文章──〈推進和諧鐵路建設服務經濟社會和諧發展〉，提出以科學發展觀統領鐵路工作，深化和諧鐵路建設。全文不再出現「跨越式發展」的提法。[13]11 月 18 日，青島四方龐巴迪公司在鐵道部機關報《人民鐵道》報上刊登 CRH1A 的整版宣傳廣告，「和諧號」的名字已經赫然在列。

在鐵路跨越式發展最鼎盛的時期，2004 年 1 月 1 日，《人民鐵道》報正式推出《跨越周刊》，到 2006 年 10 月，和諧鐵路口號提出後，《跨越周刊》只好緊急停刊。

此後，在鐵道部的正式文件及資料中，跨越式發展路線就再也沒有出現過。

註釋

1. 沈志雲口述，張天明訪問整理，《我的高鐵情緣──沈志雲口述自傳》，第 266 頁，湖南教育出版社，2014 年 8 月版。

2. 沈志雲口述，張天明訪問整理，《我的高鐵情緣──沈志雲口述自傳》，第 267 頁，湖南教育出版社，2014 年 8 月版。

3. 沈志雲院士此處記憶有誤，2004 年 1 月通過的《中長期鐵路網規劃》規劃的客運專線共計 1.2 萬公里。

4. 沈志雲口述，張天明訪問整理，《我的高鐵情緣──沈志雲口述自傳》，第 267 頁，湖南教育出版社，2014 年 8 月版。

5. 見《人民鐵道》報，2003 年 10 月 8 日。

6. 李軍，《中國鐵路新讀》，第 47 頁，中國鐵道出版社，2009 年 5 月版。

7. 詳見鐵道部檔案史志中心編撰的《中國鐵道年鑑 2003》。

8. 李軍，《中國鐵路新讀》，第 48 頁，中國鐵道出版社，2009 年 5 月版。

9.〈黃菊在聽取鐵路工作匯報時強調，抓住發展第一要務不放，實現鐵路發展新的跨越〉，《人民鐵道》報，2003 年 4 月 17 日。

10.〈劉志軍在集團工作會議上發表講話，期待南車與鐵路跨越式發展同行〉，《中國南車報》，2004 年 1 月 20 日。

11. 林曉鶯，〈與時代車輪同行——鐵路領導幹部添乘機車檢查制度實施三周年綜述〉，《人民鐵道》報，2007 年 9 月 27 日。

12. 李軍，《中國鐵路新讀》，第 59 頁，中國鐵道出版社，2009 年 5 月版。

13.2006 年 11 月 8 日，劉志軍會見出席中國文學藝術界聯合會第八次全國代表大會和中國作家協會第七次全國代表大會鐵路系統代表時還說，中國共產黨的十六大以來，鐵路系統以科學發展觀為統領，深入推進鐵路跨越式發展。所以和諧鐵路的正式提出應該在 11 月 8 日～ 16 日。

京滬高鐵上運行的「復興號」CR400AF 型高速動車組（1）

京滬高鐵上運行的「復興號」CR400AF 型高速動車組（2）

大秦線上運行的萬噸列車

鐵路跨越式發展座談會

和諧號 CRH1A 型動車組（1）

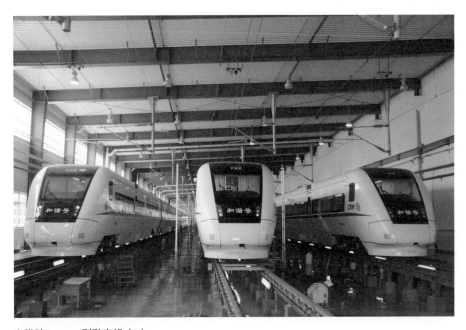

和諧號 CRH1A 型動車組（2）

和諧號 CRH1A 型動車組（3）

第六章　二桃殺三士

眾人皆醉

中國高鐵時代的到來需要兩個大的支撐，一個是路，一個是車。相對路而言，車的難度更大。路的難度在資金，而車的難度在技術。技術需要積累，難關的攻克需要漫長的時間。

鐵道部在車輛方面的發展戰略幾乎瞞過了所有的人。

到此時，沒有人知道鐵道部下一步要打什麼牌，包括高鐵旗手沈志雲。儘管「四縱四橫」高速鐵路網規劃的出台，讓沈志雲拍手叫絕、驚為天人，但是中國國產動車組的驕傲「中華之星」竟然也要被丟進歷史的垃圾桶？劉友梅痛心疾首，連一向具有大局意識的沈志雲也出離憤怒了！所以在院士的聯名信上，沈志雲毫不猶豫地簽上了自己的大名，與傅志寰、劉友梅一起反對劉志軍。

鐵道部到底要幹什麼？他簡直就是個瘋子！在未知中，所有人都感到一股深入骨髓的恐懼，包括他的敵人，也包括他的同盟。而鐵道部對相關戰略的推進卻1分鐘都沒有耽誤，一直在扎扎實實、緊鑼密鼓地快步疾行。

2003 年 5 月 25 日，正是 SARS 病毒肆虐的時刻，劉志軍匆匆趕往青島，前往中車四方股份公司調研機車車輛裝備情況。[1] 此時，秦瀋客專正在進行開通前的試驗工作，「中華之星」正在線路上進行 50 萬公里的運營試驗。但在劉志軍的眼中，這些都屬於過時了產品，他正在佈一個大的局。

中車四方股份公司是與位於東北老工業基地長春的中車長客股份公司齊名的機車車輛製造廠，在 1998 年至 2003 年的國產動車組研製浪潮中，中車四方股份公司是表現最突出的公司，研製的車型最多，生產批量最大，而且還實現了出口。[2] 但是鐵道部主要領導在現場卻看不到任何一點現代化工業的影子，他看到的只是一個小作坊的集合。[3] 此時的中車四方股份公司已經與鐵道部脫鉤，隸屬於中國南車集團公司，公司經營好壞本已經與鐵道部毫無關係。但是，鐵道部需要高水平的機車車輛，而且是世界第一流的動車組，因為只有世界第一流的動車組，才能配得上即將大規模展開的世界最高水平的中國高速鐵路。而這些動車組毫無疑問只能由中車旗下的機車車輛企業生產，因為中國高鐵不能重複汽車的老路，中國的高速鐵路上絕對不允許大範圍跑著外國品牌的動車組。所以鐵道部主要領導對機車車輛公司的生產工藝水平分外關心。

鐵道部主要領導視察完中車四方股份公司後發表了一番講話，主要內容是要求機車車輛裝備必須實現現代化，為鐵路跨越式發展服務，並提出未來的機車車輛裝備要滿足「先進、成熟、經濟、適用、可靠」的十字方針。

這次調研結束不久，6 月 5 日，鐵道部就邀請南北車集團召開了推進鐵路機車車輛現代化座談會，開始為即將到來的大變革吹風。這次會議，鐵道部明確指出，目前的機車車輛裝備還不能滿足運輸安全可靠性和提高服務質量的要求，中國的機車車輛製造業不僅與國際先進水平差距很大，就是與國內其他製造行業相比，也存在很大的差距。那怎麼辦呢？鐵道部把完脈，告訴你得了什麼病後，又不慌不忙地開出了藥方，那就是堅持引進先進技術與自主創新緊密結合，把關鍵的先進技術從國外買回來，然後再進行自主開發和系統合成，實

現中國鐵路機車車輛製造業的整體改造，通過創新，把國外的先進技術變成自己的技術，從整體上提高中國機車車輛的現代化水平。[4]

這個戰略不可謂不大，鐵道部是要實現中國鐵路工業製造體系的整體改造。但是，因為戰略太宏大了，沒有嚇著對手，倒是把自己的盟友嚇著了。當時中車旗下的很多廠子都是流言橫飛，說什麼鐵道部要把大家都廢了，要全買國外的；說中國鐵路又要走汽車的老路了，要打造鐵路系統的桑塔納。當然最緊張的是中車位於湖南的株洲電力機車公司，因為他們正在為「中華之星」的生存與發展努力著。

實話說，就當時而言，這個戰略太過超前了，而且過程注定充滿各種險阻。在引進技術的基礎上實現技術創新固然是好，日本的崛起走的就是這條路，1950～1981年的32年間，日本共引進了國外技術38000多件，引進費用高達133億美元，拿到了國外半個多世紀花費上萬億美元研究出來的成果。[5] 但最終能不能實現這個目標，誰也說不好，而且劉志軍心裡的真實想法是什麼誰也不知道。誰知道這是不是鐵道部開的一張空頭支票，萬一走的過程分外艱難，鐵道部中途變卦了怎麼辦？萬一機車車輛公司按照指定道路前行，走到半路卻發現自己成了外國企業的國內代工廠怎麼辦？

能回頭嗎？所以鐵路裝備工廠的緊張也是一件很自然的事，大家怕被帶溝裡去。但，也只能跟著走，因為沒有選擇，鐵道部是它們最大的主顧。

其實，回過頭來看，作為馬後炮來分析，我們發現鐵路裝備走引進、消化、吸收、再創新的道路是唯一的選擇，當時根本沒有第二條道路可以選擇。為什麼？因為那屆鐵道部領導班子的頭腦中裝著的根本就不是一條秦瀋客專，甚至也不是一條京滬高鐵，而是一張以時速350公里線路為主的「四縱四橫」高速鐵路網。而「中華之星」根本就適應不了這個計劃，為什麼？第一，「中華之星」的軸重達19.5噸，中國的新建高速鐵路網根本就禁不起這種軸重的動車組的碾壓。所以動力分散是唯一的選擇。「中華之星」在技術路線就走了岔道，

最多也只能在既有線鐵路提速上用。第二，無論是「中華之星」還是「先鋒號」，設計時速都達不到要求，「中華之星」設計時速 270 公里，實際能力在 200～250 公里，雖然讓它每小時跑 160 公里確實是對它的一種差辱，但是讓它每小時跑 270 公里，那會非常吃力，再高的速度更是沒有可能。第三，無論是「中華之星」還是「先鋒號」，最大的毛病就是故障率太高，穩定性差。難道就不能通過實際運營的檢驗，然後再改進提高了嗎？當然能，「藍箭」就是最好的例子。但是，「藍箭」大多數時間畢竟是以時速 160 公里在運營，而「中華之星」與「先鋒號」是在時速 200 公里及以上去運營，所以挑戰更大，適應改造的時間將更長。更何況還要發展時速 350 公里的高速動車組，那簡直就是一個遙遙無期的期限，中國高鐵事業等不起。更重要的是高速動車組質量的穩定性，尤其是在高鐵發展的初期，對中國高鐵事業的發展具有決定性影響，如果因為質量不夠穩定，出現大量的故障，必然會給剛剛起步的高鐵事業帶來極大的困難。

所以，當時鐵道部的這個戰略，並不為大多數人所理解與支持，周圍充滿了質疑的聲音。但劉志軍具有極強的意志力與韌勁，他採取的措施就是，幹實事，不爭論，往前走。

2003 年 6 月 28 日，跨越式發展座談會在京召開，鐵路裝備引進、消化、吸收、再創新，作為跨越式發展戰略「一主兩翼」的其中「一翼」被確定了下來。

7 月 13 日，鐵道部召開部長辦公會研究《加快機車車輛裝備現代化實施綱要》。

7 月 23 日，鐵道部裝備現代化領導小組成立。雖然南北車已經與鐵道部脫鉤了，但是鐵道部顯然沒有把南北車當外人，親自上陣操刀。

8 月 23 日，鐵道部裝備現代化領導小組召開會議，研究技術引進項目的操作方法與實施策略。[6]

然後，鐵道部裝備現代化領導小組就按照鐵道部領導的要求，調研並起草了《加快機車車輛裝備現代化實施綱要》。這是一個決定著項目成功與失敗的關鍵文件，後來的故事之所以是喜劇而不是悲劇，就是由這個文件謀劃的路線與策略決定的。就在這個階段，中國高鐵發展的一個關鍵人物——張曙光先後被從瀋陽鐵路局調到北京鐵路局，又調到鐵道部任裝備部副部長兼高速辦副主任，進入鐵道部裝備現代化工作小組，負責項目招標及採購的組織工作，發揮了重要作用。[7]

其間，鐵道部主要領導又多次親赴中車旗下各機車車輛工廠視察，並闡述鐵路裝備現代化的方針路線以及宏偉藍圖。鐵道部副部長孫永福也受部長委託召集南北車集團公司負責人研討戰略實施路徑。各級機關在各地就該專題召開的研討會數量達到幾十場之多。其中，2003 年 10 月 16 日～ 20 日，鐵道部主要領導在中車大連公司、中車長客股份公司、中車株機公司、中車株洲所考察時，又提出了三個一流的目標，即：掌握世界一流技術，生產世界一流產品，建成世界一流基地。[8]

11 月 27 日，鐵道部與南北車集團在京召開機車車輛裝備現代化領導小組會議，研究並通過了《加快機車車輛裝備現代化實施綱要》，南北車正式加入到決策環節來。機車車輛裝備現代化領導小組名單範圍擴大，並成立了負責日常業務的辦公室。辦公室設在鐵道部科技司。11 月 29 日，鐵道部又召開部長辦公會，再次審議並通過了《加快機車車輛裝備現代化實施綱要》。[9]

在整個事件的推進過程中，由於並不為外界所理解和支持，劉志軍所表現出來的行動力可以用下山猛虎來形容，默不作聲，銜枚疾行，勢不可擋。

輿論是可以殺人的，京滬高鐵的起起伏伏就是最好的明證。劉志軍雖然在路線選擇上，表現出了力排眾議不溝通的姿態，但是在最需要溝通的環節，又表現得分外積極與到位。他抓住任何可以匯報溝通的環節，及時向中央領導匯報有關工作以及執行的方針與思路，以求獲得更高層的支持。

2004 年 4 月 1 日的北京，中共中央政治局常委、國務院副總理黃菊，中共中央政治局委員、國務院副總理曾培炎，主持會議專題研究鐵路機車車輛裝備有關問題。[10] 國務院副祕書長汪洋、尤權，發改委、鐵道部負責同志出席了會議。發改委副主任張國寶做了專題匯報。會議原則同意發改委在充分聽取各方面意見的基礎上提出的引進國外鐵路時速 200 公里及以上客車動車組、機車車輛及大功率貨運機車的框架意見。確定了由中車大連公司、中車戚墅堰公司、中車株機公司、中車大同公司、中車長客股份公司、中車四方股份公司 6 家公司作為引進技術的具體實施公司。

會後下發了《研究鐵路機車車輛裝備有關問題的會議紀要》，通過引進消化吸收再創新來全面提升改造中國鐵路工業體系的方針被確定下來。會議明確了中國鐵路裝備技術引進的總原則：「引進先進技術，聯合設計生產，打造中國品牌」。[11] 這條 18 個字的原則，成為指引中國高鐵裝備工業走向成功，並最終反哺世界的關鍵。

下面我來簡單地分析一下這 18 個字。首先，我們要走的路是引進技術，那就意味著不能閉門造車，全球化發展的今天，閉門造車的時代已經過去了。更重要的是，要引進的是技術，而不是產品，而且引進的不是普通技術，而是先進技術。這個目標決定了這個行業未來的走向。要「漁」還是要「魚」是高鐵與汽車這兩個行業的不同選擇，高鐵拿到了「漁」，而汽車則只拿到了「魚」。高鐵買斷了技術，而汽車行業則只是通過成立合資公司導入了產品。第二句話是聯合設計生產。這句更加關鍵。我並不只是買你的技術圖紙，而是要聯合設計的技術圖紙，也就是說我不僅要圖紙，而且要跟你一起畫圖紙，要知道這個圖紙為什麼要這麼畫。當然，這個在執行過程中難度很大。第三句話是打造中國品牌。這句話就不用說了，汽車行業選用了國外品牌，現在中國滿大街跑的仍是國外品牌的小汽車；中國高鐵卻堅持了 CRH 的品牌，於今 CRH 早已經成為與日本新幹線、德國 ICE、法國 TGV 齊名的世界級品牌。

可以說，到現在，舞台已搭建好，就等著開鑼唱戲了。

戰略買家

戰略制定得再好，如果執行不給力，一切都是零。後面的動車組招標大戰，鐵道部再一次展示了自己近乎完美的行動力。針對這次至關重要的招標，鐵道部採取的具體措施被稱為戰略買家策略。整個招標活動，從啟動到談判，再到執行，構成了一個完美的商業傳奇故事。裡面充斥著情報大戰，充斥著權力的爭鬥與博弈，充斥著反間與背叛，充斥著團隊成功的喜悅與出局的淚水，充斥著野心人士的驚天密謀。其中與西門子博弈的橋段更是經典。西門子公司2004年提出的3.9億歐元技術轉讓費，破天荒地被鐵道部降到2005年的8000萬歐元，這段傳奇式的談判被譽為當代國際商業談判的經典。據《人民鐵道》報、《光明日報》等媒體報導，這個故事在2008年被寫入了斯坦福大學經濟學課程教案。[12]

所謂戰略買家說白了其實就是集中採購，但是它不是簡單的集中採購，因為採購者不是只為自己採購，而是為一個行業或者群體採購。

中國高速動車組這次技術引進就完美地執行了戰略買家策略，可謂現代版的二桃殺三士。當然，中國鐵路裝備現代化技術引進並不只有高速動車組一款，而是包括三款產品：高速動車組、大功率電力機車和大功率內燃機車。因為三款產品技術引進的策略與路徑基本是一致的，為了便於大家更好地瞭解整個過程及過程中的細節，更多情況下我們就以動車組的引進作為事件的主線，中間會插敘另外兩款產品引進過程的關鍵細節。

早在2003年7月23日，鐵道部機車車輛裝備現代化領導小組成立後，相關招標準備工作就已經啟動了。當天，鐵道部和國家發展改革委員會共同印發《時速200公里及以上動車組技術引進與國產化實施方案》。此後，鐵道部運輸局先後簽發了《關於提速幹線引進200公里／小時動車組計劃安排的請示》、

《關於編製時速 200 公里動車組等項目招標文件有關問題的請示》、《關於鐵路機車車輛裝備現代化實施方案的報告》等。鐵道部正式開始著手時速 200 公里動車組的招標事宜，並成立以計劃司司長黃民為組長的工作小組，張曙光是工作小組成員之一。[13]

南北車旗下機車車輛工廠數量眾多，有四五十家。如果放開口子，允許大家誰都可以跟國外企業進行技術引進談判，可以想見，必然會出現一窩蜂上馬的情況，誰願意錯過這麼好的一次機會，誰願意放過這麼大的一個蛋糕呢？如果是這樣，談判的主動權肯定會牢牢地掌握在外方手裡，想拿到真正的技術，勢必難如登天。所以鐵道部「卡嚓」一刀，將所有的路都給斷了，只留下了一個小口子。要想進入中國市場，只能通過這個且只有的一個渠道。鐵道部在每個領域都只給了兩個桃子，讓眾勇士們來搶。在動車組領域，只有通過跟中車長客股份公司和中車四方股份公司進行合作並完成徹底的技術轉讓才能進入中國市場。在大功率電力機車領域，指定的是中車株機公司和中車大同公司；在大功率內燃機車領域，指定的則是中車大連公司和中車戚墅堰公司。

緊張的氣氛一下子就起來了。面對長客與四方這兩個桃子，想進入中國高鐵市場的德國西門子、法國阿爾斯通、日本川崎重工三位勇士開始磨刀霍霍，明顯是狼多肉少呀！大家開始紛紛組團來中國忽悠推銷。2003 年 9 月 3 日，中德鐵路技術研討會在京舉行；9 月 5 日，中日鐵路技術研討會在京舉行；9 月 12 日，中法鐵路技術研討會接著在京舉行。[14] 當然，也有公司放風，試圖通過輿論影響來佔得先機。2004 年 2 月 2 日，法國阿爾斯通負責中國業務的人士對媒體表示，他們會向中國全面轉讓技術，當然他們指的主要是設計圖紙，並不是指設計能力，所以他們的轉讓並不能保證中方可以獲得高速列車的總體設計能力，因為能力是無法轉讓的。[15] 這是明面上的明爭暗鬥，暗地裡的就更多了，私下結盟、離間反間、諜戰情報、挖牆腳、使絆子、打黑槍，不一而足。

當然了，大家可能會發現與日德法三國企業上躥下跳不同的是，另外一家

巨頭龐巴迪卻一直表現得非常冷靜，穩坐釣魚台。是它對中國高鐵市場不動心嗎？當然不是，是因為它已經找到了發財的路子。早在多年前，它就和中國企業在青島成立了一家合資公司——青島四方龐巴迪鐵路設備有限公司，通過與鐵道部的溝通交流，他們已經確定這家合資企業具有投標資格了。所以，它並不需要像西門子、阿爾斯通、川崎重工一樣，為了爭得一個合作夥伴而進行艱苦的談判，使出渾身解數。對龐巴迪而言，也不存在技術轉讓的談判問題，它只需要將產品圖紙轉移給合資公司進行生產就可以了。所以在中國高鐵技術引進最熱火朝天的日子裡，龐巴迪表現得氣定神閒。這個模式跟汽車行業的模式如出一轍。龐巴迪德國技術研發中心負責產品研發與設計，然後將產品導入合資公司，合資公司負責生產與銷售。

當然國內企業也躁動異常，尤其是那些沒有在鐵道部指定名單上的企業。都是鐵路系統出來的，都是中國機車車輛工廠，憑什麼只給他們機會而不給我們？所以就有某些國內企業不顧鐵道部的三令五申，與國外企業偷偷進行私下談判，達成攻守同盟。後來事情被鐵道部覺察，要求南北車集團公司將該領導人撤職查辦，並要求該領導人永遠不得進入國鐵市場。該領導一度鬱鬱不得志，直到後來劉志軍、張曙光被查辦後才重新出山。當然該領導在其位謀其政，並非為個人私利，而是為了工廠的發展前途，為了工廠上萬名職工的利益。而且該領導能力極強，重新出山後又為中國高鐵發展做出了巨大貢獻。當時非議頗多的還包括配件企業，各種謠言在配件企業橫飛，指責鐵道部只是購買了國外企業的大殼子，而核心零部件都要從國外購買，中國高鐵根本就沒有拿到核心技術等，諸如此類。等到鐵道部第一步談判完成，正式開啟第二步核心零部件技術配套引進談判並快速實現國產化後，這些謠言當然也就不攻自破了。

艱難的談判

鐵道部最初計劃，要在 2004 年 5 月底前正式啟動招標。[16] 但是任務量太

大，時間太緊，正式招標工作沒有能夠在這個時間點內完成。當然，也沒有遲到太多。2004 年 6 月 17 日，招標公告正式發出。中技國際招標公司受鐵道部委託，就鐵路第六次大提速所使用的動車組進行公開招標，要求能夠滿足時速 200 公里運營，總計 140 列。這是一個巨大的蛋糕，讓覬覦的企業垂涎欲滴。這次招標對投標企業資格進行了嚴格限定，規定必須是「在中華人民共和國境內合法註冊的，具備鐵路動車組製造能力，並獲得擁有成熟的時速 200 公里鐵路動車組設計和製造技術的國外合作方技術支持的中國製造業（含合資企業）」。

這句話太繞了，簡單解釋一下，主要就是強調了如下幾個因素：第一，投標企業必須是在中國境內合法註冊的。這個條件就把西門子、阿爾斯通以及眾多日本企業統統擋在了門外。第二，這個中國企業還必須有國外合作方作為技術支持。這個條件是為了確保能通過一對一的綁定關係，把國外企業的核心技術拿過來。第三，這個國外合作方必須擁有成熟的時速 200 公里鐵路動車組設計和製造技術。

總之一句話，國外的企業不能投標，國內的企業也不能隨便投標，只有成功結對子，與國外高手綁在一起的企業才能投標。這樣，西門子、阿爾斯通、川崎重工等企業要想直接拿出產品來進入中國市場已經不可能了，同時「中華之星」、「先鋒號」也歇菜了。僅此兩個機會，就是看誰能與中車長客股份公司或者中車四方股份公司結成對子。這就是鐵道部拋出來的那兩個桃子。

為什麼一定要搞得這麼麻煩呢？因為鐵道部看中的不是他們生產的動車組車輛，而是車輛背後的技術。只有將國外高鐵裝備先進製造企業與中國這兩家企業捆綁在一起，才能通過技術轉讓的方式，讓中國這兩家企業擁有先進的高速動車組開發平台，才能以這些平台為基礎，進行進一步的創新開發，才能最終擁有世界一流的高速列車製造技術。

但怎麼才能夠確保這些巨頭將技術轉讓給中國這兩家企業呢？這裡鐵道部

就放大招了。首先，鐵道部做出了一個硬性規定，參與投標的企業必須是已經與國外企業簽訂完整技術轉讓合同的企業。如果沒有做到這一點，當然也就失去了投標資格，外方合作夥伴自然也就失去進入中國高鐵市場的機會。當時中國一次性招標的動車組數量高達 140 列，這應該是截至當時世界高鐵史上一次性招標動車組數量最多的一次，更何況這還只是用於第六次大提速的動車組，而中國還剛剛規劃了「四縱四橫」1.2 萬公里高速鐵路網。當時，全球各大諮詢機構的口徑非常統一，中國已經成為世界高速鐵路最大的市場。所以，對這些行業國際巨頭而言，誰都承受不起投標失利帶來的重大打擊。這是一個巨大的誘惑，也正是這個巨大的誘惑，將他們一步步帶到鐵道部事先規劃的道路上。

簽訂技術轉讓合同是一個硬性條件，但是技術怎麼轉讓，轉讓到什麼程度，還需要中國那兩家企業跟外方進行談判。當然，為了保證最終的成功，鐵道部還設了一道防火牆，叫技術轉讓實施評價。也就是當合同執行到一定階段時，鐵道部將會對技術轉讓實施的效果進行評價。評價的對象是中車四方股份公司和中車長客股份公司。雖然，你得標了，但是鐵道部先不付錢，國外合作企業作為老師要向中國企業傳授技藝，鐵道部不考核老師教得怎麼樣，而是考核學生學得怎麼樣，只要中國企業沒有學好，錢還是拿不到。不得不說，這個考核實在是太霸道了，國外企業不但要用心教，還怕遇到笨學生，因為即便他使出了渾身解數用心教，如果笨學生學不會，他的錢還是要打水漂。沒辦法，這些外國老師們，只好把壓箱底的活都拿出來了。

面對中車四方股份公司與中車長客股份公司這兩個桃子，來自德國、日本、法國的行業巨頭的競爭還是非常激烈的。代表德國出馬的是西門子，代表法國出馬的是阿爾斯通，代表日本出馬的則是包括川崎重工在內的 6 家企業聯合體，被稱為「日本企業聯合體」。三方國際公司中，中車四方與「日本企業聯合體」眉來眼去，然後又與阿爾斯通勾勾搭搭；中車長客則與西門子郎情妾意，同時與阿爾斯通眉目傳情。阿爾斯通本來是當時出口高速動車組最多的一

家，但是他們的動車組研發一直走的是動力集中路線，多採用鉸接式轉向架，而此次鐵道部招標要求動車組必須是動力分散型的，而轉向架不能是鉸接式的。所以面對中國市場，阿爾斯通一下處於下風，加上「日本企業聯合體」與西門子似乎都表現出跟自己的對象私定終身的樣子，更是搞得阿爾斯通著急上火，上躥下跳，一會跟中車四方打情罵俏，一會跟中車長客卿卿我我。

最先確定合作關係的是中車四方與「日本企業聯合體」。早在 1985 年，中車四方就與川崎重工正式簽訂了友好工廠協定 [17]，此後雙方一直保持友好關係，並多次共同開拓中國、東南亞等市場。所以從鐵道部敲定技術引進路線開始，中車四方就與川崎重工郎情妾意。

但是這條路實際走起來卻並不容易。2001 年日本自民黨議員小泉純一郎當選日本首相，任期內堅持每年參拜靖國神社，中日關係跌入低谷。中國國內民眾反日情緒高漲，網絡上充斥著各種反對引入新幹線技術的言論，有人放言，如果中國在建設高鐵時引入新幹線技術，就發起抵制運動。中方更擔心的是，如果項目進行到中途，中日關係進一步惡化下去，項目被迫中止，怎麼辦？因為當時南北車分立，四方代表南車集團，長客代表北車集團。所以擔心主要來自南車集團。如果該項目中途夭折了，而北車的項目成功了，則企業的損失將是不能承受之重。

與此同時，日本國內對向中國轉讓新幹線技術也是反對聲一片。在世界高鐵巨頭德日法三強中，在技術轉讓方面，法國相對是最開放的，而日本是最保守的。日本早在 1964 年就建成了世界上第一條高鐵——東海道新幹線，此後一直沒能實現出口。法國雖然到 1983 年才建成第一條高鐵，但是技術相對最為開放，1989 年就成功簽訂了西班牙高速列車訂單，此後又先後出口英國、韓國、美國、意大利等國。日本則只拿下了中國台灣一個訂單，而且還是在台灣與西門子、阿爾斯通聯合體已經牽手，卻因德國 1998 年的高鐵事故「婚姻破裂」的情況下撿的漏。鐵道部最初中意的是擁有 700 系新幹線技術的日本車

輛製造公司，日本賣給中國台灣地區的正是 700 系新幹線。但是日本新幹線運營商 JR 東海公司與日本車輛製造公司均明確拒絕向中國大陸轉讓 700 系新幹線技術。[18] 中車四方股份公司向川崎重工招手。當時川崎重工正處於經營困難期，企業發展面臨巨大危機，所以對與中國企業合作獲取中國高鐵市場訂單比較積極。但合作之路困難重重，川崎重工在國內面臨重重阻力，新幹線運營商 JR 東海公司與日本車輛製造公司激烈反對。後來，日本企業經過繁雜的內部溝通，達成共識：只轉讓時速 200 公里新幹線技術，不轉讓時速 300 公里的技術；由川崎重工、三菱商事、三菱電機、日立製作所、伊藤忠商事、丸紅 6 家公司組成大聯合與中國企業統一進行談判。

只轉讓時速 200 公里的技術而不轉讓時速 300 公里的技術讓當時的南車集團承受著巨大的壓力與風險，因為與北車集團私定終身的西門子公司，擁有設計時速 320 公里、在全球業界口碑極佳的 Velaro 動車組平台，這也是鐵道部當時最中意的動車組型號。未來的中國高速鐵路網規劃了大量的時速 300～350 公里的線路。面對這個市場，南車集團肯定只能在引進的時速 200 公里動車組平台基礎上進行自主開發，如果產品開發失敗，無疑將會失去這個龐大的市場。但是，禍兮福之所倚，正是日本的保守，讓當時的中國企業沒有辦法，只能選擇背水一戰，自主開發時速 300 公里及以上速度等級動車組，與德國西門子轉讓技術的動車組進行面對面競爭，最終開發出了擁有完全自主知識產權的產品 CRH380A(L) 動車組，最終完成了由技術引進到自主研發設計的轉變。

6 家公司組成聯合體與中國企業談判也給談判工作帶來了難以想像的難度，聯合體中有一家企業的代表不同意，談判就會出現進行不下去的情況。原中車四方股份公司的一位負責談判的王姓領導，曾經講述過談判過程中的一些細節。此君參與談判時只有 30 多歲，可謂年輕氣盛，手下一幫參與談判的人也都是 30 歲左右的毛頭小伙子；而日方參與談判者一眼望去花白頭髮的居多，多數五六十歲，有的歲數還更大。某次談判進展頗不順利，圍繞一個細節，雙

方誰都不肯讓步，日本大聯盟中一個人，威脅要退出談判，起身欲離開。經過漫長的談判，雙方神經都高度緊繃，加上最後的投標期限是死的，如果完不成談判，無法完成投標，其經濟損失是雙方都承受不起的。本來就窩著一肚子火，被對方一激，此君竟然霍地站起身來，將茶杯抓起來，摔在了地上，讓翻譯告訴那位代表，他今天如果從這個門走出去，就永遠也不要回來了。這位日本代表竟然真的就沒有敢踏出此門，而是回到了談判桌上繼續談判。另外一個細節，據此君介紹，在談判最艱苦的階段，有一次他們竟然連續談了三天三夜，他們正說著突然發現對方不回應了，原來翻譯坐在那裡睡著了。他們累的時候，也是坐在椅子上往後一仰就睡著了，休息一下接著談。這次投標因為有大量的文件需要準備，所以公司在他們工作的酒店準備了 4 台打印機和 1 台複印機，就怕萬一出點什麼差錯。後面，這 5 台機器基本都是一直無休止地工作著，到最後一天，這 4 台打印機竟然全部燒燬了。搞得他們特別被動，抓緊讓人從外面重新調新機器進來，他們幹完所有工作的時候天已經亮了，他們乾脆也不睡了，直接就去參與投標了。說到這裡，此君搖搖頭笑著說：「那時候真是年輕氣盛呀，體力也好，現在想想都不知道自己當時是怎麼熬過來的。」

基於上面中日談判的種種風險點，所以中車四方股份公司在集中精力與「日本企業聯合體」談判的同時，也兵分兩路與阿爾斯通進行著密切談判。前面我們已經說過了，阿爾斯通因為擅長的是動力集中型動車組，為了滿足中國招標條件，他們拿出了在意大利都靈工廠生產的 SM3 型動車組，但是該款動車組成熟度與穩定性都比較差。南車集團董事長趙小剛與四方股份公司的董事長江靖還專門到歐洲考察過該款動車組，對該款動車組並不滿意。堅持與阿爾斯通談判主要是為了留一條後路。

最後的決戰

故事的高潮發生在長客股份公司與西門子的談判中。

西門子本是這次談判中準備最充分的一家，他們通過出色的商業情報網絡，已經得到消息，他們才是鐵道部的「夢中情人」，鐵道部心底甚至已經下定決心，非西門子不娶。通過對競爭對手的分析，西門子也認為他們是必勝的一方。首先，「日本企業聯合體」主推的是東北新幹線的 E2-1000 型「疾風號」動車組，而且日本已經放話，他們不會向中國轉讓時速 300 公里動車組技術；其次，阿爾斯通拿出的只是 SM3 型動車組，這款動車組成熟性、穩定性都不高。無論是「日本企業聯合體」的 E2-1000 型動車組還是阿爾斯通的 SM3 型動車組，在西門子的 Velaro 平台面前毫無疑問都要遜色不少。Velaro 平台設計時速可達 320 公里，此前已經出口到西班牙、俄羅斯，在全球享有極高的聲譽，是當時世界上最優秀的動力分散型動車組。

所以西門子制定了針對性極強的談判策略，核心是維護德國品牌的高端形象，高舉高打，要價極高，而且技術轉讓條件極其苛刻，只轉讓一些相對容易獲得與攻克的技術，對於比較關鍵的技術，堅持不能轉讓。當時西門子技術轉讓費的開價是 3.9 億歐元，賣給中國的原型車的開價是 3.5 億元人民幣。這個價碼讓中方難以接受，當然更難以接受的是技術轉讓的條件過於苛刻，談判進行得異常艱苦。西門子不為所動，因為他們知道，只要有 Velaro 平台在，中方只能屈服，他們覺得自己勝券在握。

長客股份公司也確實看中了西門子的高速動車組技術，所以與西門子的接觸非常早，從 2003 年開始就與西門子斷斷續續地接觸著。到投標前的最後一個月，因為感覺到與西門子談判有可能拿不到核心技術，所以他們開始雙線突擊。一方面繼續與西門子做著艱苦的努力，另一方面也加緊與阿爾斯通進行談判。

阿爾斯通當時經營情況極其困難，債台高築，2003 年 8 月已經向巴黎法院申請了破產保護。[19] 所以，對於中國這次機會阿爾斯通發誓一定要抓住。最初，阿爾斯通因為與南車集團有著比較久遠的合作關係，所以想方設法運作

南車集團的領導人前往法國參觀，在談判中也表示出很多善意。當阿爾斯通發現西門子正在錯誤的道路上越走越遠時，他們覺得機會來了，他們與長客股份公司的談判開始迅速推進，取得了突破性進展。

據時任中車長客股份公司總工程師牛得田回憶，當時談判的地點分別位於北京西四環和西三環附近的兩家酒店。德國人比較嚴謹，每次他們到達後，西門子的人都已經做好準備等著了，而法國人則比較浪漫，他們到達後，往往要等他們一會才下來。到談判的後期，他們開始主攻阿爾斯通。但是過程驚險異常，雙方圍繞技術轉讓價格以及技術轉讓的內容展開了拉鋸戰，最後掉進了一個死循環，誰都不肯讓步。這時長客走了一步險棋，宣佈無法接受阿爾斯通開出的價格，決定放棄此次投標，不談了，所有談判人員都打道回府，坐飛機回長春了，手機也關了。毫無疑問，這是一次破釜沉舟的行動，要知道西門子的立場比阿爾斯通還要堅定，如果阿爾斯通真的放棄也打道回國了，而西門子又拿不下，長客將面臨竹籃打水一場空的情況。所以做出這個決定非常艱難，也凶險異常。參與決策的人員包括張曙光、北車集團總經理、長客股份公司總經理以及總工程師。好在阿爾斯通最終沒有頂住壓力妥協了，長客取得了一個讓人歡喜讓人憂的決定性勝利。

之所以說讓人歡喜讓人憂，主要是因為阿爾斯通這次拿出來投標的車型。阿爾斯通本沒有動力分散技術，但是他們剛剛收購了意大利菲亞特鐵路公司（Fiat Ferroviaria），此次投標的車型正是這家意大利工廠設計的。據時任長客股份公司總工程師回憶，他們曾經三次造訪這家意大利工廠，竟然三次都遇到工人罷工的情況。後來他們瞭解，這些工人就是要罷工給他們看的。更關鍵的是，這款車型設計得非常不成熟，幾乎還沒有完成設計就拿到中國來投標了。後來長客股份公司與阿爾斯通一起修改，一起調整，一起試製，導致CRH5A剛上線時故障率奇高。他說，阿爾斯通害了長客股份公司，但是成就了長客股份公司一代人。為什麼這麼說呢？因為CRH5A的不成熟讓長客股份

公司進入高鐵時代後比競爭對手慢了半拍，而且堵塞了在這個平台上繼續進行升級開發的道路，但是長客股份公司在解決車型一系列故障的過程中，深度參與了車型的設計開發，所以對技術掌握得比較徹底。

當然，西門子並不在意，因為他們始終覺得阿爾斯通不過是長客股份公司用來壓低談判價格的籌碼而已。就在長客股份公司與阿爾斯通的談判已經取得決定性突破的時候，鐵道部決定做最後一次爭取，在投標截止日期的前夜，張曙光親自出面斡旋，力圖保住他們鍾情的 Velaro 車型。

張曙光開門見山，話說得語重心長：「作為同行，我對德國技術是非常欣賞和尊重的，很希望西門子成為我們的合作夥伴，但你們的出價實在不像是夥伴，倒有點半夜劫道、趁火打劫的意思。我可以負責任地表明中方的態度：你們每列車價格必須降到 2.5 億元人民幣以下，技術轉讓費必須降到 1.5 億歐元以下，否則免談。」德方首席代表靠在沙發椅上，不屑地搖搖頭：「不可能。」張曙光接著說：「中國人一向是與人為善的，我不希望看到貴公司就此出局。何去何從，給你們 5 分鐘時間，出去商量吧。」德國人像個撬不開的錢匣子，商量回來，仍然沒有一點圓通的餘地。張曙光把剛剛點燃的一根香菸按滅在菸灰缸裡，微笑著扔下一句話：「各位可以訂回程機票了。」然後拂袖而去。[20]

據時任長客股份公司總工程師牛得田回憶，第二天早晨 7 時，西門子仍然不認為自己會出局，竟然帶著成箱的資料準備與長客股份公司一起投標。長客只好告訴他們：「你們出局了，我們已經選擇阿爾斯通作為合作夥伴參與此次投標了。」大夢初醒的德國人呆若木雞。早餐桌上，得意洋洋的法國人品著香甜的咖啡，還不忘幽了德國哥們兒一默：「回想當年的滑鐵盧之戰，今天可以說我們扯平了。」「德國人從中國的旋轉門又轉出去了」，消息傳開，世界各大股市的西門子股票隨之狂跌，放棄世界上最大、發展最快的中國高鐵市場，顯然是戰略性的錯誤。西門子有關主管執行官遞交了辭職報告，談判團隊被集體炒了魷魚。[21]

　　當然後面西門子又成功殺了一個回馬槍，殺回了中國市場，這是後話。畢竟當年鐵道部只是想教訓教訓西門子，對他們的技術還是非常看重的，等西門子一服軟，二者一拍即合，西門子回歸也就變成了一件水到渠成的事情了。當然合作的主動權已經完全不在西門子手上了，中方大砍刀一揮，西門子每列原型車的價格由 3.5 億元人民幣降到了 2.5 億元人民幣，技術轉讓費由 3.9 億歐元降到了只有 8000 萬歐元。這就是中國高鐵史上著名的一夜砍掉 30 億元的傳奇佳話。當然，省了 30 億元還只是這次談判收穫中很小的一部分，更重要的是由此掌握了技術談判的主動權，在技術轉讓條款中獲得了更優惠的條件，能夠幫助中國企業更徹底地消化引進的技術。

　　我們還是回到 2004 年這次招標大戰。7 月 28 日，投標的最後截止日期，四方股份公司與「日本企業聯合體」成功結成聯合體，投出了自己的標書；長客股份公司也與阿爾斯通結成聯合體，順利地投出了自己的標書；龐巴迪在中國的合資公司四方龐巴迪公司也成功投出了自己的標書。西門子則因沒能找到合作夥伴，只能黯然出局。

　　2004 年 8 月 27 日，投標結果對外公佈，四方股份公司、長客股份公司分別獲得了 3 包 60 列動車組訂單；四方龐巴迪公司則拿下了 1 包 20 列動車組訂單。10 月 10 日，鐵道部委託的鐵路局、中技國際公司、長客股份公司、阿爾斯通的四方簽約活動在北京通用技術大廈舉行。10 天後，四方股份公司、川崎重工、鐵路局、中技國際公司的四方簽約活動在同一棟大廈舉行。當天鐵道部派出了運輸局、計劃司有關領導，南車集團總經理趙小剛以及「日本企業聯合體」中的另外 5 家公司也都派出了代表見證簽約活動。當天簽署了《時速 200 公里鐵路動車組項目技術轉讓協議》和《時速 200 公里鐵路動車組項目國內製造合同》等歷史性文件。鐵路局、中技國際與四方龐巴迪也舉行了相關簽約活動。

　　此時，另外兩個品種的鐵路裝備技術引進工作也已經塵埃落定。株機公司

獲得了西門子的大功率電力機車技術，大同公司獲得了阿爾斯通的大功率電力機車技術，大連公司獲得了美國 EMD 大功率內燃機車技術與日本東芝的大功率電力機車技術，戚墅堰公司獲得了美國通用電氣（GE）公司的大功率內燃機車技術。大功率電力機車與內燃機車引進要求與動車組大致類似，也是分為散件組裝與國產化生產兩個部分。但是大功率電力機車的技術消化相對更加徹底一些，而內燃機車由於核心的柴油機不在技術轉讓範疇，加上採購量相對較小，所以在後續開發方面步伐慢了一些。

回馬槍

第一輪招標西門子出局了，但是他們又成功地殺了一個回馬槍。2005 年年初，就在第一輪招標剛剛結束不久，鐵道部又開始組織籌備第二輪招標了。為什麼第一輪招標剛剛完成，項目正在組織實施中，就要急於進行第二輪招標呢？這是由中國高鐵的大戰略推進進度所決定的。

根據鐵道部的規劃，龐大的中國高速鐵路網由兩部分組成，第一部分是以「四縱四橫」為代表的新建高速鐵路網。這一部分高鐵，等級高、速度快、乘坐舒適，但是需要的資金甚是龐大。第二部分則是既有線鐵路改造提速，包括京滬、京廣、京哈、隴海等 6 大幹線。這一部分鐵路速度不會很高，但是提速到時速 200 公里照樣可以使效率大幅度提升，而需要投入的資金卻很少。

第一次招標的對象是時速 200 公里動車組，主要是用於既有線鐵路提速以及「四縱四橫」中設計時速 200 ～ 250 公里的線路。而第二次招標的對象則是時速 300 ～ 350 公里的動車組。此時，設計時速 350 公里的京津城際鐵路已經動工，將於 2008 年北京奧運會前建成通車。如果到那時，中國不能生產時速 350 公里的動車組，那就尷尬了。於是，2005 年鐵道部又開始緊鑼密鼓地推動第二輪動車組招標。當然這一次，鐵道部放棄了公開招標的形式，而是採用了競爭性談判的方式。主要原因是第一輪招標因為引入了日本新幹線技術，所以

在國內招致了一片罵聲。很多人在網上發帖子說賣國的鐵道部竟然把自主研製的「中華之星」丟進了垃圾桶，卻花錢去購買日本的產品，要堅決抵制。

第二輪動車組採購於 2005 年 6 月正式啟動，目標是時速 300 公里動車組，參與競爭性談判的包括中車四方股份公司、四方龐巴迪公司以及唐山公司與西門子公司的結合體。因為日本公司不再轉讓時速 300 公里的動車組技術，所以這次四方股份公司就單獨投標了，計劃在原先時速 200 公里的 CRH2A 的基礎上自主開發時速 300 公里的動車組 CRH2C，成功拿下了 60 列訂單。四方龐巴迪則繼續從龐巴迪公司導入新技術，也成功拿下了 40 列動車組訂單。

比較有意思的則是西門子與唐山公司組合了。中國有四大客車廠，中車長客股份公司、中車四方股份公司、中車浦鎮公司、中車唐山公司。長客與四方是被指定的高速動車組技術引進消化吸收單位，自然是心滿意足。但是沒有進入名單的就有被時代拋棄的危險，很多單位自然就不甘心。就在 2004 年那個膠著的技術引進談判的夏天，唐山公司的最高領導也在北京，他們與西門子公司祕密達成了協議準備參與動車組的第二輪招標。此事顯然已經違背了鐵道部當初制定的戰略買家策略，被鐵道部領導知道後，勃然大怒，對有關責任人進行了嚴厲的懲處。但是這並沒有擋住西門子與唐山公司的合作。毫無疑問，鐵道部還是鍾情於西門子的，而且也同樣鍾情於長客股份公司。所以按照鐵路部的計劃，應該仍舊由長客股份公司與西門子合作參與第二輪動車組採購。但是此時，一個關鍵角色跳出來幹了一件事，最終讓鐵道部的美好願望成了泡影。這個關鍵的角色就是阿爾斯通，他們跑到中央領導那裡告了鐵道部一狀，說鐵道部「一女二嫁」，嚴重損害了中法兩國傳統友誼。上面壓力一來，鐵道部撮合西門子與長客股份公司的願望就落空了。於是，鐵道部只好另選西門子的合作夥伴。當時的競爭對象包括北車集團旗下的唐山公司和南車集團旗下的株機公司和浦鎮公司。儘管唐山公司打破了鐵道部制定的遊戲規則，惹怒了鐵道部，但是考慮到南北車的平衡關係，鐵道部還是傾向於唐山公司。因為經過

第一輪的招標，長客股份公司已經落後於四方股份公司了，如果再把西門子的技術給南車旗下的公司，南北車的競爭將完全失衡，這不利於鐵道部掌控局勢。鐵道部徵求長客股份公司的意見，時任長客股份公司總工程師給鐵道部寫了一封信，極力主張由唐山公司與西門子開展合作，長客股份公司從中提供技術支持。

長客股份公司為什麼會轉而支持唐山公司與西門子合作呢？當然這也是基於自身利益與策略做出的決定。前提是自己拿到西門子整套技術的可能性已經沒有了。那誰拿到對自己最有利呢？當時的競爭者中株機公司、浦鎮公司都屬於南車集團，無論他們中的誰拿到，顯然對自己都是不利的。而唐山公司與長客股份公司都隸屬北車集團，唐山公司的技術實力又相對比較弱小，可以採取唐山公司負責整體引進，長客股份公司負責引進其中最關鍵的轉向架的方式進行合作，顯然這樣可以實現長客股份公司利益的最大化。

這裡面最失落的可以算是株機公司了，他們自認為曾經是中國高鐵事業的領先者，「中華之星」的總設計師來自他們那裡，而且他們與西門子之間已經有了長時間的合作關係，所以他們對這次引進寄予了非常高的期望。當然期望越高，失望越大。期間，他們還通過湖南省政府向國務院遞交了一個請示報告，希望國務院能夠批准將株機公司作為引進西門子高速動車組技術的定點企業。後來，國務院祕書局將此份報告轉給了鐵道部。為此，鐵道部派出胡亞東副部長專程到長沙向湖南省委書記楊正午、省長周伯華做了專題匯報。主要內容有三點：第一，機車與客車理念有不同，而動力分散型的動車組屬於客車範疇。第二，西門子與唐山公司的結合是雙方自願的行為。這一點太重要了，這一點充分說明了當年唐山公司董事長王潤先生先期與西門子結盟是多麼具有戰略眼光的一件事情。第三，株機公司已經負責引進電力機車項目了，專心才能做好一件事，所以株機公司不適合再引進動車組項目了。總之一句話，這個項目已經給唐山公司了，株機公司沒有機會了。

　　於是，唐山公司拿到了中國高速動車組技術引進項目中最好的一個，設計時速 320 公里的 Velaro 動車組平台技術。在這一輪動車組採購中，唐山公司與西門子聯合體也同樣拿到了 60 列動車組訂單，其中 3 列原型車由西門子製造，剩餘 57 列在唐山公司組裝；動車組轉向架方面，有 12 列車的由西門子生產，剩餘 48 列由長客股份公司製造。當然，這輪引進中西門子技術轉讓費也乖乖地由 3.9 億歐元降到了 8000 萬歐元，原型車單列價格由 3.5 億元人民幣降到了 2.5 億元人民幣。

動聯辦

　　招標結束了，技術引進協議簽訂了，但這只是萬里長征走完了第一步，技術的消化吸收工作才剛剛展開。我們前面已經談到了，鐵道部為了確保國內企業拿到技術並能夠切實地掌握，特意設置了一道防火牆，叫技術轉讓實施評價。如果引進技術的國內企業無法通過評價，那麼轉讓技術的國外企業就拿不到錢。這道防火牆搞得這幾家國外企業壓力山大。

　　最終實施的效果由誰來評價呢？這就是神祕的動車組聯合辦公室，簡稱動聯辦。動聯辦成立於 2005 年 2 月，辦公地點位於北京蓮花橋附近的華寶大廈四層。動聯辦共設立了 4 個工作小組，包括綜合組、商務組、技術組和質量組。其中綜合組與商務組主要成員來自中技國際招標公司，技術組成員主要包括鐵道部運輸局官員、南北車集團技術專家以及相關科研機構專家，質量組成員主要由一些驗收系統專家和南北車旗下公司的質量管理專家組成。

　　為什麼說動聯辦神祕呢？大家可以在網上搜索一下這個機構，幾乎搜不到任何有用的信息，但是在動車組技術引進這個項目中它的權力大到沒邊。首先，它是技術轉讓實施效果的評價者，它說技術轉讓成功了就成功了，如果它說技術轉讓不徹底，那你就得繼續幹，老師要繼續教、學生要繼續學，否則錢拿不到。其次，它是動車組國產化進程的把控者，它說這個部件已經成熟了，

可以替換國外產品裝到動車組上了，這個部件就能裝到動車組上了。你想這是多大的一個市場，中國高速動車組產業鏈上幾千家企業的產品都夢寐以求能夠通過動聯辦的評估報告，成為高速動車組企業的零部件供應商之一。

下面我們就來看看國內廠家是如何消化引進來的先進技術的。

第一次招標共包括 7 個標案，每個標案中包括 20 列時速 200 公里動車組。這每個標案的 20 列動車組，共分三個階段進行生產。第一個階段只生產 1 列，需要在國外工廠生產，然後原裝進口。這列車的生產流程大致是這樣的，國內企業先派出員工到外方接受培訓，然後再參與這第 1 列車的設計改進，然後參與組裝流程，相當於學習國外企業的現代化工藝流程。中國高速動車組的技術引進消化吸收再創新的全過程，可以用三句話來概括，就是：「引進先進技術，聯合設計生產，打造中國品牌。」如果說招標談判是「引進先進技術」，那麼上面這個階段就是「聯合設計生產」的開始。以四方股份公司的 CRH2A 型高速動車組為例，它的原型車就是日本東北新幹線的 E2-1000 動車組，不過是閹割版本的。E2-1000 動車組設計時速是 275 公里的，但是賣給中國的是時速 200 ～ 250 公里的。據原四方股份公司某高管介紹，在聯合設計階段，CRH2A 型高速動車組共進行了 80 多項改進創新。當然這 80 多項改進不可能涉及牽引傳動這種核心部件，主要是像列車空調、座椅等配套技術，進行針對中國運營環境的適應性改造。

第二個階段共包括 2 列，散件從國外進口，然後由國內企業培訓回來的員工在中國完成組裝。這個階段是在國內複製國外企業生產工藝流程的過程，由中國員工親自幹，國外企業技術專家在旁邊進行指導。這是讓國內員工逐漸積累能力的過程。

第三個階段共包括 17 列，這是逐步國產化的過程，也就是用國內配套生產的零部件替換國外進口零部件的過程。當然替代的過程是逐漸展開的，每一個替換的零部件都要進行嚴格的試驗測試評估，合格了才能替換。所以國產化

率是一個逐漸提高的過程，從 0 開始，到第 17 列國產率達到 70%。一列動車組有多少個零部件呢？4 萬多個。這裡面又分很多種，有一部分是核心技術零部件，關係到列車的安全運營，主要包括九大核心技術，包括整車集成技術、車體技術、牽引傳動技術、制動技術等。根據技術轉讓協議，這些也都是要配套轉讓的。受讓方主要包括南車集團旗下的株洲所（牽引變流及網絡控制）、浦鎮公司（制動技術）、株洲電機（牽引電機及變壓器）、戚墅堰所（鉤緩技術），北車集團旗下的長客股份公司（牽引控制）、永濟電機（牽引電機及牽引變流器）、四方所（網絡控制）、大同公司（牽引變壓器）以及鐵科院（制動技術）。其他零部件則被稱為配套技術零部件，包括十大配套技術，如座椅、空調、車門等。這部分零部件主要由國內民營企業自主研發或者技術引進，通過動聯辦評估認證後正式成為中國高速列車的合格供應商。

這三個階段被風趣地總結為三句話：第一個階段叫他們幹我們看，第二個階段叫我們幹他們看，第三個階段叫自己幹。在這三個階段的學習跨越中，他們也總結出了很多經驗。第一階段叫「僵化」，就是嚴格按照外方提供的圖紙去做，不求創新只求複製；第二個階段叫「固化」，就是把學到的一些東西在流程上原汁原味地「固化」下來，做到不走樣，製造水準向外方看齊；第三階段叫「優化」，對工作完全掌握並熟悉後，根據實際情況提出一些優化的建議。

當然，在第一次招標中，四方股份公司和長客股份公司各拿下了 3 個標案 60 列動車組，相當於第一階段有 3 列，第二階段有 6 列，第三階段有 51 列。

上面三個階段結合起來，就是中國高速動車組的完整國產化過程。這個過程的考核指標就是「國產化率」，最低是 0，最高是 100%。這裡需要說明的是，國產化其實是一個非常初級的階段，即便你的國產化率達到了 100%，也沒有什麼值得驕傲的，這只是說明所有的零部件都能在國內生產了而已，在國內生產並不代表你掌握了技術。比國產化更高的一個層級叫自主化。自主化階段的核心是自主設計與知識產權。在這個階段國產化率這個指標已經不再重要。如

蘋果手機，大部分零部件甚至組裝都不是在美國完成的，如果考察它的國產化率那一定是低得驚人，但是沒有一人敢否認蘋果手機是美國產品，因為它的設計與知識產權屬於美國的蘋果公司。中國高速動車組發展的第一階段就是國產化階段，就是前面提到的「僵化」、「固化」、「優化」三個階段，主要任務就是國產化替代；中國高速動車組發展到 CRH380 系列時開始進入了第二個階段，就是自主化階段，它的核心就是自主設計與知識產權；現在中國高速動車組已經發展到第三個階段，那就是標準化階段，核心工作是引領行業發展，建立行業標準。當然，這都是後話，如果沒有 2004 年夏天那次驚心動魄的博弈，中國高鐵也就沒有發展可依託的高水平平台，也就不會有今天所取得的成就。

註釋

1.〈鐵道部部長劉志軍視察四方公司〉，《中國南車》，2003 年 6 月 15 日。

2. 詳見本書第四章「速度傳說」中的「動車時代」的統計表格。

3. 關於中車四方股份公司此時的情景，參考了原中國南車董事長趙小剛在《與速度同行》中的描述，詳見該書第 149 頁。中信出版社，2014 年 5 月版。

4.〈鐵道部召開推進機車車輛現代化座談會〉，中華商務網，2003 年 7 月 3 日。

5. 李寬、王會利，〈美國、日本和中國技術引進的比較〉，《經濟管理》，2004 年第 3 期。

6. 此階段重要事件節點可參閱梁成谷〈譜寫中國鐵路發展新篇章——寫在京津城際鐵路試運行前夕〉，《中國鐵路》，2008 年第 7 期。

7. 可參見北京市第二中級人民法院《張曙光受賄罪一審刑事判決書》，案號〔2013〕二中刑初字第 1530 號。

8. 李丹、趙中庸，〈鐵路跨越式發展又一重頭戲拉開帷幕〉，《人民鐵道》報，2003 年 10 月 24 日。

9. 鐵道部檔案史志中心，《中國鐵道年鑑 2004》，第 69 頁，2004 年 10 月。

10. 鐵道部檔案史志中心，《中國鐵道年鑑 2005》，第 90 頁，2005 年 10 月。

11. 梁成谷〈探尋鐵路裝備現代化軌跡〉，《中國鐵路》，2007 年第 2 期。

12. 和平，〈自主創新驅動「中國速度」——寫在京津城際鐵路通車運營滿月之際〉，《人民鐵道》，2008 年 9 月 4 日；關於斯坦福大學經濟學課程教案的說法，還見於王小潤、李金桀〈創新的力量制度的優勢〉，《光明日報》，2010 年 2 月 21 日。

13. 北京市第二中級人民法院《張曙光受賄罪一審刑事判決書》，案號〔2013〕二中邢初字第 1530 號。

14. 鐵道部檔案史志中心，《中國鐵道年鑑 2004》，第 454 頁，2004 年 10 月。

15. 科技部辦公廳調研室，〈中國高速鐵路技術發展路線（摘要）〉，《科技日報》，2005 年 4 月 15 日。

16. 北京市第二中級人民法院《張曙光受賄罪一審刑事判決書》，案號〔2013〕二中邢初字第 1530 號。

17.〈南車四方與川崎重工聯合獲得新加坡地鐵訂單〉，日經 BP 社，2012 年 8 月 31 日。

18. 詳見谷永強、曹海麗，〈高鐵自主知識產權全面還原：奇跡誕生與終止真相〉，《新世紀》周刊，2011 年 8 月 15 日。

19. 王雄，《中國速度：中國高速鐵路發展紀實》，第 98 頁，外文出版社，2016 年 6 月版。

20. 蔣巍，〈閃著淚光的事業——和諧號：「中國創造」的加速度〉，《人民日報》，2010 年 6 月 11 日。

21. 蔣巍，〈閃著淚光的事業——和諧號：「中國創造」的加速度〉，《人民日報》，2010 年 6 月 11 日。

四方股份公司生產基地

西門子公司為德國鐵路公司生產 ICE3 型高速列車

CRH5A 型動車組（1）

CRH5A 型動車組（2）

長客股份公司動車組生產現場

時速 200 公里鐵路動車組項目簽約儀式

時速 300 公里鐵路動車組項目簽約儀式

唐山公司生產現場

CRH2A 型動車組（1）

CRH2A 型動車組（2）

CRH3C 型動車組

動車組生產現場

第七章　高鐵時代

2006 年春節期間，正在家中享受天倫之樂的沈志雲接到了西南交通大學的一個通知，劉志軍已經同意與校方進行會談。正月十六前往北京拜訪。

正月十六，劉志軍在鐵道部機關大樓裡接見了西南交通大學黨委書記顧利亞、校長周本寬、兩院院士沈志雲、工程院院士錢清泉等人。會談的時間挺長，很多程序也很繁雜。除了正式的會見外，劉志軍還專門找沈志雲進行了私下談話交流。

沈志雲說：「技術引進我不反對，但是一定要堅持自主創新，沒有自主創新就會陷入引進—落後—再引進—再落後的怪圈裡。所以我建議，鐵道部能撥給我們一台國外引進動車組的轉向架，讓我們來做實驗，進行參數和性能分析。」

劉志軍說：「給兩台，一台國外引進的，一台國產化的，請你們進行比較分析。」

沈志雲一愣，就這麼就給了？

沈志雲接著說：「西南交大的國家軌道交通實驗室的作用還是要發揮的，我們有很多設想，想匯報一下。」

來北京之前，沈志雲將一個設想報告發給了鐵道部，由於時間短，報告又非常長，厚厚的一沓。沈志雲猜想，領導工作忙、時間緊，肯定沒看過。所以把要點又複述了一下。

劉志軍說：「你們的那個設想非常好，我學習了一遍，我這裡有4條意見，一二三四。」

沈志雲又一愣。

劉志軍問：「沈院士還有什麼建議嗎？」

沈志雲說：「鐵路引進消化吸收後，應該打破鐵道部的侷限，廣泛吸收全國相關科技力量參與。建議成立一個專家組，設立相關課題，當作鐵道部科研項目來做。」

劉志軍說：「這個建議不錯，但是我有一個條件，就是沈院士必須做這個專家組的組長。」

後面他們還談了很多，沈志雲發現原來鐵道部正在執行的是一個宏大的高鐵計劃，這個計劃不僅要建成龐大的高鐵網絡，打通中國經濟發展的奇經八脈，而且要通過技術引進建立中國高鐵技術自主創新的平台，讓中國的高端裝備研發製造技術趕超世界同行。甚至連沈志雲頗為不屑的既有線鐵路提速200公里的第六次大提速也是這個宏大計劃中的一個小環節。

就在這一天，沈志雲被說服了，他又重新開始積極參與到中國高鐵大發展進程中，為國家「四縱四橫」高速鐵路網的建設、為「和諧號」高速動車組的研發創新不遺餘力地出謀劃策。後來沈志雲在他的口述自傳中說：「有些人貪污腐敗，法律必定會對他進行嚴懲，我也唾棄鄙視他，但是並不能因此就否定他在中國高鐵發展過程中所作出的努力。功是功，過是過，兩不相抵。」

2006年開始沈志雲積極參與中國高鐵發展的行動，也引來了一些閒話流

傳。有人說沈某人「哪位部長在台上，就說哪位部長好」。沈志雲說：「可惜這種諷刺包括不了 2004 年、2005 年這兩年我的態度。而且現在某些人身陷囹圄了，我對他的評價並沒有因此而改變。」[1]

第六次大提速

「四縱四橫」的高速鐵路網規劃已經有了，國外先進技術平台也已經引進來了，以撤銷鐵路分局為主要內容的生產力佈局調整也完成了，接下來該幹什麼呢？答案是雙通道快速推進，佈局中國高鐵時代：

一是既有線鐵路提速，通過投入少量資金，改造既有鐵路線，使其達到滿足時速 200 公里動車組運行的技術標準；二是開工建設新的高速鐵路線，讓「四縱四橫」高速鐵路網規劃由文件變為現實。根據國際鐵路聯盟（Union Internationale des Chemins de Fer, UIC）的定義，既有線提速至時速 200 公里以上或者新建線路設計時速在 250 公里以上，均為高速鐵路。所以，上面說的快速推進的雙通道其實都是中國高速鐵路大戰略的重要組成部分。

我們先來說說既有線鐵路提速改造，這就是被沈志雲痛斥為胡搞的既有線鐵路提速 200 公里／時項目，這個項目也確實是新一屆鐵道部班子換屆後就立馬提上議事日程的。2003 年 5 月 24 日，劉志軍在考察膠濟鐵路時，就提出要用一流標準對這條百年老線進行時速 200 公里提速和電氣化改造。2003 年下半年，鐵道部又組織了一批專家對既有線提速至時速 200 公里的技術經濟可行性進行了論證。2004 年 2 月 15 日，鐵道部部長辦公會又專門開會研究盡快實現時速 200 公里既有線提速目標。[2] 雖然此時距第五次大提速還有 2 個多月的時間，但是既有線提速至時速 200 公里已經被確定為第六次大提速的核心內容。

在中國鐵路發展史上第六次大提速具有非凡的意義，它是中國既有線鐵路大提速的集大成者，是 1997 年開啟的中國鐵路六次大提速的終結者，同時它還是中國高速鐵路時代的開啟者。

鐵道部為了這次具有歷史意義的提速事件主要做了三個方面的準備：第一個是運營，包括各種規章制度的修訂；第二個是路網工程改造；第三個就是動車組的採購。為了做好時速 200 公里運營準備，鐵道部先後對《鐵路主要技術政策》、《鐵路技術管理規程》、《鐵路線路維修規則》進行了修訂，並制定了《既有線時速 200 公里提速技術條件》。

在路網工程改造方面，有兩個控制性工程：一個是 2004 年 6 月 1 日開工的膠濟線時速 200 公里提速和電氣化改造工程；一個是 2003 年 2 月 25 日就已經開工的遂渝鐵路。之所以說遂渝鐵路也是第六次大提速的控制工程，是因為 2004 年 9 月鐵道部決定在遂渝鐵路建設中國首條無砟軌道試驗段，全長 13.16 公里。此前中國曾累計鋪設超過 300 公里的無砟軌道，但是這些無砟軌道均是鋪設在橋樑或者隧道的混凝土路基上，且都是斷續分佈，遂渝鐵路是中國首次在土質路基上鋪設無砟軌道，而且是連續鋪設，為中國未來的高鐵建設提供了重要的技術儲備。

此後，鐵道部為了充分做好第六次大提速的準備工作，進行了 3 次試驗。第一次是 2004 年 9 月，鐵道部在膠濟新線進行了時速 120 公里貨物列車提速綜合試驗，主要是檢測時速 120 公里貨車對鋼軌、軌枕、道岔、路基和橋涵等的衝擊作用。

第二次是 2005 年 4 月，鐵道部在京秦線上進行了時速 200 公里的列車交會試驗。前面我們已經介紹過列車交會的危險程度，鄭武線上時速 160 公里的列車與時速 115 公里的列車交會都能產生如此驚人的壓力波，更何況是未來將要運營的時速 200 公里的動車組列車呢！這次試驗的內容主要包括時速 200 公里動車組與時速 160 公里客運列車交會，時速 200 公里動車組與時速 120 公里貨物列車交會等。試驗取得了大量寶貴的數據。

第三次是 2005 年 5 月，鐵道部在剛剛貫通的遂渝鐵路上進行時速 200 公里提速綜合試驗，試驗主要針對時速 200 公里動車組以及其他列車的動力學、

氣動性能、弓網受流性能等項目測試，試驗內容共有 25 項。

2006 年 6 月 1 日遂渝鐵路正式開通客運項目；9 月 8 日，膠濟鐵路電氣化工程全面完工。與此同時，京哈、京滬、京廣、京九、隴海、滬昆等線路的改造工程也陸續完工。至此，第六次大提速路網改造工程已經全部完工。

和諧號

鐵道部做的第三個準備就是車，也就是「和諧號」CRH 動車組。2004 年、2005 年中國分兩次引進了「日本企業聯合體」、法國阿爾斯通以及德國西門子的高速列車技術。根據中國國務院確定的「引進先進技術，聯合設計生產，打造中國品牌」的總方針，這些高速列車以及龐巴迪在中國的合資公司生產的高速列車將統一採用中國品牌——CRH，也就是中國高速列車的英文名 China Railway High-speed 的縮寫。四方龐巴迪生產的列車被命名為 CRH1A，四方股份公司生產的列車被命名為 CRH2A，唐山公司生產的高速列車被命名為 CRH3C，長客股份公司生產的列車被命名為 CRH5A。

上面這些動車組就是中國第一代動車組的代表型號。第一代動車組的核心特徵是國產化的而非自主化的。之所以有 1235 而沒有 4，據說 4 是留給「中華之星」等國產化動車組的，但是後來因為發生了院士上書事件，鐵道部主要領導火冒三丈，將「中華之星」徹底拋棄掉，於是江湖上就再也沒有出現過 CRH4 這個型號。當然也有說法認為之所以沒有 CRH4 這個型號，是因為中國人認為 4 這個數字不吉利。因為沒有確切的文獻記載，所以除了少數當事人外，已經沒有人能夠給出準確的答案了。

至於動車組型號所代表的含義，CRH 是中國高速列車的品牌名稱，而 1235 數字代表生產廠家，1 代表四方龐巴迪公司，2 代表四方股份公司，3 代表唐山公司，5 代表長客股份公司。數字後面的字母則代表速度等級及編組形式等，A 代表時速 200 ～ 250 公里 8 輛編組，B 代表時速 200 ～ 250 公里 16

輛編組，C 代表時速 300 ～ 350 公里 8 輛編組，E 代表時速 200 ～ 250 公里 16 輛編組臥鋪動車組。如 CRH2A 代表四方股份公司生產的時速 200 ～ 250 公里的 8 輛編組的高速動車組；CRH3C 則代表唐山公司生產的時速 300 ～ 350 公里的 8 輛編組的高速動車組。

在中國第一代動車組型號中，CRH1A、CRH2A、CRH5A 是同一批引進的，較早開始生產；CRH3C 是第二批引進的，所以投入生產較晚。

在第一批引進的動車組型號中，CRH2A 的原型車是日本東北新幹線的 E2-1000 型「疾風號」動車組，成熟度最高，穩定性也最好，國產化進程也最順利。

CRH1A 的原型車是龐巴迪為瑞典國家鐵路公司生產的 Regina C2008 型動車組，穩定性與成熟度也較高，但是因為車體採用的是不銹鋼材質而非 CRH2A、CRH5A 採用的鋁合金材質，一方面會導致列車運行時速超過 130 公里時偶爾會產生車廂與鐵軌的共振效應，影響乘坐舒適性；另一方面導致車體氣密強度差，在列車通過隧道時，會使大部分乘客產生強烈的耳鳴感，甚至有小部分乘客難以忍受。CRH1A 最早一批車輛為人詬病的另外一點是座椅不能旋轉，導致總有一半乘客只能背對列車前行方向，容易引起乘客不適。

CRH5A 的技術來源最為複雜，雖然技術是阿爾斯通轉讓的，但是它卻是意大利血統。它的原型車是意大利菲亞特鐵路公司研發的潘多利諾（Pendolino）擺式動車組，後來菲亞特不想搞高鐵了，就把這塊業務賣給了阿爾斯通。阿爾斯通平常都是搞動力集中技術的，中國鐵道部偏偏就要採購動力分散型動車組，於是阿爾斯通投標時只好拿出了動力分散技術的潘多利諾，車體與內飾方面則採用了出口芬蘭國鐵的 SM3 型動車組的設計方案。因為潘多利諾是擺式動車組，中國不要擺式動車組，於是阿爾斯通又把出口西班牙的 TAV-S104 轉向架拿來裝在了出口中國的動車組上，這就是 CRH5A 型高速動車組。CRH5A 是中國第一代國產化動車組裡面唯一一個對原型車進行過大幅度改進的型號，它是三款動車組技術的一個混合體，相對而言成熟度最低，

加上上線試驗的時間又最短，所以正式投入運營後故障頻發，主要包括制動系統、空調系統、自動門系統等，搞得鐵道部與長客股份公司灰頭土臉的。但是禍兮福之所倚，通過一個又一個故障的解決與排除，長客股份公司在動車組技術的消化吸收方面取得了巨大成就，技術掌握得更加徹底。CRH5A 在耐寒性方面也優於 CRH1A 與 CRH2A，能夠適應 -40 攝氏度～ 40 攝氏度的運營環境，所以大部分都被安排在東北地區運營。

2006 年 3 月 8 日，首列原裝進口的 E2-1000 動車組抵達青島港，當然已經按照鐵道部的要求刷上了 CRH 塗裝，被命名為 CRH2A-2001。這樣的原型車共有 3 列，加上從日本進口零部件在國內組裝的 6 列 CRH2A 動車組，實際上共有 9 列 CRH2A 型動車組就是稍作改動的 E2-1000 動車組。後來有一個叫加藤嘉一的日本人，以此為借口污蔑中國高鐵技術，他在一篇文章中說：「我登上 CRH2 列車一看，發現洗臉盆上貼著塑膠紙，紙上寫著『水』和『洗手液』。偷偷揭開，洗臉盆上原來的日文說明露了出來，讓我感到十分親切。洗臉盆畢竟是一個簡單的部件，從這個細節可以猜測，這列火車的國產化率不會很高。」[3] 這個段子曾經被廣泛引用，用來證明中國高速列車的國產化不過是鐵道部用來欺騙國人的障眼法。

2006 年 7 月 31 日，首列國產化 CRH2A 下線交驗並開始批量生產。

8 月 30 日四方龐巴迪公司生產的首列 CRH1A 下線出廠。這些首批下線的動車組出廠後就奔赴北京環形鐵路試驗線以及遂渝鐵路、京滬鐵路、膠濟鐵路等線路進行考核試驗。

2006 年 10 月，鐵路跨越式發展口號成為歷史，和諧鐵路成為引領中國鐵路發展的新戰略。CRH 系列動車組被正式命名為「和諧號」。2006 年 11 月 18 日，四方龐巴迪公司在《人民鐵道》報上刊登了一個整版的 CRH1A 動車組廣告，「和諧號」三個字赫然在列。這是「和諧號」這個名字首次在媒體上公開露面。

　　2007 年的春運如期而至，鐵道部將這一年的春運主題定義為「和諧春運」。這一年的春運有大事發生。和諧春運的第一件大事就是鐵道部宣佈春運期間鐵路票價不再上浮，結束以「削峰填谷」為主要目的的春運期間火車票上浮的歷史。在那個春運期間各種交通工具票價紛紛上浮的年代，鐵道部的這一行為贏得了社會各界的廣泛喝彩。當然，雖然票價不上浮，但是因為火車票供不應求，讓大量旅客深感一票難求，所以鐵道部也沒少挨罵。這更加堅定了鐵道部加快建設高速鐵路的決心。

　　和諧春運的第二件大事就是「和諧號」動車組正式上線運營。2007 年 1 月 28 日，首批 10 列 CRH2A 型動車組在滬杭鐵路與滬寧鐵路上投入載客運營，「和諧號」動車時代悄然開啟。之所以在 2007 年春運期間就讓「和諧號」上線運營，一是為了提高春運運輸能力，增加火車票供應，二是為了「和諧號」動車組正式上線運營積累經驗。不過為了確保安全，此時 CRH2A 動車組的運營速度被限定在時速 160 公里以內。就在 CRH2A 上線運營的同一天，首列在意大利製造完成的 CRH5A 原型車經過 1 個多月的海上顛簸，正式抵達大連港。2 月 1 日，首批 5 列 CRH1A 型動車組在廣深鐵路投入載客運營，首發車次為 T971 次，由廣州東站出發前往深圳站。

高鐵元年

　　鐵道部正在為中國高鐵時代的到來做最後的準備。車有了，路網改造也完成了，規章制度也修改了，還有什麼工作要準備呢？有，動車組司機的培訓，沒有他們動車組沒法自己行走。

　　2005 年鐵道部組織瀋陽、北京、鄭州、武漢、西安、濟南、上海 7 個鐵路局和廣鐵集團公司選拔推薦機車司機參加時速 200 公里動車組司機培訓，經過嚴格資格審查、筆試、心理測試、面試等程序，首批選拔 147 名機車司機，其中 12 名派遣到瑞典，50 名到日本動車組生產企業進行培訓。[4]2006 年 3 月

1 日，鐵道部又在西南交通大學舉辦了時速 200 公里動車組司機培訓班。[5]

司機有了還需要什麼嗎？還需要給動車組找個休息的地方。動車組一天跑幾千公里，雖然是年輕小伙子，人家也挺累的，要給人找個睡覺休息的地方。在第六次大提速正式到來之前，鐵道部根據實際情況規劃了北京、上海、武漢、廣州四大動車組檢修基地，並針對動車組運用情況，建設了瀋陽、北京、北京西、青島、鄭州、漢口、上海南、杭州、南昌、廣州東 10 個動車運用所。[6]

動車組檢修基地、動車運用所，它們有什麼區別？在這裡簡單解釋一下。在中國，動車組的修程（保養周期）大致可以分為五個周期，分別叫一級修、二級修、三級修、四級修、五級修。當然不同的動車組型號，對維護保養周期的規定是不一樣的，就像汽車有的 5000 公里一保養，有的 10000 公里一保養。其中一級修、二級修為日常檢查，包括日常清洗、外觀檢查、性能檢測、數據測量等，這些工作基本每天晚上都要進行，基本都是在動車運用所完成的。三級修以上稱為高級修。三級修開始往往就需要對一些到設計壽命周期的零部件進行更換，這個工作就要到動車組檢修基地或者動車組生產製造廠家進行了。最開始，鐵道部的動車組檢修基地技術實力不行，動車組三級修大部分還要到生產工廠完成。南北車旗下的動車組製造廠家就對檢修基地的員工進行無休止的輪訓，並派人長期駐地服務，手把手地教。目前，各大動車組檢修基地已經基本掌握了三級修技術，並能夠部分完成四級修。但是五級修還是不行，因為五級修基本相當於把動車組重新組裝一遍，除了車體殼子以及一些耐用的零部件，動車組的大部分零部件都要更換一遍。所以就形成了：動車運用所負責一級、二級修，動車組檢修基地負責三級修，部分參與四級修，動車組生產廠家負責五級修，部分參與三級、四級修的格局。

動車組休息保養的地方也建好了，第六次大提速準備好了嗎？基本準備好了，但是還沒有完全準備好。下一步要做的則是試驗檢查，某位喜歡瘋狂添乘檢查的「瘋子」，一條線路一條線路地添乘，一條線路一條線路地檢查，讓他

的手下跟著他後背冷汗一身一身地出。2007年2月7日～12日，他竟然連續6天在火車上檢查，先後檢查了京哈線上下行線、西延線、西康線、襄渝線、渝懷線、焦柳線、湘桂線，行程6000多公里。當然參與檢查的並不只有這位「瘋子」，鐵道部黨組成員紛紛前往一線，就第六次大提速涉及的線路進行檢查。2007年1月，鐵道部還邀請了包括工程院院士在內的13位專家在遂渝鐵路乘車體驗。2007年2月9日，鐵道部又邀請參與第六次大提速研討會的部分中科院院士與工程院院士乘坐時速200公里動車組實地考察電氣化改造的膠濟鐵路。2月28日，鐵道部又邀請48位陝西全國人大代表乘坐動車組實地考察西寶鐵路。然後又是各種檢查，各種研討會，各種總結會，不一而足，總之為了第六次大提速，鐵道部進行了鐵路史上最大規模的動員。

2007年4月2日～11日，鐵道部針對第六次大提速所有涉及的線路和系統進行了綜合模擬運行和合成演練。

2007年4月4日，胡錦濤總書記聽取了鐵道部領導關於第六次大提速的匯報，並作出重要指示，要求確保第六次大面積提速調度安全萬無一失。4月5日，溫家寶總理對第六次大提速作出重要批示，要求加強監測，排除隱患，確保安全。

4月12日，鐵道部舉行第六次大提速新聞發佈會；4月15日，鐵道部在中央電視台推出了第六次大提速宣傳片，「和諧號」動車組成為主角，「和諧號」動車組開始在神州大地叫響。

4月18日零時，第六次大提速正式實施。京哈、京滬、京廣、隴海、浙贛、膠濟、武九、廣深等鐵路運營時速大面積提速至200公里，總里程達到6003公里；其中京哈、京滬、京廣、膠濟等線路部分區段運營時速最高可達250公里，總里程達到846公里。這簡直是一個奇蹟。根據國際鐵路聯盟的定義，既有線線路改造提速至時速200公里以上或新建線路設計時速250公里以上就是高速鐵路。中國一夜之間擁有了6003公里高速鐵路，超越德國、法國、西班牙、

日本成為世界高速鐵路第一大國。中國高鐵元年正式到來。

　　儘管在 2007 年春運期間就有 15 列動車組投入運營，但是當時被限制按照時速 160 公里運營。到第六次大提速正式實施時，共有 52 列動車組投入載客運營，其中 10 列 CRH1A、27 列 CRH2A，2007 年 4 月剛剛下線的 CRH5A 也有 5 列投入運營。其中 CRH1A 最高運營時速被限定為 205 公里，後期提高到 220 公里；CRH2A 和 CRH5A 的最高運營時速均被限定為 250 公里。

　　「和諧號」動車組的上線運營帶給中國普通大眾的衝擊是巨大的，人們發現原來火車可以跑得如此快、乘坐火車旅行可以如此舒適，而且人們的很多概念也被顛覆了。此前人們都已經習慣了「火車跑得快，全靠車頭帶」這樣的說法，「和諧號」動車組的到來讓人們驚奇地發現，原來世界上還有一種火車，不但車頭有動力，而且車廂也有動力。於是，很多人認為動車組就是不只車頭有動力、中間的車廂也有動力的火車。而遇到動力集中型動車組，人們又會問，這也叫動車組？到 CRH380AL 誕生時，人們的觀念再次被顛覆，這款車竟然只有車頭沒有動力，中間的車廂都有動力。

　　其實所謂動車組就是一種固定編組的列車，通常在正常使用壽命周期內始終保持這種固定編組，不輕易變動。它們一般由若干帶動力的車輛和若干不帶動力的車輛組成。帶動力的車輛稱為動車，不帶動力的車輛稱為拖車。所以，地鐵列車就是一種常見的動車組，不過是一種低速動車組。按照驅動能源劃分，動車組可以分為內燃動車組和電動動車組；按照速度等級劃分，動車組則可以分為高速動車組（時速 200 公里以上）和普速動車組；按照動力配置方式劃分，動車組則可以分為動力集中型動車組和動力分散型動車組。

　　「和諧號」動車組上線運營帶給大家的新鮮感遠不止這些。當年筆者正在北京某報社做記者，主要負責報導公路、水運方面的內容，雖然與鐵路並不直接相干，但是第六次大提速對整個中國的影響實在是太大了，所以領導要求我也跟蹤報導一下。領導的意思是，現在都是大交通概念了，不必再侷限於狹

隘的公路、水路概念，要報導一下綜合交通體系中的航空與鐵路。但是當時領導並沒有給予我現場採訪的機會。怎麼辦？當然要想辦法，不能現場採訪，那就做文摘吧！於是查找了大量的報導資料，做了一個文摘的版面。在查閱資料時，印象最深刻的是媒體都在反覆給公眾解釋「和諧號」動車組的安全問題。其中一個說法是，行人千萬要小心，不小心會被吸進鐵軌中。怎麼講呢？「和諧號」動車組時速達到 200 公里，500 公尺以外的列車只需 9 秒鐘就能到達橫穿鐵路的行人面前。此外，時速 200 公里的列車經過時，在鐵路邊掀起的風速值將大於 14 公尺／秒，超過人站立所能承受的風速值，鐵路邊的行人稍不留神就有可能因此被吸進鐵道。[7]

　　整體而言，第六次大提速取得空前的成功，讓中國正式邁入高鐵時代。當然「和諧號」動車組的上線運營也並非舉世歡騰，質疑的聲音也同樣很多，除了對技術的質疑、對鐵道部好大喜功的抨擊，更多的則是對車票定價的質問。[8] 很多媒體認為，中國人還不富裕，動車組的發展太過超前了，大多數人寧願多花點時間，也不願意多花更多的錢。當然這樣的故事在中國經常上演，等到時速 300 公里高速鐵路上線後，媒體再次大規模質疑高鐵建設的超前性，不過這個時候「D」字頭動車組列車已經成為物美價廉的代表，被他們拿來與「G」字頭高速旅客列車進行對比。

　　就這樣，當時的中國人是懂也好，不懂也罷；是歡欣鼓舞也好，還是因為囊中羞澀大罵鐵路也罷，都被第六次大提速裹挾著不以自己意志為轉移地一起走入了中國的高鐵時代。

錢從何來

　　儘管第六次大提速已經做到了一種極致，成為世界既有鐵路線提速改造的經典，讓中國一躍成為世界高鐵第一大國，但是對鐵道部而言，那只不過是牛刀小試。他們心中裝著的真正的大工程是以時速 350 公里線路為主體的新建高

速鐵路網，它會將中國聯結成一個人流、物流、資金流能夠快速流通的整體，讓中國擁有世界上最高效、最發達的交通網絡。

就在「四縱四橫」高速鐵路網規劃發佈不久，多條高速鐵路的預可研報告、可研報告的編製就在快速推進中。

2005 年 6 月 11 日，石家莊至太原高鐵正式開工，這是「四縱四橫」高速鐵路網中開工的第一條線路，正線全長 225 公里，設計時速 250 公里，總投資 130 億元。

12 天後，6 月 23 日，武漢至廣州高速鐵路開工建設，正線全長 1068.8 公里，設計時速 350 公里，總投資 1166 億元。這是中國開工建設的首條長大幹線高速鐵路。

11 天後，7 月 4 日，京津城際高速鐵路開工建設，正線全長 113.54 公里，設計時速 350 公里。京津城際高鐵是中國高鐵大工程的一塊試驗田，大量新的技術標準在這條高速鐵路上首先採用，作為中國最先建成的時速 350 公里的高速鐵路，加上地理位置比較重要，它成為中國高鐵的一張名片。

看著一條接一條的高速鐵路開工，中國高鐵工程在不斷向前推進，劉志軍心裡自然是美滋滋的。但是想到面臨的困難，估計也有夜不能寐的情況。困難有哪些呢？主要有兩個方面，第一，錢從何來？第二，技術如何保障？

我們先說錢從何來。一個成功者往往不僅是一個戰略家，還得是一個行動派。大規模高速鐵路建設大幕拉開前，鐵道部每年的建設投資基本都在 500 億元左右，資金來源包括鐵路建設基金（向鐵路貨運徵收的專門用於鐵路建設的費用）以及鐵路折舊、國家對西部鐵路建設的財政投入等。建設一條高速鐵路動不動就幾百億元、上千億元，而 2005 年之後，中國每年都要開工建設幾條甚至十幾條高速鐵路，每年需要的資金高達數千億元，這些錢從哪裡弄呢？向國家財政要？這顯然是不可能的。如果錢的問題不能解決，「四縱四橫」高速鐵路網顯然只能停留在紙面上，無法變為現實。鐵路跨越式發展之前之所以發

展緩慢，主要原因顯然不是沒有想法，無法解決錢的問題才是關鍵。

鐵道部解決鐵路建設資金的第一條路就是開啟多元化融資，把地方政府拉了進來。「四縱四橫」高速鐵路網就是一個大招牌，有了這個招牌，就能拉來資金。誰先跟我合作，我就先修誰家地盤上的高鐵。地方政府當然都願意自己地盤上的高鐵先開工，於是轟轟烈烈的路地合作大幕拉開了。2004 年 2 月，以「四縱四橫」為核心內容的《中長期鐵路規劃》剛剛發佈 1 個月，鐵道部就與上海市政府簽署了首個戰略合作會議紀要。2004 年「兩會」期間，鐵道部展開了與各省市政府的旋風式會談，先後與 31 個省、市、自治區舉行了 30 多場會談。

這場路地合作陣勢有多猛？舉一個例子來說明。10 月 20 日 13 時，劉志軍飛呼和浩特，15 時進會場與內蒙古領導進行會談，談到 18 時，簽署會議紀要，又與自治區黨委書記談了半個小時。20 時 30 分飛太原，22 時連夜與山西省長見面會談，再與有關部門談細節到凌晨 1 時。第二天早上正式會談，10 時正式簽署協議。午飯後乘火車到達石家莊，16 時 30 分開始與河北省政府領導會談，18 時與河北省正式簽署協議。晚上乘坐火車回京。[9] 也就是說劉志軍用了兩天時間完成了跟三省區的合作會談並簽署共建協議，其效率之高可謂令人咂舌。

當然這是最開始的模式，鐵道部拿著「四縱四橫」規劃四處遊說，到後來大家發現，鐵道部竟然不是在忽悠，而高鐵真的是地方經濟發展的強心劑。於是情勢又發生了變化，不再是鐵道部領導四處飛找省市區政府要合作了，而是省市區政府主動跑到北京跟鐵道部會談簽署路地共建協議。從 2006 年開始，路地戰略合作會談基本上都是在北京鐵道部大院裡完成的了。每年「兩會」期間更是集中，鐵道部大院人聲鼎沸，車馬絡繹不絕。

路地戰略合作的基本模式是鐵道部與地方政府各出資 50% 共建鐵路。這一下就解決了高鐵建設一半的資金。數據統計顯示，截至 2008 年年底，鐵道部與各省市區簽訂的合作會談紀要達到 210 個之多，確定的合作投資總規模達

到 5 萬億元，其中地方確認出資 1.6 萬億元。[10] 這不得不說是一個神來之筆。而且路地合作的重要意義還不僅僅在於解決了數額巨大的鐵路建設資金，同時還獲得了地方政府在徵地拆遷、物料供應、設施配套、地方稅費等多方面的支持。這就為大規模的高速鐵路建設上馬掃清了障礙。

除了地方政府外，鐵道部還廣泛吸納社會資金，如京津城際高速鐵路的出資方除了鐵道部、北京市政府、天津市政府外，中國海洋石油公司也出資 17 億元，獲得了 19.5% 的股權；京滬高鐵的出資方更是多至 11 家，其中平安保險公司出資 160 億元，獲得了 13.93% 的股權，成為京滬高鐵第二大股東。

此外，鐵道部還推動大秦鐵路、廣深鐵路公開上市，搭建融資平台；發行鐵路建設債券、短期融資券和中期票據等進行籌資，僅 2008 年一年，鐵道部通過發行各種債券、票據就成功融資達 1100 億元。

上面講到的多元化融資是第一條路。第二條路則是大規模的銀行貸款。這件事聽起來很簡單，實際做起來很難。在鐵路跨越式發展之前，鐵道部在推動鐵路建設方面對資本金充足率非常看重，嚴格限定貸款規模，這是束縛鐵路建設快速發展的桎梏。在這方面，交通部的思路更活。早在 20 世紀 80 年代，他們就提出了「貸款修路，收費還貸」政策。就是這樣一個小小的轉變，讓中國迎來高速公路大發展的時代。高速公路的快速發展將鐵路進一步推向深淵，20 世紀 90 年代，在與高速公路客運的競爭中鐵路節節敗退，在大提速之前鐵路竟然出現了連續 3 年客運負增長的情況。鐵道部發現與其等待杯水車薪的國家財政補助，不如自己想辦法，自己動手豐衣足食。思路一轉天地寬，大量銀行貸款的注入，讓中國高速鐵路建設獲得了雄厚的資金支持，中國高速鐵路大發展的時代已經不可阻擋了。

系統技術整合

談完了錢從何來，我們再來看看技術如何保障。

談到中國高鐵技術的引進，人們的印象就是「和諧號」高速動車組，其實還包括線路建設、配套供電設施等技術。

就整個高鐵體系而言，中國在線路建設方面的技術實力最強，所以在橋涵隧道方面基本以原始創新的技術為主，輔以部分引進技術，主要包括無砟軌道系統，道岔及扣件系統。2005 年，也就是高速動車組技術引進工作剛剛結束不久，「四縱四橫」高速鐵路網的線路建設正在徐徐鋪開之際，中國啟動了線路建設相關技術的引進工作。在無砟軌道技術方面，中國從三家德國企業引進了三種規格的技術，它們分別是博格板式無砟軌道系統、旭普林雙塊式無砟軌道系統、雷達 2000 雙塊式無砟軌道系統。其中旭普林雙塊式無砟軌道系統只在鄭西高鐵上有應用，雷達 2000 雙塊式無砟軌道系統只在武廣高鐵和大西高鐵上有應用。博格板式無砟軌道系統首先在京津城際高鐵上進行了實踐，後期中國以博格板式無砟軌道系統為原型在實踐中發展出了 CRTS Ⅰ 型、CRTS Ⅱ 型、CRTS Ⅲ 型等多種技術標準，在中國眾多的高速鐵路線進行了廣泛的實踐與應用。

在道岔方面，鐵道部與法國科吉富（Vossloh Cogifer）公司、德國 BWG 公司、英國寶富公司、德國福斯羅（Vossloh）公司等進行了技術引進合作；在扣件方面，鐵道部與英國潘德路公司、德國 RST 公司、德國福斯羅公司進行了技術引進合作。

2006 年 11 月，鐵道部又針對京津城際高鐵進行了一次系統的技術招標，這是鐵道部唯一一次拿出一條高速鐵路進行類似總包性質的系統招標，部分涉及技術轉讓，如牽引供電等。參與此次競標的包括：以西門子為首，ABB、施耐德（Schneider Electric）等企業參與的德國企業聯合體；以日立為首的日本企業聯合體；以阿爾斯通為首的法國企業聯合體和以龐巴迪為首的企業聯合體。

據參與此次談判的北京交通大學電氣工程學院電力系主任吳俊勇介紹，這一輪談判從 2006 年 11 月開始，持續了 3 個月，鐵道部包下了北京車公莊附近

的新大都酒店作為談判地點，並從北京交通大學、西南交通大學等科研院校抽調專家，和鐵路系統內的談判人員一起，分成六個小組與四個國家企業聯合體進行車輪戰。每個小組都有二三十人，外方人數也基本對等。[11] 吳俊勇所在的牽引供電小組，由 18 個專家組成，與每一個外國集團談兩天，從早上 8 時一直持續到 23 時。吳俊勇回憶說：「他們是輪番上陣，我們是持續作戰，雙方爭得非常激烈，談判時經常拍桌子摔板凳。」每天談完後，專家們商量各自的「作業」：哪些細節已經敲定，哪些還需討價還價。[12]

吳俊勇介紹，鐵道部的思路很清楚，就是要引進最先進的技術，哪怕成本偏高，但是一次到位，對長期規劃是有利的。比如高鐵的供電方式，四家都提供了方案，但中方技術人員認為德國的 AG 供電方式最先進，兩個供電變壓器的點段之間距離可以達到 90 公里，供電距離長，能量大。這種供電模式在 118 公里的京津城際高鐵優勢不明顯，但在 1300 公里的京滬高鐵上優勢就很顯著，1300 公里只需建 26 個變電站。由於京津城際高鐵按要求在 2008 年北京奧運會之前通車，談判時間非常緊張，談判組連 2007 年的春節都沒有休息。

毫無疑問，鐵道部要的是核心技術，而不僅僅是一款產品。據吳俊勇回憶，「哪些技術對方可以轉讓，哪些必須保留，哪些轉讓到什麼程度，都非常明確。雖然一些外商心有不甘，但是轉讓核心技術是我們一開始就明確提出的，他們覺得有利可圖就同意合作，這是生意，不存在竊取。」[13] 但是在這些國際巨頭面前，鐵道部也並非所有方面都能做到稱心如意。如關於西門子的 27.5 千伏真空斷路器，雙方就較勁良久。高鐵供電是一段一段的，在動車經過段與段之間時要通過斷路器來操作，保持供電連續性，因為高鐵上來往的車輛很多，真空斷路器的質量直接決定著高鐵供電系統的穩定性。西門子的 27.5 千伏真空斷路器能保證使用 10 萬次不出故障，在全球擁有 75% 的市場份額，所以是鐵道部非常想拿下的一個產品與技術，鐵道部堅持讓他們轉讓技術。最後西門子方面不得不攤出底牌，聲稱這個技術是西門子研究院研究了 40 多年的技

術，在全世界申請了 220 多項專利，如果轉讓將會對他們的股價造成很大的影響，而且因為涉及國家經濟利益，如果轉讓該項技術，需要德國總理默克爾（Angela Dorothea Merkel）簽字同意才行。鐵道部最終沒能拿下該項技術。但經過綜合評定，西門子牽頭的德國企業聯合體還是成功得標了京津城際高鐵。[14]

至此，鐵道部終於完成了整個高速鐵路系統所有技術的整合。2006 年 1 月 27 日，鐵道部正式批准成立「鐵路客運專線系統集成技術總體組」。總體組由鐵道部運輸局、工程管理中心牽頭負責，鐵科院具體承辦，主要職責就是搭建系統集成技術平台、建立系統技術體系，構建具有自主知識產權的中國鐵路客運專線系統集成技術體系。[15]

有了錢，有了技術，是不是就萬事具備了呢？鐵道部還做了另外一件小事，同樣也發揮了巨大的作用，那就是開放鐵路市場，打破原鐵道部所屬施工、設計單位壟斷鐵路建設市場的局面，大膽引進了中國交通建設股份有限公司、中國建築工程總公司、中國水利水電建設集團公司、中國中煤能源集團有限公司等國有大型施工企業，以及一些其他行業的設計、施工、監理隊伍參與鐵路建設，充分利用社會資源為鐵路建設所用。2004 年和 2006 年鐵道部和建設部兩次下發文件，對擴大鐵路建設市場做出明確規定，加大對近年來新進入鐵路市場參建企業的政策扶持力度。2003 ～ 2008 年，鐵路建設市場開放程度逐年加大，非原鐵道部下屬企業得標鐵路的額度從 2003 年的 0 元增加到 2008 年的 604 億元。從非中鐵隊伍得標鐵路額度佔全路得標總價百分比來看，2003 ～ 2008 年，分別為 0、0.07%、3.02%、9.09%、20.2%、12.52%，比重最高的 2007 年超過全路得標總額的五分之一。[16]

註釋

1. 沈志雲口述、張天明訪問整理，《我的高鐵情緣──沈志雲口述自傳》，第 274 頁、275 頁，湖南教育出版社，2014 年 8 月版。

2.〈第六次大提速大事記〉，《人民鐵道》報，2007 年 4 月 18 日。

3. 加藤嘉一，〈劉志軍的高鐵遺產〉，FT 中文網，2011 年 2 月 23 日。

4. 鐵道部檔案史志中心，《中國鐵道年鑑 2006》，第 46 頁，2006 年 10 月。

5.〈第六次大提速大事記〉，《人民鐵道》報，2007 年 4 月 18 日。

6. 鐵道部檔案史志中心，《中國鐵道年鑑 2006》，第 177 頁，2006 年 10 月。

7.〈動車組風速會「吸」住行人切勿亂穿鐵路〉，《中國青年報》，2007 年 4 月 24 日。

8. 此類文章甚多，《新京報》2007 年 4 月 20 日刊發的社論〈降低鐵路提速背後的社會成本〉比較具有代表性。

9. 李軍，《中國鐵路新讀》，第 53 頁，中國鐵道出版社，2009 年 5 月版。

10. 李軍，《中國鐵路新讀》，第 54 頁，中國鐵道出版社，2009 年 5 月版。

11. 谷永強、曹海麗，〈高鐵自主知識產權全面還原：奇跡誕生與終止真相〉，《新世紀》周刊，2011 年 8 月 14 日。

12. 吳琪，〈中國高鐵：並非「瘋狂」的鐵路加速度〉，《三聯生活周刊》2011 年第 1 期。

13. 吳琪，〈中國高鐵：並非「瘋狂」的鐵路加速度〉，《三聯生活周刊》2011 年第 1 期。

14. 綜合參見谷永強、曹海麗〈高鐵自主知識產權全面還原：奇跡誕生與終止真相〉，《新世紀》周刊，2011 年 8 月 14 日；吳琪〈中國高鐵：並非「瘋狂」的鐵路加速度〉，《三聯生活周刊》2011 年第 1 期。

15. 鐵道部檔案史志中心，《中國鐵道年鑑 2007》，第 62 頁，2007 年 10 月。

16. 鐵道部檔案史志中心，《中國鐵道年鑑 2009》，第 28 頁，2009 年 12 月。

第六次大提速中的動車組

第六次大提速中，CRH2A 型動車組駛過泰山腳下

CRH2A 型動車組

CRH5A 型動車組

CRH3C 型動車組（1）

CRH3C 型動車組（2）

武漢動車所停靠的眾多高速動車組

第六次大提速中的動車組列車

第八章　飛龍在天

2008 年是一個非常特殊的年份，當年發生的大事之集中可謂駭人聽聞。這些大事中，災難尤多，既有天災，又有人禍。

1 月 10 日，2008 年剛剛開始，華中、華南大部分地區就爆發了雨雪冰凍災害。溫暖的南方突遇歷史上罕見的雨雪冰凍災害，城鄉交通、電力、通信遭受重創，大量在南方打工準備回家過年的進城務工人員被滯留在火車站、汽車站。民政局統計這次災害共造成 60 人死亡，2 人失蹤，175.9 萬人緊急轉移，直接經濟損失達 537.9 億元人民幣。

春節剛過，3 月 14 日，西藏發生了暴力打砸搶燒事件。

4 月 7 日，藏「獨」分子在境外鬧事，當北京奧運聖火在巴黎傳遞時遭遇少數藏「獨」分子的干擾破壞，當地警方及時採取措施予以制止。在法國公眾的熱情歡迎下，北京奧運火炬在巴黎安全完成傳遞任務。

4 月 28 日，北京開往青島的 T195 次旅客列車運行至山東膠濟鐵路周村至王村間脫線，與煙台至徐州的 5034 次客車相撞，造成 72 人死亡，416 人受

傷。這是中華人民共和國成立以來有記載的死亡人數排第五位的重大鐵路交通事故。[1]

4月，安徽阜陽發現大批量兒童感染 EV71 病毒事故，感染兒童高達 3321 名，死亡 22 名。

5月12日14時28分04秒，中國四川省汶川縣發生芮氏 8.0 級特大地震，全國除吉林、黑龍江、新疆外均有震感，大地震已確認造成 69227 人遇難，374643 人受傷，17923 人失蹤。

8月8日，空前絕後的第 29 屆奧運會在北京開幕。

9月8日，山西襄汾發生尾礦庫潰壩事件，造成 277 人死亡，33 人受傷，4 人失蹤。

9月11日，三鹿奶粉三聚氰胺事件爆發，中國食品界大地震。

9月14日，一輛四川巴中開往浙江寧波的公路客車，在四川南江縣陳家山墜崖，車上 51 人全部遇難；同一天，俄羅斯一架波音 737 客機墜毀，88 人全部遇難。

9月15日，美國第四大投資銀行雷曼兄弟公司（Lehman Brothers）由於投資失利，在談判收購失敗後宣佈申請破產保護，引發了全球金融海嘯。

9月25日，「神舟七號」載人飛船發射，中國航天員翟志剛首次出艙活動，之後安全返回，宣告成功。

11月15日，浙江杭州風情大道地鐵一號線施工現場發生坍塌事故，造成 21 人遇難。

12月1日，陝西省榆林市定邊縣堆子梁中學因炭爐取暖發生 12 名女學生一氧化碳中毒事故，11 名學生搶救無效死亡。

12月2日，新疆庫車縣境內發生一起特大交通事故，造成 22 人死亡，12 人受傷。

這一年的大事實在是太多了，天災人禍尤其頻繁，但還是想用一件讓人振

奮的事件，結束我對本年度大事的盤點。12 月 26 日，中國人民解放軍海軍艦艇從三亞起航前往亞丁灣、索馬里海域實施護航。編隊包括800餘名官兵和「武漢」號、「海口」號導彈驅逐艦和「微山湖」號綜合補給艦以及 2 架艦載直升機，指揮員係杜景臣海軍少將。這是中國首次使用軍事力量赴海外維護國家戰略利益，一個嶄新的時代正式開啟。

不知道還有多少人能記得，汶川大地震救災時溫家寶總理在一個學校黑板上寫下的「多難興邦」幾個字。或許並不是十分貼合「多難興邦」的原義，但是正是在「非典」肆虐中華的 2003 年，中國高鐵時代的種子開始萌發，也正是在多災多難的 2008 年，中國高鐵開始迎來華麗蛻變，今天中國高鐵的成功，很多因素都能追溯到 2008 年。

高鐵名片

在 2008 年發生的這些大事中，對高鐵發展影響最大的一個是北京奧運會，另一個則是肇始於美國的金融海嘯。有奧運會就有奧運交通，鐵道部為北京奧運會準備的就是京津城際高鐵。

京津城際高鐵起源於 2003 年 6 月。當時京津冀一體化發展就已經被提出來了。怎樣才能一體化發展呢？沒有交通顯然不行。高鐵毫無疑問是最合適的那一個。北京市、天津市與鐵道部一拍即合，決定上馬京津城際高鐵。2004 年 1 月「四縱四橫」高鐵網提出，京津城際高鐵赫然在列。有北京奧運會這面大旗的號召力，京津城際高鐵很快就通過了中國國務院立項，2005 年 7 月 4 日就動工了。

京津城際高鐵在中國高鐵史上有無數第一，說它是中國高鐵的試驗田一點都不為過，如多元化投融資建設模式。很多人以為京津城際高鐵就是鐵道部投資建設的，其實並不是。它的投資人叫京津城際鐵路有限公司，成立於 2005 年 9 月 7 日，註冊資金 87 億元。它的出資方有 4 個，包括北京鐵路局、天津

城市基礎設施建設投資集團有限公司、北京市基礎設施投資有限公司和中國海洋石油總公司，分別出資 27 億元、26 億元、17 億元和 17 億元。其中代表鐵道部出資的北京鐵路局佔股只有 30% 多一點。這在中國高鐵發展史上意義重大，它改變了高鐵建設單一融資來源的問題，為中國高速鐵路網的大規模鋪開奠定了基礎。

再舉一個例子，京津城際高鐵在中國高鐵技術標準的探索上也有首創之功。如大量採用以橋代路方式。據統計，京津城際高鐵橋樑長度佔到了線路總長的 87%。[2] 中國高鐵之所以如此熱中以橋代路，原因是多方面的，但是下面幾個因素不能忽略。第一是為了線路的平直和平順。所謂平直，就是盡量採用直線或者大半徑的圓曲線，不能有太多太急的彎道。如時速 350 公里的高鐵要求線路的曲線半徑不小於 7000 公尺。很多時候為了截彎取直，所以採用橋樑。所謂平順，就是不能有太多太大的起伏，主要涉及坡度的問題。第二是為了線路不能有太大的沉降。這是很多專家攻擊中國高鐵比較集中的一個問題。他們會說國外 10 年、20 年建一條高速鐵路，而中國只用 3 年、5 年就建一條，連讓線路沉降的時間都不夠，這是為了速度犧牲安全。其實這是一種很外行的話，沒有人有這麼大的膽量，會為了速度放棄安全。中國高鐵之所以建設速度快，一個很重要的原因就是「以橋代路」。普通的填方路基是由特定的填料（黏土、碎石土等）填築而成的，這些填料填築時是較為鬆散的，需要依靠機具壓實到一定程度。但是由於填料本身的固有性質，即便是機具壓實後，填土也會繼續發生一定程度的固結沉降。而在軟土路基上填築的路堤，還會附加有軟土層的沉降。而橋樑則不是，橋樑是建立在椿基之上的。根據地質情況不同，椿基的深度也不一樣，一般要打到岩石層，有些深度達六七十公尺。這樣線路產生的沉降就會非常小。第三個原因是節省土地。據擔任京津城際高鐵勘察設計總設計師的鐵三院集團公司總工程師孫樹禮介紹，與 8 公尺填高的路基相比，採用橋樑每公里可節省土地 55 畝，僅「以橋代路」一項，京津城際高鐵就節

約土地 5500 餘畝。[3] 另外再舉一個數據，京滬高鐵橋樑佔比達到 80%，與傳統路基相比少用土地 3 萬畝。[4]

再舉第三個例子就是北京南站。實話說，當北京南站橫空出世的時候，幾乎所有人都會產生一種錯覺，這是高鐵站嗎？這明明就是機場候機樓嘛。當高鐵作為一個新生事物誕生時，大家都不知道怎麼去定義它，所以很多人就把它與傳統的火車進行對比。習慣上認為，鐵路無非就是大眾化交通出行工具，低端、實惠、亂糟糟如集市才是它應該有的樣子。實際上高鐵雖然是鐵路的一種，但更接近於一種新型的交通工具，它與此前傳統的鐵路有本質的區別。當然今天看來，北京南站的設計氣魄還是小了，前瞻眼光還是不夠，進出站開始壅堵，停車場出口設計有限，每次都要排隊半個小時以上。但是在當年，那可真算是驚鴻出世。作為中國第一座現代化的高鐵站，北京南站在設計上也有很多創新點，如超大面積的玻璃穹頂，如各層地面的透光處理，這種處理能夠讓車站充分利用自然光照明，車站還採用了太陽能光伏發電技術，在節能環保方面表現突出。鐵道部副總工程師鄭健在接受媒體採訪時曾經驕傲地說：「北京南站採用的熱電冷三聯供和污水源熱泵技術，讓天然氣的一次能源利用率從 35% 提高到了 85% 以上，還利用了城市污水源地熱，該系統的年發電量佔站房年用電負荷的 49%。由於採用了世界上最先進的能源綜合利用技術，北京南站每年可節省運營成本約 600 萬元，這將成為『十一五』期間中國建設的 548 座火車站的『綠色樣本』。」[5]

奧運的交通需求，各方面重視度都非常高，相關工作的推進也非常順利。到 2007 年 8 月，京津城際高鐵的路基橋樑施工就全部完成了，10 月 31 日，軌道博格板的鋪設完成，12 月 16 日，全線路軌鋪設完成。

與此同時，為京津城際高鐵運營研發的高速動車組也先後下線。在 2005年 6 月進行的中國動車組第二次招標中，四方股份公司拿下 60 列時速 300 ～ 350 公里高速動車組訂單，這 60 列動車組被命名為 CRH2C；西門子成功殺回

中國市場，與唐山公司結成聯合體，通過向唐山公司轉讓 Velaro 平台技術，聯合拿下了 60 列時速 350 公里動車組訂單，這批車被命名為 CRH3C。這兩款動車組就是鐵道部為京津城際高鐵準備的運營主力。

　　CRH2C 是在 CRH2A 基礎上研發的新車型，整個研發過程面臨巨大挑戰。CRH2A 的設計運營速度只有時速 250 公里，而 CRH2C 要達到時速 300 ～ 350 公里，顯然要對整個動力系統進行深度開發，這是挑戰也是機會。只有成功完成這種深度開發，才能真正掌握引進的技術。2007 年 12 月 22 日，筆者當時正在南海報導一艘南宋古沉船「南海一號」的打撈工作，聽到了首列國產時速 300 公里動車組下線的消息。這就是首列 CRH2C 型高速動車組，並命名為 CRH2C-2061。作為四方股份公司深度開發的一款動車組，列車總功率由 CRH2A 的 4800 千瓦提升到 7200 千瓦。這批車共生產了 30 列，被稱為 CRH2C 一階段。2008 年 4 月 24 日，CRH2C-2061 在京津城際高鐵上進行高速測試，最高時速 370 公里，打破當年「中華之星」2002 年 11 月 27 日創造的時速 321.5 公里速度紀錄。2010 年 1 月 CRH2C-2061 又在鄭西高鐵上創造了時速 393 公里的速度紀錄。但是，CRH2C 持續運營時速為 330 公里，最高運營時速為 350 公里。所以，在京津城際高鐵上按照時速 350 公里運營還是有些吃力的。

　　在總結第一批 30 列 CRH2C 研發運營經驗的基礎上，四方股份公司幹了一件大事，那就是針對 CRH2C 進行了進一步的深度開發，研製了中國第一代動車組中最重要的一個車型，這批車的正式命名仍舊是 CRH2C，但被業內稱為 CRH2C 二階段。這是一款擁有濃厚自主色彩的動車組型號，它的創新是全面的，它的誕生標誌著中國高速列車生產廠家在引進技術基礎上的消化吸收工作取得重大突破。主要技術突破包括以下幾個方面：

　　第一個重大突破是鋁合金車體設計。由於 CRH2C 一階段車體的氣密強度不足，導致車輛在過隧道時乘客耳壓感覺強烈，並在高速通過隧道時車體會出

現一定程度的氣動變形。CRH2C 二階段通過重新設計鋁合金車體，將列車的氣密強度由 ±4000 帕提升到 ±6000 帕，這讓該車擁有了良好的氣密設計，徹底改善了車體在高速運行時的共振和氣動變形問題。後來 CRH380A 之所以擁有極高的舒適度，一個重要原因就是繼承了 CRH2C 二階段的車體設計。

第二個重大突破是轉向架。四方股份公司的設計師對列車轉向架二系懸掛進行了改進，加裝了一個抗蛇行減震器，以解決 CRH2C 一階段所存在的垂向和橫向振動問題。CRH2C 二階段還採用了新的牽引電機，改用了加大功率的 YQ-365 型交流牽引電動機，將列車的功率由一階段的 7200 千瓦提升為 8760 千瓦，使列車持續運營速度提升為時速 350 公里。

此外 CRH2C 二階段還在隔音、降噪、受流、內飾等方面進行了全面改進。首列 CRH2C 二階段動車組（CRH2C-2191）2010 年 1 月在青島下線，2010 年 2 月起在鄭西高鐵投入運營。CRH2C 二階段是中國第一代動車組裡面，國產化率以及自主化程度最高的一款，它的一系列重大技術突破，直接為中國第二代動車組 CRH380A 的誕生奠定了基礎。

CRH2C 一階段在京津城際高鐵按照時速 350 公里運營是有些吃力的。但鐵道部還為京津城際高鐵準備了另外一款動車組，那就是基於西門子 Velaro 平台打造的 CRH3C 型動車組。這款動車組設計時速就是 350 公里。

與 CRH2 型車、CRH5 型車的國產化歷程相似，首批 3 列原型車也是在德國裝配完成的。後面 57 列車逐步提升國產化率，第一階段國產化率 30%，第二階段提高到 50%，第三階段達到 70%。2007 年 12 月 12 日，也就是首列國產化時速 300 公里動車組 CRH2C 正式下線前 10 天，中德雙方在德國科勒菲爾德（Krefeld）舉行了原型車交接儀式，不久後就在不萊梅港（Bremerhaven）裝船起運，2008 年 1 月抵達天津港，隨後就到鐵科院環形線進行相關試驗。

首列國產化 CRH3C 於 2008 年 4 月 11 日在中車唐山公司下線，被命名為 CRH3-001C，在鐵科院環形線完成相關試驗後赴京津城際高鐵進行線路試

驗。CRH3-001C 繼承了西門子 Velaro 平台的優秀基因，擁有當時國產化動車組裡面最佳的性能。2008 年 6 月 24 日 9 時 13 分，CRH3-001C 在京津城際高鐵的試驗中跑出了 394.3 公里的最高時速，打破了此前 CRH2C 創造的時速 370 公里紀錄。這個紀錄保持了很長一段時間，直到 2010 年 9 月 28 日，才由 CRH380A 在滬杭高鐵上以 416.6 公里時速打破。

2008 年 8 月 1 日剛剛落成的北京南站人流如織，超大面積的玻璃穹頂讓它顯得寬敞明亮，跟傳統的火車站概念差異甚大，充滿了現代氣息。這讓很多乘客產生置身飛機場候機樓的錯覺。在電子告示牌的引導下，旅客們陸續登上了從北京南開往天津的 C2275 次高速列車。12 時 35 分，列車司機李東曉按響了第一聲風笛，也奏響了中國高鐵時代的序曲！列車緩緩啟動，速度迅速攀升，無縫鋼軌所帶來的平穩性以及新型高速列車帶來的舒適性，讓乘客印象深刻。30 分鐘後，列車穩穩地停在天津的站台上，分秒不差！

京津城際高鐵全長 120 公里，列車最小追蹤間隔只有 3 分鐘。3 分鐘是什麼概念？中國大部分城市的地鐵列車發車間隔都達不到這個水平，說京津城際實現公交化運營並不誇張。從空中鳥瞰，一列列白色的動車組猶如一條條銀龍在其上穿梭！

京津城際高鐵建成通車後，京津兩城之間同城化效應初步形成，對於習慣了市內交通動不動就一兩個小時的北京市民而言，30 分鐘的旅程實在只是一瞬間的事情。京津城際高鐵開通運營後，周末去天津吃小吃、聽相聲，成了很多北京人休閒的方式。據不完全統計，天津市免費開放的 6 個博物館和紀念館，2008 年至 2009 年上半年，累計接待遊客近 400 萬人次，其中外地遊客近 80 萬人次，這 80 萬人次中來自北京的遊客就佔了 90%。天津市的各大、小劇場演出場次、觀眾人數、演出收入都比京津城際高鐵開通運營前增長了 20%。此外，泥人張彩塑、楊柳青年畫等傳統工藝品的銷量同比增長超過 50%。[6]

京津城際高鐵在整個中國高鐵版圖中具有比較獨特的地位。首先它是中國

也是世界上第一條運營時速 350 公里的高速鐵路,在某種意義上承擔著高鐵運營試驗田的角色。其次,它的一頭是首都北京,另一頭是中國北方經濟重鎮、四大直轄市之一天津,地理位置比較重要,而且全長 120 公里,運行時間只要半個小時,所以特別適合體驗乘坐。早在京津城際高鐵開通前,6 月 25 日,胡錦濤總書記就親自試乘了京津城際高鐵。[7] 對於傳統的鐵路而言,京津城際高鐵的快捷與舒適幾乎是顛覆性質的。當時的鐵道部領導班子堅持高標準建設中國高鐵以及引進國外高水平的動車組技術的決策是正確的。這種高標準的穩定可靠運行,給了國人極好的乘坐體驗,為高鐵贏得了人氣,也為高鐵的持續發展打開了局面。這也是此後儘管有無數媒體向高鐵潑了無數髒水,但是高鐵在老百姓的心中始終具有高人氣、高支持率的原因所在。8 月 1 日京津城際高鐵正式開通後,賈慶林、張德江、王岐山等中國共產黨和中國國家領導人都曾經親自試乘考察指導工作。[8]9 月 3 日,京津城際高鐵剛剛「滿月」不久,就迎來了柬埔寨、新加坡、波蘭等國家領導人。開通第一年,試乘並考察過京津城際高鐵的包括美國、英國、俄羅斯、日本、法國、德國、意大利、澳大利亞、印度、新加坡、泰國、波蘭、南非、蒙古、巴基斯坦等來自世界五大洲 30 多個國家的政要和國際組織領導,共計 260 多個批次,上萬人次。[9] 京津城際高鐵成了中國高鐵的一張名副其實的名片,將中國高鐵的良好口碑傳播到世界各地。

在京津城際高鐵正式開通前,2008 年 7 月的一天,它迎來一批特殊的客人,14 名來自日本的高鐵專家前來試乘體驗。京津城際高鐵的穩定性與舒適性讓他們大為震驚,他們感嘆道:「做夢也沒有想到 [10] 中國高速鐵路發展這麼快,技術水平在很多方面已經超過日本。」

8 月 2 日,京津城際高鐵開通第二天,英國《泰晤士報》(*The Times*)發表評論說:「京津城際高鐵運營時速達到了 350 公里,這讓法國的高速列車相形見絀,讓日本的新幹線看起來像蒸汽時代的火車。」

高鐵網2.0版

「四縱四橫」高速鐵路網是完美的嗎？它是偉大的，但不是完美的。之所以說它偉大，是把它還原到它誕生時候的歷史環境中來看待的，在一條京滬高鐵就吵了十幾年的情況下，竟然在短短不到一年的時間就拋出一個1.2萬公里的高速鐵路網規劃，這簡直就是神一般的存在。之所以說它不完美，是跳出它誕生的歷史環境，用後人的眼光來評價它。完美不完美並不重要，重要的是把夢想變為現實。如果執著於完美，有可能最終功虧一簣，只有把規劃變成現實，規劃才有規劃的意義。這就是新一屆鐵道部領導班子能夠被稱為行動派的重要原因，能夠隨時根據形勢的變化調整自己的戰略。

到2007年，在還沒有一條高速鐵路建成通車的情況下，鐵道部主要領導人已經覺得隨著中國高鐵宏偉計劃的展開，當年的那個計劃已經有點不合時宜了。如杭（州）長（沙）高鐵就有點雞肋，如果東延至上海，西拓至昆明，無疑將能發揮更大的作用。

鐵道部2007年的工作無疑是極為出色的，空前成功的第六次大提速將中國帶入了高鐵時代，讓中國鐵路交通網絡發生了質變。這一屆鐵道部領導非常精明，到了年底鐵道部及時向中央常委報送了《關於鐵路工作情況的匯報》和《關於2008年鐵路工作總體思路和重點任務》，胡錦濤、吳邦國、溫家寶、賈慶林、習近平、李克強、李長春、賀國強均作了批示，其中李克強親自打電話表示祝賀。時任中宣部部長劉雲山也批示要做好中國鐵路的宣傳工作。藉助第六次大提速的榮光，鐵道部開始謀求對2004年通過的《中長期鐵路網規劃》進行修訂，拓展中國高速鐵路網規模。

正在此時，出現了一個好的時機。中國國家發改委牽頭正在制定《綜合交通網中長期規劃》，鐵道部藉此將《中長期鐵路網規劃》中的2020年鐵路營業里程由10萬公里升級到12萬公里。2007年10月31日，中國國務院第

一百九十五次常務會議，正式批准了《綜合交通網中長期規劃》。

2008 年是中國高鐵迎來大發展的一年。經過前幾年的努力，「四縱四橫」中的很多高鐵線路都已經拿到了可研報告，然後就開始了集中開工。

1 月 15 日，廈深鐵路廣東段開工。

4 月 18 日，京滬高鐵開工。

7 月 1 日，滬寧城際高鐵開工。

7 月 3 日，滬杭城際高鐵開工。

9 月 26 日，蘭渝鐵路開工。

10 月 7 日，京石客專開工。

10 月 13 日，貴廣高鐵開工。

10 月 15 日，石武客專開工。

10 月 16 日，蘭新鐵路嘉峪關至阿拉山口電氣化改造，南疆鐵路庫阿二線、庫俄鐵路、烏準鐵路二線開工。

11 月 4 日，成都至都江堰鐵路開工。

11 月 8 日，津秦客專開工。

11 月 9 日，南廣高鐵開工。

12 月 11 日，湘桂鐵路擴能改造開工。

12 月 19 日，寧安城際高鐵開工。

12 月 26 日，藍煙鐵路電氣化、棗臨鐵路、東平鐵路開工。

12 月 27 日，杭甬客專開工。

12 月 27 日，寧杭客專開工。

12 月 28 日，衡茶吉鐵路開工。

12 月 29 日，渝利鐵路開工。

12 月 29 日，成綿樂鐵路開工。

到了第四季度，鐵路開工的速度明顯加快。說起這個問題來，就不得不感

謝發端於美國的金融風暴的神助攻。從 2008 年 8 月開始，美國兩大房貸巨頭房利美和房地美股價開始暴跌，持有「兩房」債權的金融機構大面虧損，美國財政部和美聯儲被迫接管「兩房」。但是很快，總資產高達 1.5 萬億美元的世界兩大頂級投行雷曼兄弟和美林相繼爆出問題，前者被迫申請破產保護，後者被美國銀行收購。在美國金融海嘯的衝擊下，世界各國經濟增長出現大面積下滑，中國也不例外。為此，中國政府推出了 4 萬億投資計劃。

當然，機遇來了，如果你沒有做好準備，你照樣抓不住。此前有重大項目儲備的行業都抓住了機會，如電信行業，遷延多年的 3G 拍照正式發放；如高鐵行業，此前大量儲備的項目，到 2008 年第四季度開始集中開工建設。當然對高鐵行業而言，一個又一個項目的開工很重要，但更重要的是升級版《中長期鐵路網規劃》的落地。

2008 年 10 月，《中長期鐵路網規劃（2008 年調整）》正式獲國家批准，這就是中國高鐵網的 2.0 版本。與 1.0 版本相比，2.0 版本調整的核心就是鐵路網絡的進一步擴大，將 2020 年全國鐵路營業里程規劃目標由 10 萬公里調整為 12 萬公里以上，其中高速鐵路由 1.2 萬公里調整為 1.6 萬公里，電氣化率由 50％調整為 60％。它還描繪了一個更加誘人的前景，它要建成一個快速客運網絡，這個快速客運網絡由三部分構成：第一是客運專線，主要是長大幹線高速鐵路，代表是「四縱四橫」；第二是城際軌道交通，主要是城市群之間的，運行時速在 200 公里左右；第三是客貨混跑的快速鐵路。按照《中長期鐵路網規劃（2008 年調整）》，這個快速客運網絡總規模要達到 5 萬公里以上，較調整前增加了 2 萬公里，這一快速客運網絡，要連接中國所有省會城市以及 50 萬人口以上的大城市，覆蓋全國 90％ 以上人口。[11] 屆時，北京、上海、鄭州、武漢、廣州、西安、成都等中心城市，與鄰近省會城市將形成一至兩小時交通圈，與周邊城市形成半小時至一小時交通圈。這一快速客運網建成後，以北京為中心，東到上海只需要 4 小時，南到廣州為 6.5 小時、到昆明為 8 小時，

西到烏魯木齊為 11 小時，北到哈爾濱為 5 小時。

如果說 2004 年鐵道部通過《中長期鐵路網規劃》時還偷偷摸摸、遮遮掩掩不敢對外界談論要建設高速鐵路的話，經過第六次大提速以及京津城際高鐵的開通運營實踐，高鐵已經成為人們熱議的話題，成為各地爭相搶奪的對象。一條高鐵經過一個地方，這個地方的人們就歡呼雀躍；一條高鐵繞過了某個地方，從他們相鄰的縣市通過，那裡的人們就垂頭喪氣。所以，2.0 版高速鐵路網通過後，2008 年 11 月 27 日，鐵道部舉行新聞發佈會，面向全球宣佈中國高速鐵路網規劃升級了，未來中國將建設 1.6 萬公里高速鐵路！

這一刻全世界都震驚了。到 2020 年中國要新建 1.6 萬公里高速鐵路？這怎麼可能，這也難怪外界反應如此激烈，要知道當時全球高速鐵路建了 40 多年，總里程也還沒有那麼多。中國人一出手就相當於世界其他國家高鐵里程的總和。儘管他們很快就發現，這個目標定得實在是太保守了，因為到 2014 年年底，中國人提前 6 年就完成了這個目標。

第二代高速列車

對中國高鐵而言，2008 年無疑是一個大年。

2008 年 2 月 26 日，發生了一件看似非常平常的事情，中國鐵道部與科技部在北京簽署了一個協議，名字叫《中國高速列車自主創新聯合行動計劃合作協議》。中國每天簽署的各類合作協議成千上萬，這個協議看起來也沒有什麼不同。實際上這個協議卻非常不同，它標誌著中國科技部對高鐵發展的態度發生了重大改變。

作為中國國家科技戰略規劃的主管部門，科技部向來支持國內機構與企業的自主創新。所以，鐵道部當年廢掉「中華之星」而執行技術引進時，科技部是非常有意見的。但是經過兩年的發展，科技部對中國高鐵的發展路線有了全新的認識，並決定積極介入中國高鐵發展。於是，經過一段時間的溝通，科技

部與鐵道部達成一致，準備依託京滬高速鐵路的建設，研發時速 350 公里以上的中國高速列車，建立和完善具有自主知識產權、國際競爭力和可持續發展能力的中國高速列車裝備製造、運用與創新能力體系。

為了讓這次聯合行動計劃能夠扎扎實實地落地而不是流於形式，2008 年 4 月，科技部啟動了「十一五」國家科技支撐計劃「中國高速列車關鍵技術研究及裝備研製」重大項目。「國家科技支撐計劃」那可不是白給的，它有一套嚴格的組織體系，包括領導小組、立項、實施與督導檢查、驗收以及知識產權、技術標準與成果等內容，當然還有一個關鍵因素就是有國家科技經費支撐。「中國高速列車關鍵技術研究及裝備研製」這個項目國家共計撥款 10 億元，參與研發的企事業單位自籌資金 20 億元，共計投入 30 億元，具體又被分為 10 個專項課題，具體情況見下表：

十大聯合攻關課題

序號	課題名稱	國家撥款（萬）	自籌（萬）	課題總投入（萬）	主持單位
1	共性基礎及系統集成技術	30000	75000	105000	南車集團
2	高速列車轉向架技術	3000	7000	10000	北車集團
3	高速列車空氣動力學	3000	6000	9000	中科院力學所
4	高速列車車體技術	3000	7000	10000	北車集團
5	高速列車牽引傳動與制動技術	12000	25000	37000	鐵科院
6	高速列車網絡控制系統	18000	22000	40000	中科院軟件所
7	高速列車關鍵材料及部件可靠性	5000	12000	17000	南車集團
8	高速列車運行控制系統技術	16000	33000	49000	北京交通大學
9	高速列車牽引供電技術	5000	10000	15000	中國中鐵
10	高速列車運行組織方案	5000	3000	8000	北京交通大學

這是一次卓有成效的聯合行動計劃，參與該行動計劃的不僅僅包括上表中的主持單位，還包括清華大學、西南交通大學、中南大學、同濟大學、中國通號集團、中鐵電氣化勘察設計研究院（中國中鐵）、浙江大學、北京科技大學等參與單位。據統計，參與此次行動計劃的科研人員共包括院士 68 名、教授

500 多名和其他工程科研人員萬餘人，參研單位計有重點高校 25 家、科研院所 11 家、國家重點實驗室和工程研究中心 51 家。[12]

這種聯合行動是如何實現的呢？舉一個例子，如 CRH380A 的頭型研究，屬於高速列車空氣動力學項目，牽頭單位為中科院力學所，一起參與的單位很多。四方股份公司是使用單位，所以負責組織進行方案設計、方案試驗、優化、施工設計、工藝驗證、線路試驗策劃並聯合西南交通大學進行初步方案設計及文化分析；中科院力學所負責氣動性能的仿真分析；清華大學與北京大學負責側風穩定性計算；中國空氣動力研究與發展中心負責氣動力學的風洞試驗；同濟大學負責氣動噪聲風洞試驗；鐵科院、西南交通大學、同濟大學負責氣動性能和噪聲的實車測試。[13] 最終的成果就是以長征火箭為原型、被車迷們親切稱之為「大灰狼」的 CRH380A 型動車組的優美頭型。針對這次頭型創新設計，中車四方股份公司總工程師龔明在接受媒體採訪時曾表示：「我們經歷了目前歷史上規模最大、歷時最長的科學研究試驗，在這其中，我們設計了 20 個列車頭型，圍繞頭型的氣動性能研究進行了 17 項 75 次仿真計算、760 個不同運行環境的氣動力學試驗和 60 個工況的噪聲風洞試驗，完成了 520 個測點的 22 項線路測試。」[14]

關於高速列車頭型的設計，很多人認為只有飛機才配談空氣動力學，高速列車能有什麼空氣動力學？事實是怎樣的呢？高速列車因為要在地面運行，它要和橋樑、隧道、地面，以及鄰線列車有非常複雜的相互激擾作用。頭型設計不僅面臨阻力、交會壓力波、升力、列車尾擺、氣動噪聲、微氣壓波、列車風、側風穩定性等多種技術難題，而且隨著速度的提升會帶來一系列技術性能、技術參數的變化，比如氣動阻力、升力與速度成平方關係，氣動噪聲與速度成冪次方關係，列車高速運行會產生「隧道效應」、「橫風效應」、「尾擺效應」、「噪聲效應」，繼而產生高速列車車體疲勞破壞、側擺、漂浮等不安全因素並影響旅客乘車的舒適度。

　　CRH380A 的頭型是如何設計出來的呢？大致過程是這樣的：首先在系統研究各設計要素和不同線路條件的基礎上，通過 32 個設計變量和 200 次模型優化，由研發人員設計出 20 種列車頭型；接著，對這 20 種頭型進行綜合分析技術性、文化性和工程可實施性，初選了 10 種頭型基本方案；再通過三維流場數值仿真分析和多目標優化，確定了 5 種備選頭型，共進行了 17 項 75 次仿真計算。把 5 種備選頭型各製作 1：8 模型，分別進行了 19 個角度、8 種風速的風洞氣動力學試驗和 3 種風速、4 種編組的風洞噪聲試驗，對優選出的方案進行了樣車試製，完成了 22 項試驗驗證，最終才確定 CRH380A 高速動車組的頭型方案。

　　過程講述的時候，看起來似乎很輕鬆，其實每一步都是由大量汗水培育而成的，如對於從 20 個頭型中初選 10 種頭型的過程，參與研究的中科院力學所楊國偉研究員回憶說：「我們採用 2836 個核的計算機機群，1 個院士、8 個博士生導師、25 個博士研究生和南車四方的設計骨幹在 4 個月的時間內共進行了超過 300 個工況的空氣動力學仿真分析。」這樣研製出來的 CRH380A 動車組頭型效果如何呢？最終的試驗結果是：氣動阻力減少 6%，氣動噪聲下降 7%，列車尾車升力接近於 0，隧道交會壓力波降低 20%，明線交會壓力波降低 18%。[15]

　　上面列舉的 CRH380A 動車組頭型的創新只是這次龐大的聯合行動計劃中的一件小事，通過這個過程我們能夠大致想像在國家科技支撐計劃的支持下，中國高速動車組技術創新走過了一條怎樣的路。科技部與鐵道部共同實施的這次自主創新聯合行動計劃，在中國高速動車組技術創新歷史上具有重要意義，其最終成果就是中國第二代高速動車組——CRH380 系列。下面就按順序介紹一下第二代高速動車組的主要產品。

　　按照順序，先說說 CRH380A(L) 型動車組。CRH380A(L) 型動車組我們此前已經多次提到，是由 CRH2C 二階段發展而來，在 CRH380 系列車型中自主

化程度最高，牽引傳動系統等關鍵技術均由中車時代電氣研發製造，並通過了美國知識產權的評估。在第七屆高鐵大會期間，美國通用電氣公司準備與中國南車在美國成立合資公司競標美國高鐵，所以早在此前他們就邀請第三方對CRH380A 型高速動車組的知識產權問題進行了評估。評估方是美國戴維斯律師事務所與美國專利商標局，整個過程異常複雜，歷時半年多。大致過程是這樣的，先在美國檢索與鐵路機車車輛有關的專利，形成 934 項專利清單，然後再篩選出 254 項高度相關和中度相關的專利清單，然後由美國律師事務所，以美國的方式對專利風險進行評估，並出具專利風險評估報告，最終報告的結論是：世界各國相關高速動車組在美國申請的專利與四方股份公司準備出口到美國的 CRH380A 型高速動車組相關性不大，沒有發現任何可能會發生產權糾紛的情況。[16] 這相當於為 CRH380A 型高速動車組出口美國提供了一份法律保證。

接下來說說 CRH380BL 型動車組，它是由長客股份公司和唐山公司主導，在 CRH3C 基礎上經過創新發展而來，繼承了德國技術的優秀基因，性能突出、內飾豪華，受到國內乘客的喜愛。但是在 CRH380 系列中，CRH380BL 型高速動車組自主化程度相對較低，零部件對外採購比例相對較大。2009 年 3 月16 日鐵道部從唐山公司、長客股份公司、鐵科院採購 100 列 CRH380BL 型高速動車組，合同總金額 392 億元。3 月 20 日西門子就在其官網上發佈新聞：「唐山軌道客車有限責任公司、長春軌道客車股份有限公司、中國鐵道科學院和西門子簽署了一份關於提供 100 列高速列車的合同，西門子獲得價值 7.5 億歐元份額（約 70 億元人民幣）。」這些採購內容主要是電氣牽引系統，由西門子位於德國紐倫堡（Nuremberg）、科勒菲爾德等地，以及奧地利和中國上海等工廠負責生產。此外，CRH380BL 型高速動車組還因為一次召回事件備受關注。2011 年 8 月 11 日，CRH380BL 型電力動車組因為連續發生熱軸報警誤報、自動降弓、牽引丟失等故障問題，被召回 54 列進行整改，整改合格後於 2011

年 11 月 16 日陸續恢復運營。

再來說說 CRH380BG 型動車組，這是由長客股份公司研發的高寒型動車組，能夠適應零下 40 攝氏度低溫下運營，主要服務中國東北地區高鐵線路。關於為什麼一定是零下 40 攝氏度，在一篇新聞報導裡是這樣解釋的：氣溫低到什麼程度才算得上高寒？長客股份公司走訪哈爾濱鐵路局和瀋陽鐵路局，調查分析了哈大高鐵沿線的氣象紀錄，發現這一地區的最低氣溫紀錄是零下 37.3 攝氏度。於是，長客股份公司高寒高鐵攻關團隊將 CRH380BG 型高寒動車組的適應最低氣溫鎖定在零下 40 攝氏度。[17]CRH380BG 型高寒動車組是中國高速動車組研發的一個重大突破，完善了中國高速動車組譜系，也體現了長客股份公司的技術實力，在中國第二代高速動車組中擁有獨特地位。

長客股份公司作為中國鐵道客車研發的龍頭企業，畢竟技術實力雄厚，他們再接再厲，又推出了 CRH380CL 型動車組，這是在 CRH3C 型動車組與 CRH380BL 基礎上研製的一款新型動車組，共計生產了 25 列。CRH380CL 在 CRH380BL 的基礎上，自主化程度又有大幅度提升，主要技術突破在兩個方面，第一是採用了新的頭型。這是從 CRH3C 引進動車組技術進化以來，首次拋棄了德國原型車的頭型設計；第二就是拋棄了西門子的牽引傳動系統，採用了基於日立技術的永濟電機公司的牽引傳動系統。

CRH380D 型動車組原型車是龐巴迪公司的 Zefiro380 動車組，由中外合資企業四方龐巴迪公司生產，技術由龐巴迪公司導入，研發則是在歐洲的龐巴迪軌道交通基地進行。毫無疑問，CRH380D 型高速動車組確實是一款非常優秀的產品。

上面介紹的這些，就是中國的第二代動車組，中國高速動車組發展史上聲名赫赫的 CRH380 系列。至於為什麼命名為 380，是因為這批車型設計最高運營時速為 380 公里，持續運營時速 350 公里。它們都是鐵道部為京滬高鐵準備的。京滬高鐵是世界上建設標準最高的高鐵線路，鐵道部本來計劃按照時速

380 公里開通運營，將京滬兩地旅行時間縮短到 4 小時以內。當然，後來鐵道部人事出現變動，最終只能按照時速 300 公里開通運營。

在中國第二代高速動車組 CRH380 系列研發出來之後、第三代高速動車組研發出來之前，中國的高速列車生產企業還研製了一些重要產品，雖然不能稱為跨代，但是在技術發展上也都有一些重大突破。如 CRH6 型城際動車組、cit500 更高速度試驗列車（CRH380AM）、永磁高速動車組、智能化高速動車組、廣深港高速動車組、CJ1 型城際動車組、CJ2 型城際動車組等，這些產品都是中國動車組自主創新的重要成果，是技術自主化的一種體現，也是對中國高速動車組譜系的一種完善。

cit500 這一個速度怪物，它的誕生是奔著法國 TGV 的時速 574.8 公里紀錄而來的。前後採用了不同的頭型，前面頭型原型是「青銅劍」，後面頭型是在 CRH380A 火箭頭型基礎上進行改進的，比 CRH380A 頭型更加細長。6 節編組的它，牽引功率就達到了 22800 千瓦，這是什麼概念？8 輛編組的 CRH380A 的牽引功率也只有 9600 千瓦。中國研製該車的目標是試驗突破輪軌時速 600 公里。在滾動試驗台上，該車以時速 605 公里進行試驗，沒有任何失穩跡象，運行處於極佳狀態。但要進行線路的速度試驗，只有車輛製造商不行，還要有運營商的參與，因為沒有好的線路，再好的車也跑不起來。2007 年法國 TGV 試驗車時速 574.8 公里就是在經過特殊加固的線路上跑出來的。但是 cit500 更高速度試驗列車於 2011 年 11 月 25 日正式下線後，就一直沒有獲得合適的線路去一展身手。

關於 cit500 更高速度試驗列車的爭議有很多，比較重要的一個問題是為什麼要研製它？其實高速列車的衝高試驗並不是一項遊戲，而是科學試驗的一種。cit500 更不是一個速度玩具，而是一個科學實驗的載體。cit500 其實是一個國家項目，是中國「973 計劃」項目「時速 500 公里條件下的高速列車基礎力學問題研究」的試驗載體。研製 cit500 的主要目的有幾個：第一，是開展前

瞻性、基礎性、理論性研究，為高速鐵路未來的發展做好技術儲備。軌道交通有三大基礎關係：輪軌關係、流固關係、弓網關係，cit500 就是要進行時速 500 公里及以上三大基礎關係的研究，獲取氣動、結構、輪軌、弓網等關鍵力學參數隨速度的變化規律，通過探索更高速度條件下高速列車的運行穩定性、結構強度、車—線—網匹配關係等安全保障系統，揭示高速列車動力學行為、特徵和規律，進一步提高高速列車的安全冗餘。第二，進行關鍵系統的可靠性研究。在時速 500 公里條件下對車輛進行測試，為轉向架、車體、車下設備和設備艙等關鍵結構的安全可靠性提供數據支撐。通過振動模態測試，研究轉向架、車體、車下設備和車內裝飾之間的振動匹配；通過動態應力測試，研究關鍵承載部位的疲勞強度；通過氣動載荷測試，研究氣流作用下不同振動激擾形式對車輛結構的影響規律。第三，新材料、新技術的研究。cit500 列車上使用了碳纖維、鎂鋁合金、新型納米隔音材料等新型材料，通過時速 500 公里下的驗證來追蹤新材料的應用前景。新技術包括風阻制動裝置、實時以太網技術等，另外還可以通過氣動阻力、氣動噪聲、氣動升力、交會壓力波等各項氣動性能研究，全面驗證試驗列車頭尾不同頭型方案。

京滬高鐵

前面提到過，京滬高鐵發展歷程幾乎相當於一部縮略版的中國高鐵發展史。經過前面各個派別十幾年的爭吵，京滬高鐵一直延宕，無法開工。新一屆鐵道部領導班子基於實幹精神，繞開了京滬高鐵這個焦點，率先開工了石太高鐵、武廣高鐵、京津高鐵，開啟了中國高鐵大發展的序幕。但，京滬高鐵注定是高鐵王冠上那顆明珠，注定是中國高速鐵路的標竿。鐵道部繞開京滬高鐵，並不代表不重視京滬高鐵，而是採取先易後難的方針，進行重點攻關。

京滬高鐵上馬之艱難是超出想像的，它的幾乎所有重要節點都是經中國國務院常務會議批准的。2006 年 2 月 22 日，中國國務院第 126 次常務會議正式

批准京滬高速鐵路立項；2007 年 8 月 29 日，京滬高鐵可行性研究又獲中國國務院 190 次常務會議原則批准；2007 年 10 月 22 日，中國國務院又決定成立京滬高速鐵路建設領導小組，國務院副總理曾培炎擔任組長。

像京滬高鐵這樣的超級工程沒法不特殊，沒法不引人注目。當年京滬高鐵預算投資 2209.4 億元，超過三峽工程，是中華人民共和國成立以來一次投資規模最大的建設項目。這錢怎麼來？與京津城際高鐵一樣，鐵道部決定廣泛吸收社會資本參與。當然，與上次不同的是，這次鐵道部決定牢牢地把持控股股東地位，而且要絕對控股。像京滬高鐵這樣的優質項目，只要是正常人肯定都不會放過絕對控股的機會的。2007 年 12 月 27 日，京滬高速鐵路股份有限公司在京舉辦創立大會，註冊資本 1150 億元。鐵道部通過中國鐵路建設投資公司出資 647.07 億元，佔股 56.267%；平安資產管理有限責任公司出資 160 億元，佔股 13.913%，獲得了第二大股東的地位；全國社保基金理事會出資 100 億元，佔股 8.696%，獲得第三大股東的地位。另有包括上海申鐵投資有限公司、中銀集團投資公司在內的 7 家公司共出資 242.93 億元，瓜分了剩餘的股份。

2008 年 1 月 16 日，京滬高鐵又迎來重要節點，中國國務院第 205 次常務會議同意京滬高鐵開工建設。

從此，鐵道部在本年度又開啟了過山車一樣的傳奇歷程。

2008 年 3 月，中國全國「兩會」期間國務院啟動大部制改革，民間盛傳鐵道部將被撤銷併入交通部，成立交通運輸部。最終結果公佈，中國民航總局、國家郵政局、住建部城市交通管理職能被併入交通部，組建交通運輸部，鐵道部因主持大規模高鐵網建設暫時保持獨立。鐵道部躲過一劫。

2008 年 4 月 18 日，第六次大提速滿一周年的日子，舉世矚目的京滬高速鐵路開工典禮在北京大興京滬高鐵特大橋橋址舉行。溫家寶總理親自出席開工典禮，為京滬高速鐵路股份有限公司揭牌，並宣佈全線開工。現場彩旗飄飄，鼓聲雷動，身穿深藍色夾克的溫家寶總理與工人代表一起揮動鐵鍬，為京滬高

速鐵路奠基。與此同時，8 台大型旋挖鑽機同時開機，京滬高鐵正式全線開工。京滬高鐵建設是一項史無前例的大工程，高峰期同時參與建設的工人多達 13 萬人，到場機械設備近 3 萬台（套），每天消耗的鋼筋超過 1 萬噸、水泥超過 3.5 萬噸、混凝土超過 11 萬立方公尺。[18]

聽到京滬高鐵正式開工的消息後，從 20 世紀 80 年代開始就不斷為京滬高鐵奔走呼告的高鐵旗手、兩院院士沈志雲，在接受《人民鐵道》報記者採訪時說：「得知京滬高速鐵路開工的消息，我十分激動。剛開始研究高速鐵路時，我只有 50 歲，而今已年近八旬。國家在前進，年輕人在成長，京滬高鐵必將像一條巨龍乘風破浪，昂首騰飛。這是我一生中最快樂的時刻，我衷心祝願這條鐵路早日全線通車。」[19] 當時預測，到 2020 年京滬高鐵年客運量將突破 7000 萬人次。實際上，到 2014 年京滬高鐵通車滿 3 周年，年旅客發送量就突破了 1 億人次，並成功轉虧為盈。京滬高鐵就是一個大寫的人間奇蹟。

對鐵道部領導而言，京滬高鐵勝利開工的喜訊還在眉梢，一個大的災難接踵而至。10 天後，4 月 28 日，北京開往青島的 T195 次旅客列車運行至山東膠濟鐵路周村至王村間脫線，與煙台至徐州的 5034 次客車相撞，造成 72 人死亡，416 人受傷。這次事故是中華人民共和國成立以來，第五大鐵路事故。剛剛躲過大部制改革的鐵道部，再次面臨危機。

兩周後，5 月 12 日，汶川大地震爆發。鐵道部迅速投入抗震救災工作中，騰出所有可能的運力全力運送救災部隊和物資。5 月 24 日，寶成鐵路 109 號隧道經過 12 個晝夜的奮戰提前搶通，胡錦濤總書記作出重要批示。同一天，國務院副總理張德江到寶成線 109 號隧道搶險現場檢查指導鐵路抗震救災工作，看望慰問搶險人員。鐵道部再立大功。

後來，京津城際高鐵通車，作為奧運保障交通，成為中國的一張名片，讓中國大長臉面；金融危機爆發，中國經濟增長放緩，大批量高鐵項目開工，助力中國經濟實現 V 型反轉。

2009 年中國高鐵迎來了一個通車高峰。4 月 1 日，石太客專、合武高鐵通車運營；9 月 28 日，甬台溫鐵路、溫福鐵路通車運營；12 月 26 日，中國第一條也是世界上第一條時速 350 公里長大幹線高速鐵路武廣高鐵正式開通運營。武廣高鐵的開通運營在社會上產生了巨大影響，武漢至廣州間全長約 1068.8 公里，旅行時間由原來的約 11 小時縮短到 3 小時左右，武漢到長沙直達僅需 1 小時，長沙到廣州直達僅需 2 小時。武廣高鐵的開通運營，讓更多人體驗認識到中國高鐵的先進與舒適，作為全球第一條時速 350 公里的長大幹線高速鐵路，武廣高鐵的開通還在海外引發巨大討論，進一步擴大了中國高鐵的全球影響力。

2010 年是中國鐵路固定資產投資的一個高峰，這一年的鐵路固定資產投資達到了史無前例的 8426.52 億元，這是截至目前中國鐵路固定資產投資最多的一年。

2010 年 5 月 12 日，汶川大地震兩周年紀念日，成灌城際鐵路正式開通運營，設計時速 200 公里。此前，中國分別從三家德國企業引進了三種規格的無砟軌道技術，它們分別是博格板式無砟軌道系統、旭普林雙塊式無砟軌道系統、雷達 2000 雙塊式無砟軌道系統，並在此基礎上發展出了 CRTS Ⅰ 型和 CRTS Ⅱ 型無砟軌道技術，這兩種技術都可以看作是引進技術的國產化。而在成灌城際鐵路首次採用了 CRTS Ⅲ 型無砟軌道技術，這是完全由中國研發的自主化無砟軌道系統，標誌著中國的無砟軌道技術又邁上了一個新的台階。

時速486.1公里

2010 年是中國高速鐵路建設史上一個高峰，除了大開工、大建設以及一條又一條的高速鐵路通車外，還有兩件事值得特別說一下。

第一件事就是上海世博會的召開。鐵道部在上海世博園建設了中國鐵路館。在中國鐵路館的門前陳列著一列亮眼的高速動車組模型，驚艷了世人。它

就是 CRH380A 型高速動車組，中國第二代動車組的傑出代表。為什麼這樣說呢？在 CRH380A 誕生前，中國第一代動車組儘管做出了各種各樣的創新，但基本上都以零部件的國產化為主，而列車的頭型設計無一例外地沿襲了引進原型車的樣子，當然塗裝例外。

前面我們講到，科技部與鐵道部在 2008 年啟動了兩部聯合行動計劃，其中一項叫空氣動力學研究，國家撥款 3000 萬元，相關單位自籌 6000 萬元，由中科院力學所牽頭攻關高速列車空氣動力學。這次攻關的最終成果就是以長征火箭為原型設計的 CRH380A 動車組頭型。在四方股份公司生產的 30 列 CRH2C 二階段車輛中，最後一列車 CRH2C-2150 率先使用 CRH380A 的頭型，作為 CRH380A 的試驗樣車進行線路試驗，以獲得新頭型的空氣動力效能和實車試驗數據。

此時，CRH380 系列還沒有正式命名。民間傳說，四方股份公司生產的車型將被命名為 CRH2-380，長客股份公司和唐山公司生產的車型將被命名為 CRH3-380。2010 年 1 月，採用 CRH380A 頭型的 CRH2C-2150 率先在網上曝光。4 月，CRH2C-2150 正式下線，車身塗有「試驗車 CRH380A」字樣。4 月 26 日，試驗車到達北京環形鐵路試驗線。5 月 4 日，試驗車赴鄭西高鐵進行線路試驗。

2010 年 5 月，四方股份公司又定製了一列 1：1 的 CRH380A 頭車模型，運抵上海世博園中國鐵路館進行展覽。這是 CRH380A 新頭型首次向世人展示。

有趣的是，5 月 27 日，長客股份公司 2008 年開工建設的高速列車基地正式竣工投產，總建築面積達 29 萬平方公尺，被譽為世界上最大的高速列車生產基地。《人民鐵道》報卻搶先刊發文章〈新一代高速動車組「和諧號」380A 在長客公司高速車製造基地下線〉。據說，當時鐵道部確定長客股份公司與四方股份公司誰先生產出來 380 系列動車組，誰家的就命名為 A，後面生產的則命名為 B。在長客股份公司高速列車基地投產的同時，長客已經生產出來一節 380 動車組的車廂，於是媒體搶新聞，就發了最高運營時速 380 公

里的 380A 在長客股份公司下線的新聞。可見當時各家動車組生產廠家之間的競爭有多激烈。9 月份，鐵道部正式下發《關於新一代高速動車組型號、車號及坐席號的通知》，將四方股份公司生產的 CRH2-380 型動車組名稱更改為 CRH380A，而長編組動車則命名為 CRH380AL；將長客股份公司、唐山公司生產的時速 380 公里動車組命名為 CRH380BL。

在動車組廠家加緊研製生產 380 系列動車組的同時，滬寧城際高鐵、滬杭高鐵、京滬高鐵也都在加緊建設中。2010 年 7 月 1 日原先設計時速只有 250 公里的滬寧城際高鐵，經過數次提高建設標準，最終按照時速 350 公里開通運營。7 月底，滬杭高鐵全線鋪軌完成。

9 月 28 日，剛剛下線不久的 CRH380A 準備在剛剛鋪通的滬杭線上跑一圈。上午 10 時 40 分，列車從上海虹橋站出發駛向杭州，一不小心就打破了此前 CRH3C 保持的紀錄，途中最高時速達到了 413.7 公里。這是中國高速列車運營試驗速度首次突破時速 400 公里。其間，中央電視台進行了現場直播，CRH380A 與直升機進行了賽跑，矯健的身影將直升機遠遠地甩在了身後。當然這個速度還只是小試牛刀，返程的路上，11 時 37 分，CRH380A 一撒歡，又打破了自己剛剛創造的速度紀錄，最高時速達到 416.6 公里。

真正的輝煌只能屬於京滬高鐵。2010 年 7 月 19 日，京滬高鐵先導段率先開始鋪軌，10 月底先導段鋪軌完成，11 月 15 日，京滬高鐵全線鋪軌完成。

12 月 3 日，一個偉大的時刻到來了。鐵道部在京滬高鐵棗莊至蚌埠試驗段舉行 CRH380A(L) 上線儀式，並於同日進行高速試驗。按照慣例，中國中央電視台進行現場直播。同日進行高速試驗的車輛包括 CRH380A-6041L 和 CRH380B-6402L 兩型動車組。兩列動車組分別由四方股份公司和唐山公司生產，都是 16 輛編組，牽引功率分別為 20482 千瓦和 18400 千瓦，CRH380AL 的牽引功率略勝一籌。CRH380AL 採用 14 動 2 拖編組形式，走的是低軸重路線；CRH380BL 採用 8 動 8 拖編組形式，走的是高黏著係數路線。

11 時 06 分，CRH380A-6041L 列車從棗莊西站 [20] 緩緩啟動，平穩異常，剛剛過了 9 分鐘，列車就輕鬆衝破了時速 420 公里，打破了此前 CRH380A 在滬杭高鐵創造的速度紀錄。此時，頭髮稀疏的鐵道部部長劉志軍正站在列車車頭的駕駛室裡，他神情鎮定，眼光中流露出難以察覺的興奮與渴望。劉志軍之所以被稱為「劉瘋子」，其中一個原因就是他喜歡在列車試驗的時候，站在車頭體驗那種速度帶來的成就感。很快列車時速突破了 460 公里，列車像一道閃電劃破天際，御風而行，整列車運行平穩，車內異常安靜，噪聲控制極好。470 公里、480 公里……所有人都屏住了呼吸，劉志軍問四方股份公司技術檢測員：「現在列車狀況如何？」技術檢測人員回答說：「列車安全性、舒適性各項指標全部正常。」一絲微笑出現在劉志軍的嘴角。列車繼續加速，481 公里、482 公里、485 公里……11 時 28 分，列車在宿州東站附近時速達到了 486.1 公里，世界鐵路運營試驗最高時速誕生了，這個速度紀錄迄今為止尚未被打破。11 分鐘後，列車到達蚌埠南站。全程 220 公里，用時 34 分鐘，平均運行時速達到驚人的 388 公里。列車到站後，列車內掌聲雷動。

有人在前方享受榮耀，也有人在背後默默自豪。有一天，筆者與四方股份公司原總工程師龔明從容而言。筆者問：「當 CRH380A 以 486.1 公里時速從京滬高鐵呼嘯而過時，您在車上嗎？」

「我在北京。」

「為什麼？難道你不想親自體驗一下那種御風而行的感覺嗎？」

「CRH380A 可是我親手打造的列車呀，就像自己的孩子一樣。我能不想親自見證它創造奇蹟的時刻嗎？」

「那是為什麼？」

「因為我有更重要的事情要做。CRH380A 是鐵道部與科技部兩部聯合行動計劃的重要成果。當時科技部正在北京組織課題答辯，我是總工程師，這個活只能我來幹。我也想親赴現場呀，但總有人在前台，有人在幕後，分工不同，

但一樣榮耀，一樣為之感到自豪！人這一輩子，能有幸見證並參與這樣一個偉大的事業，值了！」

這裡多解釋一句，什麼叫世界鐵路運營試驗最高速，為什麼會在這裡說這個紀錄迄今尚未被打破。朋友們可能會納悶，人家法國人不是曾經跑出過574.8公里時速嗎？是的。但是，不一樣。所謂世界鐵路運營試驗最高速，指的是在一條鐵路開通運營之前，由一列正常運營的車輛創造的速度紀錄。它是運營車輛，不是試驗車輛，法國創造574.8公里時速的TGV就是試驗列車，不是運營列車；CRH380AL是正常運營編組車輛，而不是試驗編組車輛，後來創造487.3公里時速的CRH380BL也是試驗編組車輛，而不是運營編組車輛。

就在CRH380AL創造486.1公里時速世界鐵路運營試驗最高速的第三天，12月5日，CRH380B-6402L也在京滬高鐵棗莊至蚌埠先導段進行了高速試驗，經過多次衝高，最高試驗時速只達到了457公里。後來，為了衝一個更高的速度，唐山公司對CRH380B-6402L進行了改造，改裝成了一個8動4拖的試驗編組車輛。2011年1月9日，採用特殊試驗編組的CRH380B-6402L動車組再次來到京滬高鐵棗莊至蚌埠先導試驗段進行衝高試驗。17時，CRH380B-6402L從徐州東站出發，列車穩穩地啟動，提速非常迅捷，只用了6分鐘，列車時速就已經提到380公里，9分鐘後，17時15分，列車瞬時速度達到了每小時487.3公里。這是中國試驗編組車輛迄今為止創造的最高試驗速度。

飛龍在天

《周易‧乾卦》爻辭曰：「九五，飛龍在天，利見大人。」整個2010年中國高鐵就展現了一種飛龍在天的姿態。

2010年開年，美國總統奧巴馬就在國情咨文裡面說：「從第一條跨洲鐵路的誕生，到洲際高速公路系統的建成，我們的國家向來走在世界前列。我們沒有理由讓歐洲和中國擁有最快的鐵路。」同時他還宣佈聯邦政府將撥款80

億美元啟動美國高鐵項目。

奧巴馬的這個講話將中國高鐵推向了輿論的風口浪尖，部分習慣了羨慕美國先進科技的中國人，突然產生了強烈的不適感，美國人竟然開始羨慕中國的高鐵了。

從 2009 年 12 月 26 日武廣高鐵開通開始，中國連續開通了多條時速 350 公里的高速鐵路。2010 年 2 月 6 日鄭西高鐵開通，7 月 1 日滬寧城際高鐵開通，10 月 26 日滬杭高鐵開通。中國一下子擁有了 2116.6 公里，時速 350 公里的高速鐵路。要知道當時歐洲最快的高鐵時速只有 320 公里，日本新幹線更是只有 300 公里。

此時，世界高鐵看中國的態勢已經基本形成。

有了路還要有車。2010 年 5 月 1 日，CRH380A 新頭型亮相世博會，賺足了眼球的同時，也讓國外幾大高鐵巨頭後背發冷。他們萬萬沒有想到，經過短短幾年時間，中國竟然成功掌握了高速列車的核心技術，推出了具有自主知識產權的高速列車產品。他們開始嗅到一絲危險，也隱約預感到在未來世界高鐵市場的爭奪中，他們將面臨一個可怕的對手。對於這樣一個他們親手培育起來的可怕對手，我不知道他們對於當年那次招標是否會感到後悔。要說當年他們完全沒有預感肯定是不確切的，但是這個對手成長得如此之迅速，實力會發展到如此之強大卻肯定是超出他們預料的。

亮相只是一個開始。接下來，CRH380AL 開始創造一個又一個速度傳奇。9 月 28 日，時速 416.6 公里；他們打了一個冷戰。12 月 3 日，時速 486.1 公里，他們心裡「咯登」一下。

真正的高潮在 12 月 7 日這一天到來。第七屆世界高速鐵路大會在北京國家會議中心召開。這是世界高速鐵路大會成立以來，首次在歐洲以外的國家舉行，[21] 憑的當然就是中國高鐵所取得的史無前例的成就，此時中國大陸投入運營的高速鐵路已達 7531 公里，居全球第一位。

就在這次大會上，中國向世界宣佈，2011 年將進行時速 600 公里高速列車試驗。毫無疑問，這個消息讓整個世界炸了鍋。當然，與一般的民眾不同，國外幾家高鐵巨頭並沒有被 600 公里的時速嚇著，真正把他們嚇著的是中國高鐵的雄心。為什麼這麼說？顯然時速 600 公里的高速鐵路並不會投入運營。那中國為什麼要進行時速 600 公里的試驗呢？搶一個鋒頭，為中國高鐵贏得品牌效應，這種目的肯定是有的，但這並不是關鍵。關鍵在於，這反映出中國已經徹底跨越了模仿學習的階段，開始探索這個行業最頂尖的技術了。中國要探索的是這個行業從來沒有探索過的領域，他們已經不滿足於跟隨，已經開始試圖領跑了。

為了配合第七屆世界高鐵大會的舉行，鐵道部還在北京國家會議中心舉辦了第十屆中國國際現代化鐵路技術裝備展。上面是高鐵大會現場，下面就是裝備展現場。根據當時的媒體報導，時速 600 公里高速列車試驗，力爭打破法國 TGV 試驗列車 2007 年創造的時速 574.8 公里紀錄。要知道時速 574.8 公里紀錄可是一個神話一樣的存在。中國搞高鐵才幾年，竟然要去打破這個神話。在各大網絡論壇中，網友們炸了鍋，叫好的、質疑的、謾罵的，大家打成一團。當然他們並不知道，鐵道部早在 2010 年年初就已經開始佈置這項工作了，四方股份公司奉命研製 cit500 高速試驗列車，計劃到 2011 年 4 月出車。到第七屆世界高速鐵路大會舉辦時，各項工作進展順利，所以相關消息才被透露出來。

當然，這或許只是一個噱頭，後面一個消息則真正讓國外高鐵巨頭開始如坐針氈。7 日晚上，中國南車股份有限公司與美國通用電氣公司聯合發佈新聞稿，稱二者達成戰略合作，在美國建立合資公司，引進中國南車的 CRH380A 高速列車技術，並在美國進行本地化生產，用於競爭美國高鐵項目。這一拳終於來了，只是沒有想到來得如此之快。毫無疑問，這又是一個逆天的新聞，已經習慣了中國向發達國家引進技術的國人一時之間難以適應這種角色轉換，世

界上最發達的國家美國竟然需要向中國引進技術，這實在是太難以接受了。

通用電氣公司在新聞通稿中表示，此次框架協議的簽訂是繼通用電氣公司與中國鐵道部在 2009 年 11 月簽署戰略合作諒解備忘錄之後，中美雙方企業為支持美國客運高速鐵路發展所邁出的重要一步。除此之外，雙方承諾所有高鐵相關設備總裝都將在美國完成。

不只有美國，還有泛亞鐵路。泛亞鐵路的構想最早出現於 1960 年，當時幾個亞洲國家對修建從新加坡到土耳其的鐵路進行了可行性研究，當時計劃的鐵路長度是 1.4 萬公里。從新加坡經孟加拉國、印度、巴基斯坦和伊朗，到達土耳其的伊斯坦布爾，最後延伸至歐洲及非洲。不過由於規模過於龐大，加上越戰等一系列地區衝突，給泛亞鐵路的推進製造了不可逾越的障礙。1995 年泛亞鐵路的概念，由馬來西亞總理馬哈蒂爾在東盟第五屆首腦會議上正式提出：即修建一條超越湄公河流域範圍，從馬來半島南端的新加坡，經馬來西亞，中南半島五國到中國昆明的「泛亞鐵路」倡議。這就是今天泛亞鐵路的概念。

2006 年 4 月，亞太經濟社會委員會第 62 屆大會在印度尼西亞舉行，《泛亞鐵路政府間協定》獲得通過。當年 11 月 10 日，泛亞鐵路涉及的 28 個國家中的 18 國在協定上正式簽字，使之具備了法律效力。

泛亞鐵路共包括四條鐵路。第一條叫北路，從德國經過俄羅斯西伯利亞鐵路到達朝鮮半島。第二條叫南路，從土耳其，經伊朗、巴基斯坦、印度、緬甸、泰國到中國雲南。第三條叫南北走廊，始於芬蘭赫爾辛基，連接北歐與波斯灣。第四條叫東盟通道，我們現在提起泛亞鐵路往往都是指這一條。

這條鐵路從新加坡往北經過馬來西亞到達泰國。從泰國到中國雲南則又包括三條線路，一條經過越南，被稱為東線；一條經過老撾，被稱為中線；一條經過緬甸，被稱為西線。

就在第七屆世界高鐵大會上，中國宣佈與泰國、老撾簽訂鐵路協議，建設中老鐵路與中泰鐵路，聯手推動「泛亞鐵路」中段建設落地，屆時從雲南昆明

可以坐火車經過中老鐵路、中泰鐵路，然後直達馬來西亞以至新加坡。出席本屆高鐵大會的老撾常務副總理宋沙瓦在開幕式的致辭中表示，中老已經達成協議，通過成立合資公司的形式，在 2011 年啟動中老鐵路建設。泰國第一副總理素貼則表示，中泰兩國正式達成高鐵建設計劃，未來從中國乘坐高鐵可直達泰國，以至新加坡。

實際上，中國已經構建了一個龐大的鐵路出口計劃。京津城際高鐵通車後，中國高鐵已經被奉為高鐵標竿，美國、俄羅斯等國均提出了借鑑或引進中國高鐵的意向。中國制訂的這個龐大計劃的核心是中國鐵道部，主要力量包括建設企業中國中鐵與中國鐵建，機車車輛企業中國南車與中國北車，信號企業中國通號等。為了更好地協調鐵路企業走出去，避免在此過程中出現中國人打中國人的惡性競爭，鐵道部先後成立了中美、中加、中俄、中巴、中南、中老、中泰、中柬、中緬、中伊、中土、中委、中吉烏、中波、中印等 16 個境外合作項目協調組，全面推動中國鐵路走出去項目的實施。全世界都已經感受到了中國鐵路咄咄逼人的氣勢。

當然，這只是第七屆高鐵大會的表面文章，而私下的溝通拜訪、閉門會議涉及的實質內容更是猛料十足。朝鮮也派出了自己的鐵路代表團，到中國的鐵路企業去參觀訪問。據統計，參加這次會議的各國部級高官就達 300 多位。那段時間，中國各大鐵路企業的門前都是車馬往來絡繹不絕。

在連續利好消息的刺激之下，中國鐵路上市公司的股票也紛紛攀上了歷史高峰，中國高鐵飛龍在天的姿態完美展現。

註釋

1. 中華人民共和國成立以來其他幾次重大鐵路交通事故包括：1981 年 7 月 9 日，成昆線尼日至烏斯河間的利子依達鐵路大橋被泥石流沖塌，正在通過的 442 次列車 2 台機車、1 輛行李車和 1 輛客車墜入大渡河內，造成 130 人失蹤和死亡，146 人受傷，

線路中斷 15 天。

1997 年 4 月 29 日，昆明開往鄭州的 324 次旅客列車，運行到京廣線榮家灣時，與停在該站長沙開往茶嶺的 818 次旅客列車相撞，造成乘務員和旅客死亡 126 人，重傷 45 人，輕傷 185 人。

1978 年 12 月 16 日南京開往西寧的 87 次列車在隴海線楊莊車站與西安開往徐州的 368 次列車攔腰相撞，造成旅客死亡 106 人，重傷 47 人，輕傷 171 人，客車報廢 3 輛，中斷行車 9 小時 30 分，被稱為震驚中外的「楊莊事故」。

1988 年 1 月 24 日，昆明開往上海的 80 次特快列車，運行至貴昆線且午至鄧家村間，由於列車顛覆，造成旅客及鐵路職工死亡 88 人，重傷 62 人，輕傷 140 人。

2. 陸婭楠，〈京津城際鐵路——中國高鐵中國造〉，《人民日報》，2008 年 9 月 3 日。

3. 王雄，《中國速度：中國高速鐵路發展紀實》，第 63 頁，外文出版社 2016 年 6 月版。

4.〈京滬高鐵項目節約 3 萬畝良田〉，新華社 2009 年 7 月 13 日電。

5. 陸婭楠，〈京津城際鐵路——中國高鐵中國造〉，《人民日報》，2008 年 9 月 3 日。

6. 吳昊，〈高鐵對經濟社會發展拉動作用凸顯〉，《人民鐵道》報，2010 年 7 月 31 日。

7.〈胡錦濤考察奧運交通乘動車組查看京津城際鐵路〉，中新社 2008 年 6 月 25 日電。

8. 相關報導詳見《人民鐵道》報。

9. 任鐵平，〈世界東方樹起的時代豐碑——京津城際鐵路通車一周年沉思錄〉，《人民鐵道》報，2009 年 8 月 1 日。

10. 王雄，《中國速度：中國高速鐵路發展紀實》，第 64 頁，外文出版社，2016 年 6 月版。

11. 齊中熙，〈新中長期鐵路網規劃將如何促進經濟社會發展〉，新華社 2008 年 11 月 27 日電。

12.〈中國高速列車自主創新重大項目通過驗收〉，科技部官方網站 2014 年 6 月 13 日。

13. 矯陽，〈「中國面孔」是這樣雕塑的〉，《科技日報》2011 年 10 月 22 日。

14. 矯陽，〈「中國面孔」是這樣雕塑的〉，《科技日報》2011 年 10 月 22 日。

15. 矯陽，〈「中國面孔」是這樣雕塑的〉，《科技日報》2011 年 10 月 22 日。

16. 趙小剛《與速度同行》，第 231 頁，中信出版社 2014 年 5 月版。

17. 齊中熙，〈世界設計時速最高的高寒動車組完成型式試驗〉，新華社 2012 年 5 月 29 日電。

18. 王雄，《中國速度：中國高速鐵路發展紀實》，第 71 頁，外文出版社，2016 年 6 月版。

19. 易發俊、王永杰，〈這是我一生最快樂的時刻──訪中國科學院院士、中國工程院院士沈志雲〉，《人民鐵道》報，2008 年 4 月 19 日。

20. 後來該站改名為棗莊站。

21. 莊紅韜、趙爽、于凱，〈第七屆世界高速鐵路大會在北京開幕〉，人民網 2010 年 12 月 7 日。

CRH2C 整裝待發

動車組生產製造車間

CRH380AL 創造 486.1 公里時速現場

CRH380A 頭型設計

CRH380 系列動車組。攝影魔光老徐

CRH380BL 掛綵出征

CRH380BG 在冰天雪地裡運行

CRH6 型城際動車組

cit500 高速列車在青島下線　　　　　　溫家寶總理宣佈京滬高鐵開工

CRH380A 新頭型亮相上海世博會

CRH380AL 出泰安鳳凰山隧道 2011

京廣高鐵首發的CRH380AL

第 7 屆世界高鐵大會

第九章　風雨飄搖

2011年2月6日，農曆大年初四，湖北省武漢動車基地，一個個子不高、頭頂微禿的男人正在講話。

這已經是他的連續第11天鐵路之旅，這位被媒體稱為從來不在家過春節的人，每到春運期間就興奮得像個孩子，大量時間都泡在火車上。1月27日，添乘京滬鐵路到京滬高鐵濟南西站工地；1月28日，添乘滬杭高鐵、滬寧城際高鐵，查看了上海虹橋站、杭州站、南京站；1月30日，添乘長吉城際鐵路，查看了龍嘉站、吉林站、長春站；2月1日，到西安出席全路春運電視電話會議，然後添乘鄭西高鐵到鄭州站、鄭州東站檢查；2月2日，在海南檢查海南東環線高速鐵路；2月3日，到成都考察成都地鐵1號線，成都至都江堰鐵路，考察成都東站；2月4日，連續8小時添乘，檢查達成鐵路、達萬鐵路和宜萬鐵路；2月5日，到廣州，添乘廣珠城際，檢查廣州南站、珠海北站、廣州東站和廣州站；2月6日，添乘武廣高鐵由廣州到武漢，然後到武漢動車基地調研，並看望節日期間堅守崗位的幹部職工。

此時，他站在武漢動車基地，看著下面節日期間仍舊堅守在崗位的黑壓壓的職工，他深受觸動，飽含感情地說：

高鐵是國家的名片，我們要認清，從事中國高鐵事業肩負著中華民族偉大復興的歷史使命，肩負著工業化進程中現代化的歷史使命，肩負著中國鐵路發展事業的歷史使命。我們的高鐵快速發展，是在為提升整個國家的裝備水平服務，是在為基礎工業現代化服務。要教育每一名職工，對每一名進入高鐵的職工都要講入門第一課，講使命感、責任感，還要講事故案例，講「4‧28」、「7‧29」（編者註：應該是口誤，當為「6‧29」，具體是指 2009 年 6 月 29日發生的郴州事故）等事故是怎麼造成的。要設法讓職工理解，我們肩負著中華民族偉大復興的理想和抱負，要增強安全責任意識。只有理解了、增強了，才能做到敬業愛崗，才能在每一個崗位上珍惜我們來之不易的發展局面。現在發展到這個程度，社會上是有疑問的，有的人說發展過快了、速度過高了、規模過大了，還有人說我們在「洋躍進」，國外也有一些聲音，有些日本人、法國人或德國人心裡不服氣，貶低我們的管理。這些都不要左右我們的思維，我們要集中精力把自己的事情做好，就是要確保每一列車上線運行是絕對安全可靠的，用可靠的質量、用絕對的安全來回應社會的質疑。

無論是工廠的同志還是運營的同志始終要圍繞「安全」這個核心。我們講高速列車是陸地航班，其概念是什麼？就是要絕對萬無一失。陸地航班的概念就是絕對萬無一失的，上線的高速列車就是要比照衛星上天、比照空中的飛機，衛星和飛機發生故障能「停車」嗎？列車司機就是要集中精力開車，不要擔當機械師角色，就是說車一旦上線就不能有故障，動車組在一定運行時間內、一定運行里程內、壽命周期內是絕對安全可靠的。為什麼要把基地主任配成副局級，也是為了增強管理責任。責任的具體體現，就是要牢記「不懈怠」，一旦我們懈怠了，出現了問題，毀的是什麼？是整個事業，所有的在建規模都會停止，影響中國鐵路發展、影響民族復興偉業、影響黨的執政形象。

我們要吸取協和飛機被迫進入博物館、德國 ICE 降速導致發展停頓的教訓。高鐵每增開一條線，我們就會多一份責任。現在里程已經達到 8000 多公里，到 2012 年是 15000 多公里，在這個過程中，我們如果要享受事業的成就感，就必須承受巨大的責任感，如果不把自己的事情做好，安全出了問題，那後果是災難性的。

他就是時任鐵道部部長劉志軍。

一語成讖。

5 天後，2 月 11 日夜，劉志軍在位於復興路 10 號的鐵道部大院被執法部門帶走。2 月 12 日，新華社發佈新聞通稿：經中央紀委有關負責人證實，鐵道部黨組書記、部長劉志軍涉嫌嚴重違紀，目前正接受組織調查。此後，北京市第二中級人民法院對劉志軍案作出判決：對劉志軍因受賄 6460 萬餘元以受賄罪判處死刑，緩期二年執行，剝奪政治權利終身，並處沒收個人全部財產；以濫用職權罪判處有期徒刑十年；數罪並罰，決定執行死刑，緩期二年執行，剝奪政治權利終身，並處沒收個人全部財產。

風暴正式來臨。鐵道部主要領導的經濟腐敗案件讓中國高鐵的發展處於風雨飄搖之中。

3 月新一屆鐵道部領導班子開始醞釀降速。4 月中國高鐵將降速的消息開始在民間流傳。

6 月 30 日設計時速 380 公里的京滬高鐵按照時速 300 公里開通運營。中國高鐵降速之路正式開啟。

7 月 1 日，武廣高鐵、鄭西高鐵、滬寧城際高鐵降速至時速 300 公里運營。高鐵降速時代全面來臨。

但，更黑暗的時刻還在前頭等著中國高鐵。

22 天後，7 月 23 日，震驚中外的甬溫線動車事故發生，事故造成 40 人死亡，172 人受傷。事故讓中國高鐵發展跌入低谷。此後中國開展了史無前例的

高鐵大檢查。

8月開始，中國所有在建高鐵項目一律停工，所有新建高鐵項目一律停止審批，所有在運營高鐵項目一律降速。此後中西部建設項目一律降低標準進行建設，已經開工的大西高鐵、蘭新高鐵，儘管路基工程均是按照時速350公里標準建設，但路軌鋪設時限制為時速250公里；正在可研設計階段的西成高鐵、寶蘭高鐵一律降標至時速250公里。

此時，金融機構又開始停止向鐵道部發放貸款，數百萬農民工、高鐵建設者失業返鄉。

中國高鐵事業走到了懸崖邊緣。

降速之路

劉志軍因嚴重違紀問題被「雙規」後，盛光祖臨危受命，成為中國高鐵發展新的領路人。2011年2月12日，新華社發佈新聞通稿：據中組部有關負責人證實，鐵道部部長、黨組書記劉志軍涉嫌嚴重違紀，中共中央已決定免去其黨組書記職務。同時，中央已任命盛光祖為鐵道部黨組書記。

盛光祖上任後開始對中國高鐵的狂飆發展踩剎車。2011年3月5日，剛剛上任不久的盛光祖在列席全國人大寧夏代表團審議時發言談道：「寧夏把擬建的鐵路速度預定時速設定為200公里是合理的，安全把握較大，票價不太高，老百姓能接受，乘坐也比較舒適。此前，一些中西部省份也曾希望修建時速350公里的高鐵，要求與東部地區享受同等旅行速度。我認為，還是一切從實際情況出發為好。」[1]這是鐵道部領導人首次公開表露要降低高鐵建設標準。

當時中國鐵路面臨的問題是因為此前的大規模路網建設導致的巨額債務負擔，盛光祖接任時，鐵道部的債務總額已經突破了2萬億元，每年還本付息的壓力很大。所以盛光祖上台後針對高鐵建設採取了兩項重要措施，第一是壓減建設規模，第二是降低建設標準。他提出的思路叫「保在建、上必須、重配

套」[2]。已經在建的東部地區高鐵，如京滬、哈大、京石、石武、廣深、津秦、寧杭等高鐵線路的建設標準基本未受影響，只是建設的速度慢了下來。但是中西部高鐵線路則受到了較大的衝擊。據《人民鐵道》報社社長王雄所著的《中國速度》記述，連接武漢至宜昌的漢宜城際鐵路是「四縱四橫」滬漢蓉通道的重要組成部分，很快該線路的施工單位接到通知，要求把建設時速標準從時速250公里下調至時速200公里。此後，包括西安至成都、寶雞至蘭州等多條原先規劃時速350公里的西部幹線高速鐵路被降低標準，按照時速250公里施工建設。

由於上述鐵路當時並未開工，所以受到的衝擊並不是最大的。真正受到重大衝擊的是正在建設的中西部高鐵線路，包括大同至西安高鐵與蘭州至烏魯木齊高鐵。這兩條高鐵線路均按照時速350公里標準設計，最小曲線半徑7000公尺，線間距5公尺，與京滬高鐵標準等同。此時，兩條高鐵均已完成了大部分路基施工工作，被強行要求修改標準，在路軌鋪設時將曲線超高標準限制為時速250公里。這種臨時降標不僅不能節約成本，而且造成了巨大的浪費，也基本堵塞了未來的提速之路，引起了巨大的爭議。

對於已經開通運營的高鐵線路，盛光祖的思路是調整運營速度。他從高鐵運營效率的角度出發認為，時速300公里的動車組與時速250公里的動車組混跑，效率要高於時速350公里的動車組與時速250公里的動車組的混跑。所以提出了「套跑」思路，計劃將時速350公里的高速鐵路降速至時速300公里運營。

2011年3月底的一次鐵道部高層會議上，鐵道部作出了高鐵運營速度調整的決定，決定將中國高鐵的最高運營時速從380公里（即將開通尚未開通的京滬高鐵）下調到300公里。[3]4月12日，盛光祖在接受《人民日報》記者專訪時，宣佈了高鐵調整速度的消息。盛光祖說，即將開通運營的京滬高鐵，為了適應不同旅客的需求，安排開行時速300公里和時速250公里兩個速度等級

的列車，實行兩種票價。他解釋說：「在設計時速 350 公里的線路上開行時速 300 公里的列車，有更大的安全冗餘，同時也使得票價在符合市場規律上有更大的浮動空間。」[4]

《人民日報》的這次專訪非常重要，我們可以從中看到盛光祖對於中國高鐵發展的整個思路。首先就是盡可能地提供多樣化的產品，盡可能地增加鐵路運輸收入。除了提出在設計時速 350 公里的高鐵上套跑時速 300 公里與時速 250 公里的動車組列車外，他還提出在時速 200～250 公里的高速鐵路上套跑時速 200～250 公里的動車組與時速 120～160 公里的普通旅客列車。

2011 年 4 月 23 日，在全路電視電話會議上，盛光祖向全路幹部職工講解了他所倡導的調速與套跑的思路。儘管全篇講話中沒有提到降速二字，但鐵路幹部職工正是通過這一方式，接受了中國高鐵將要慢下來的事實。[5]

中國高鐵降速是從 6 月 30 日開始的，當天京滬高鐵正式開通運營，最高運營速度由最初計劃的時速 380 公里降低到時速 300 公里。當天溫家寶總理、張德江副總理在盛光祖的陪同下來到北京南站。站台旁停著的是一列嶄新的 CRH380BL 型高速列車，溫家寶來到駕駛室，坐在駕駛座位上的是北京機務段動車組指導司機李東曉，溫家寶握著李東曉的手說：「我們見過面。」14 時 59 分，李東曉敬禮後報告說：「G1 次列車發車準備就緒。」15 時整，盛光祖下達了發車指令。

事實上，京滬高鐵並沒有開一個好頭。7 月 10 日，山東境內的一場雷暴雨使京滬高鐵遭遇了開通以來首次較大故障——雷暴雨導致接觸網短路並致使 12 趟高鐵列車晚點，其中 G151 次晚點時間將近 3 小時。由於停電，空調無法運行，車廂內悶熱不已，引發媒體大面積批評報導。兩天後，7 月 12 日，京滬高鐵宿州附近再次發生供電設備故障，造成部分列車晚點。一天後，7 月 13 日，上海虹橋開往北京南站的 G114 次列車，運行至鎮江南站附近時突發故障，鐵路部門啟用了熱備車底，組織旅客換乘繼續運行，列車晚點 2 小時 44 分鐘。

　　京滬高鐵開通初期的三起故障，主要原因是供電線路故障。關於深層次的原因則是眾說紛紜，莫衷一是。有人說京滬高鐵原本計劃 10 月開通，提前到 6 月 30 日開通有些倉促。[6] 有人說京滬高鐵原先設計有風屏障，後來因降標的原因被拆除，導致供電設施很容易被大風破壞。[7] 也有人說京滬高鐵降標後取消了防雷饋線，並延遲投入使用備份供電也是重要原因。也有人說，劉志軍被抓後，系統內人心惶惶，很多人無心抓工作，導致安全工作有所放鬆。總之，作為備受矚目的明星線路，京滬高鐵開通初期發生的 3 起故障，引來了社會媒體的廣泛批評，鐵路部門被迫連續出面道歉，承受了巨大的壓力。

　　京滬高鐵降速開通運營後，中國高鐵降速之路也正式開啟，7 月 1 日，鐵道部調整鐵路運行圖，武廣高鐵、鄭西高鐵、滬寧城際高鐵最高運營速度由時速 350 公里降至 300 公里，開始時速 300 公里動車組與時速 250 公里動車組的混跑，同時票價也相應地下調了 5% 左右。滬杭高鐵、京津城際高鐵則暫時維持了時速 350 公里的運營速度。

　　中國高鐵的降速本是以安全的名義，不久卻有一場空前的災難在前頭等著中國高鐵。當然，二者並沒有必然的因果邏輯關係，但主要領導的腐敗案件、標竿線路的降速運營以及隨後發生的甬溫線動車事故，卻注定讓 2011 年成為中國高鐵的劫難年。

　　除提供多樣化的高速列車客運產品外，盛光祖還推動鐵路客運改革，推出了火車購票實名制與互聯網售票。購票實名制有效地打擊了票販子囤積車票的行為，保證了旅客購票的公平性；互聯網售票則極大地方便了廣大旅客乘車出行。這兩項制度大幅提升了鐵路客運服務水平，廣受好評。

　　據王雄《中國速度》記載，2011 年春節剛剛走馬上任的鐵道部部長盛光祖在調研期間發現，全國許多車站都存在排長隊買票的情況，很多車站還搭起了臨時售票房，旅客們通宵達旦地排隊購票。有些人排了一個通宵，好不容易排到窗口，車票卻被票販子買走了。票販子採取不正當手段，囤積車票，高價

拋售，極少數鐵路內部員工以票謀私，中飽私囊，導致廣大旅客怨聲載道。盛光祖在調研的基礎上決定推出火車購票實名制以打擊票販子，並推出互聯網售票以方便廣大乘客。

其實火車實名制購票的動議很久以前就有了，早在 2009 年春運期間就在部分車站試行過。由於鐵路支付成本高、人力緊張等原因，實名制售票一直處於試行中。盛光祖上任後，主持召開會議，經過認真調研分析，認為工作理念問題和工作態度問題是首要原因，怕麻煩、圖省事是關鍵問題，要求認真分析現有實名制售票工作的基礎和開展的條件，統一思想，全面實行售票實名制，並分步推出互聯網售票。

2011 年 6 月 1 日，全國動車組列車開始實行實名制購票政策，到 2012 年元旦，購票實名制開始在全國所有旅客列車推廣實行。

互聯網售票政策也始於 2011 年夏天。6 月 12 日，12306 客服網售出第一張高鐵電子客票——北京南站至天津站，標誌著中國高鐵網上售票業務正式開通運行。大約半個月後，在京滬高鐵開通運營前夕，12306 網站開始對外發售京滬高鐵車票。到 9 月底，全國高鐵及動車組列車全部實現了互聯網售票。到年底，所有的鐵路旅客列車均實現了網絡售票。鐵道部在全國較大車站安裝了大量自動售（取）票機，為網上購票的旅客提供自助換取紙質車票服務。同時，鐵道部還改造了高鐵自動檢票機，加裝了身份證識讀模組，支持在互聯網使用身份證購票的旅客不換票直接憑身份證過閘乘車。

此外，為了穩定員工隊伍，盛光祖還大幅提升了一線鐵路職工待遇，因此在鐵路系統內深受愛戴。

災難來臨

2011 年 7 月 23 日 20 時 30 分 05 秒，是中國高鐵史上最黑暗的時刻，甬溫線浙江省溫州市境內，由北京南站開往福州站的 D301 次列車與杭州站開往

福州南站的 D3115 次列車，發生列車追撞事故，導致 D301 次列車第 1 節到第 5 節車輛脫軌，其中第 2 節、第 3 節車廂從高架橋上墜落，第 4 節車廂懸掛在高架橋上，D3115 次列車第 15 節、第 16 節車廂受損嚴重。這次事故造成 40 人（包括 3 名外籍人士）死亡，172 人受傷，這就是震驚中外的「7‧23 甬溫線特別重大鐵路交通事故」。

事故是怎麼發生的呢？2011 年 12 月 28 日，中國國務院「7‧23 甬溫線特別重大鐵路交通事故調查組」正式發佈了《7‧23 甬溫線特別重大鐵路交通事故調查報告》[8]。《報告》全文 4 萬字左右，下面我將《報告》還原事故發生過程的部分做了一下摘錄，共分為兩個部分，第一個部分是雷擊導致信號損害與維修情況；第二部分是動車運行及發生事故的情況。

（一）雷擊導致信號損害與維修情況

2011 年 7 月 23 日 19 時 30 分左右，雷擊溫州南站沿線鐵路牽引供電接觸網或附近大地，通過大地的阻性耦合或空間感性耦合在信號電纜上產生浪湧電壓，在多次雷擊浪湧電壓和直流電流共同作用下，LKD2-T1 型列控中心設備採集驅動單元採集電路電源回路中的保險管 F2（以下簡稱列控中心保險管 F2，額定值 250 伏、5 安）熔斷。熔斷前溫州南站列控中心管轄區間的軌道無車佔用，因溫州南站列控中心設備的嚴重缺陷，導致後續時段實際有車佔用時，列控中心設備仍按照熔斷前無車佔用狀態進行控制輸出，致使溫州南站列控中心設備控制的區間信號機錯誤升級保持綠燈狀態。

雷擊還造成軌道電路與列控中心信號傳輸的 CAN 總線阻抗下降，使 5829AG 軌道電路與列控中心的通信出現故障，造成 5829AG 軌道電路發碼異常，在無碼、檢測碼、綠黃碼間無規律變化，在溫州南站計算機聯鎖終端顯示永嘉站至溫州南站下行線三接近（以下簡稱下行三接近，即 5829AG 區段）「紅光帶」。

19 時 39 分，溫州南站車站值班員臧凱看到「紅光帶」故障後，立即通過

電話向上海鐵路局調度所列車調度員張華匯報了「紅光帶」故障情況，並通知電務、工務人員檢查維修。甌海信號工區溫州南站電務應急值守人員滕安賜接到故障通知後，於 19 時 40 分趕到行車室，確認設備故障屬實後，在《行車設備檢查登記簿》（運統 -46）上登記，並立即向杭州電務段安全生產指揮中心進行了匯報。

19 時 45 分左右，滕安賜進入機械室，發現 6 號移頻櫃有數個軌道電路出現報警紅燈。

19 時 55 分左右，接到通知的溫州電務車間工程師陳旭軍、車間黨支部書記王曉、預備工班長丁良余 3 人到達溫州南站機械室，陳旭軍問滕安賜：「登記好了沒有？」滕安賜說：「好了。」陳旭軍要求滕安賜擔任駐站聯絡，隨即與王曉、丁良余進入機械室檢查，發現移頻櫃內軌道電路大面積出現報警紅燈（經調查，共 15 個軌道電路發送器、3 個接收器及 1 個衰耗器指示燈出現報警紅燈），陳旭軍即用 1 個備用發送器及 1 個無故障的主備發送器中的備用發送器替代 S1LQG 及 5829AG 兩個主備發送器均亮紅燈的軌道電路的備用發送器，採用單套設備先行恢復。

20 時 15 分左右，陳旭軍通過詢問在行車室內的滕安賜，得知「紅光帶」已消除，即叫滕安賜準備銷記。滕安賜正準備銷記，此時 5829AG「紅光帶」再次出現，王曉立即通知滕安賜不要銷記。陳旭軍將 5829AG 發送器取下重新安裝，工作燈點綠燈。隨後，杭州電務段調度員沈華庚來電話讓陳旭軍檢查一下其他設備。陳旭軍來到微機房，發現列控中心軌道電路接口單元右側最後兩塊通信板工作指示燈亮紅燈，便取下這兩塊板，同時取下右側第三塊的備用板插在第二塊板位置，此時其工作指示燈仍亮紅燈。陳旭軍立即（20 時 34 分左右）向 DMIS（調度指揮管理信息系統）工區詢問了可能的原因後，便回到機械室取下三個工作燈亮紅燈的接收器。此時列控中心軌道電路接口單元右側第二塊通信板工作指示燈亮綠燈，陳旭軍隨即將拆下來的兩塊通信板恢復到兩個

空位置上，然後通信板工作指示燈亮綠燈。陳旭軍在微機室繼續觀察。

至事故發生時，杭州電務段甌海工區電務人員未對溫州南站至甌海站上行線和永嘉站至溫州南站下行線故障處理情況進行銷記。

20 時 03 分，溫州南站線路工區工長袁建軍在接到關於下行三接近「紅光帶」的通知後，帶領 6 名職工打開杭深線下行 584 公里 300 公尺處的護網通道門並上道檢查。20 時 30 分，經工務檢查人員檢查確認工務設備正常後，溫州南站工務工區駐站聯絡員孔繁榮在《行車設備檢查登記簿》(運統 -46) 上進行了銷記：「溫州南至甌海間上行線，永嘉至溫州南下行線經工務人員徒步檢查，工務設備良好，交付使用。」

（二）動車運行及發生事故的情況

19 時 51 分，D3115 次列車進永嘉站 3 道停車（正點應當為 19 時 47 分到，晚點 4 分鐘），正常辦理客運業務。

19 時 54 分，張華發現調度所調度集中終端（CTC）顯示與現場實際狀態不一致（溫州南站下行三接近在溫州南站計算機聯鎖終端顯示「紅光帶」，但調度所 CTC 沒有顯示「紅光帶」），即按規定佈置永嘉站、溫州南站、甌海站將分散自律控制模式轉為非常站控模式。

20 時 09 分，上海鐵路局調度所助理調度員楊向明通知 D3115 次列車司機何櫨：「溫州南站下行三接近有『紅光帶』，通過信號沒辦法開放，有可能機車信號接收白燈，停車後轉目視行車模式繼續行車。」

司機又向張華進行了確認。

20 時 12 分，D301 次列車永嘉站 1 道停車等信號（正點應當為 19 時 36 分通過，晚點 36 分鐘）。

永嘉站至溫州南站共 15.563 公里，其中永嘉站至 5829AG 長 11.9 公里，5829AG 長 750 公尺，5829AG 至溫州南站長 2.913 公里。

20 時 14 分 58 秒，D3115 次列車從永嘉站開車。

20 時 17 分 01 秒，張華通知 D3115 次列車司機：「在區間遇紅燈即轉為

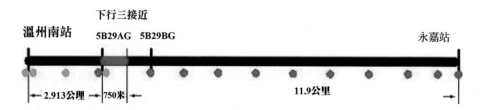

目視行車模式後以低於 20 公里／時速度前進。」

20 時 21 分 22 秒，D3115 次列車運行到 583 公里 834 公尺處（車頭所在位置，下同）。因 5829AG 軌道電路故障，觸發列車超速防護系統自動制動功能，列車制動滑行，於 20 時 21 分 46 秒停於 584 公里 115 公尺處。

20 時 21 分 46 秒至 20 時 28 分 49 秒，因軌道電路發碼異常，D3115 次列車司機三次轉目視行車模式起車沒有成功。

20 時 22 分 22 秒至 20 時 27 分 57 秒，D3115 次列車司機 6 次呼叫列車調度員、溫州南站值班員 3 次呼叫 D3115 次列車司機，均未成功（經調查，20 時 17 分至 20 時 24 分，張華在 D3115 次列車發出之後至 D301 次列車發出之前，確認了沿線其他車站設備情況，再次確認了溫州南站設備情況，瞭解了上行 D3212 次列車運行情況，接發了 8 趟列車）。

20 時 24 分 25 秒，在永嘉站到溫州南站間自動閉塞行車方式未改變、永嘉站信號正常、符合自動閉塞區間列車追蹤放行條件的情況下，張華按規定命令 D301 次列車從永嘉站出發，駛向溫州南站。

20 時 26 分 12 秒，張華問臧凱 D3115 次列車運行情況，臧凱回答說：「D3115 次列車走到三接近區段了，但聯繫不上 D3115 次列車司機，再繼續聯繫。」

20 時 27 分 57 秒，臧凱呼叫 D3115 次列車司機並通話，司機報告：「已行至距溫州南站兩個閉塞分區前面的區段，因機車綜合無線通信設備沒有信號，跟列車調度員一直聯繫不上，加之軌道電路信號異常跳變，轉目視行車模

式不成功，將再次向列車調度員聯繫報告。」臧凱回答：「知道了。」20 時
28 分 42 秒通話結束。

20 時 28 分 43 秒至 28 分 51 秒、28 分 54 秒至 29 分 02 秒，D3115 次列車
司機兩次呼叫列車調度員不成功。

20 時 29 分 26 秒，在停留 7 分 40 秒後，D3115 次列車成功轉為目視行車
模式啟動運行。

20 時 29 分 32 秒，D301 次列車運行到 582 公里 497 公尺處，溫州南站技
教員幺曉強呼叫 D301 次列車司機並通話：「動車 301 你注意運行，區間有車
啊，區間有 3115 啊，你現在注意運行啊，好不好啊？現在設備（通話未完即
中斷）。」

此時，D301 次列車進入軌道電路發生故障的 5829AG 軌道區段（經調查
確認，司機採取了緊急制動措施）。20 時 30 分 05 秒，D301 次列車在 583 公
里 831 公尺處以 99 公里／時的速度與以 16 公里／時速度前行的 D3115 次列
車發生追撞。

事故造成 D3115 次列車第 15、16 位車輛脫軌，D301 次列車第 1 至 5 位
車輛脫軌（其中第 2、3 位車輛墜落甌江特大橋下，第 4 位車輛懸空，第 1 位

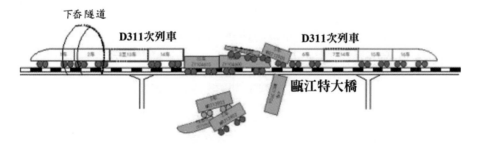

車輛除走行部之外車頭及車體散落橋下；第 1 位車輛走行部壓在 D3115 次列
車第 16 位車輛前半部，第 5 位車輛部分壓在 D3115 次列車第 16 位車輛後半
部），動車組車輛報廢 7 輛、大破 2 輛、中破 5 輛、輕微小破 15 輛，事故路

段接觸網塌網損壞、中斷上下行線行車 32 小時 35 分，造成 40 人死亡、172 人受傷。

《報告》很好地還原了當時發生的每一分每一秒的過程，我相信讀完《報告》之後，任何人對整個事故都會有一個清醒的認識。這裡做一個簡單的歸

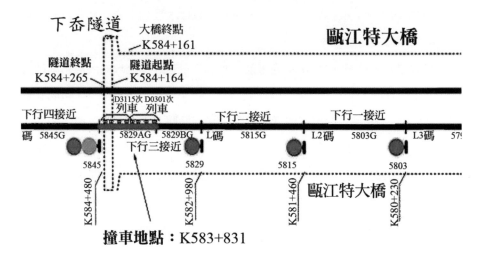

納，首先 7 月 23 日晚上，甬溫線溫州境內出現了密集的雷擊情況，19 時 30 分，頻繁的雷擊導致了信號系統（包括列控系統）出現了故障；19 時 39 分，故障被發現並通知人維修；19 時 54 分，轉為人工調度模式（非常站控模式），20 時 30 分 05 秒，D301 次列車以時速 99 公里與前面以時速 16 公里運行的 D3115 次列車發生了追撞。

信號系統有沒有問題？有，毫無疑問雷擊導致信號系統故障是甬溫線事故發生的重要原因。但是需要指出的是，這個世界上本就沒有不壞的設備，何況是在如此高強度的雷擊情況下。如果信號系統壞掉了，導致高速列車接收了錯誤的信息，那毫無疑問信號系統要負全責。但是在甬溫線動車事故中，信號系統故障並不必然導致追撞事故的發生，從信號系統故障被發現啟動人工調度模式，到列車追撞事故發生中間有 36 分鐘的時間。信號系統壞掉了，啟動人工

調度指揮了，36分鐘後發生追撞事故了，你說是信號系統故障導致追撞，這在邏輯上是無論如何也講不通的。所以有人說甬溫線動車事故是技術導致的，但這是一個顯而易見的調度事故。

千夫所指

甬溫線動車事故像一場大地震，接著又引發了媒體界的海嘯，事故後發生的事情對中國形成的影響一點也不亞於事件本身，它像狂風掃落葉一樣橫掃一切，由對事故的質疑演變為對整個中國高鐵事業的質疑，又由對中國高鐵的質疑演變為對中國發展模式的質疑，並最終指向中國的體制。特別是在一些媒體與微博大V的帶動下，人們憤怒的情緒超越了理智。

毫無疑問，甬溫線動車事故是一起特別重大的鐵路交通事故，40個鮮活的生命永遠無法抵達他們的終點了，172人的身體或重或輕地受到了傷害，很多傷害終身無法撫平。其實就在甬溫線交通事故的前一天，7月22日凌晨3時43分，京珠高速公路河南省信陽市境內發生一起特別重大臥鋪客車燃燒事故，造成41人死亡[9]，這次事故的影響與甬溫線動車事故在輿論界的影響相比，幾乎像沒有發生過一樣。就鐵路交通領域而言，3年前的2008年4月28日膠濟鐵路事故，造成72人死亡、416人受傷，傷亡人數也是遠遠超過甬溫線動車事故，但是就影響而言也遠遠無法與甬溫線動車事故相提並論。

甬溫線動車事故之所以能夠產生如此超常規的影響力，其原因是多方面的。就特殊的行業背景而言，高鐵是個明星產品，作為國家名片受關注度非常高，任何與高鐵有關的事件都會很自然地產生放大效應。此外，高鐵本身是一個安全係數極高的交通產品，是人類有史以來最安全的交通模式，出現安全事故的概率極低。也正是因為概率低，所以一旦出現就是個大新聞，這也符合新聞的稀有性原則。另外一個因素是中國高鐵此前的發展太成功、太高調了，它的成功讓它在中國眾多行業中顯得格格不入、與眾不同。當然，中國高鐵高調

的成功與死亡事故形成的巨大落差才是根本原因，這個落差越大，產生的衝擊效果就越猛烈，這是符合客觀規律的。

更為關鍵的是，在危機應對方面，鐵道部出現了重大失誤。

首先是沒有做好新媒體時代危機應對的心理準備，沒能夠及時平息謠言。甬溫線動車事故發生的時間正是以微博為代表的自媒體興起的窗口期，這次事故是微博興起後掀起的第一次超級輿論海嘯。據統計，事故發生幾天內，網友發佈的與甬溫線動車事故有關的微博就達到了驚人的 5 億條。而此時的鐵道部，幾乎沒有任何心理準備，更沒有任何新媒體危機應對能力。毫無疑問，微博的興起是中國公民社會進步的象徵，在甬溫線動車事故的救援中也發揮了重要作用。事故發生 4 分鐘後，車廂內的乘客「袁小芃」發出第一條消息：「D301 在溫州出事了，突然緊急停車了，有很強烈的撞擊。還撞了兩次！全部停電了！！！我在最後一節車廂。保佑沒事！！現在太恐怖了！！」20 時 47 分，事故發生 13 分鐘後，網友「羊圈圈羊」發出第一條求助微博，轉發突破 10 萬次，2 小時後該網友獲救。事故發生 2 小時後，新浪微博上發佈獻血號召，上千名微博網友前往血站獻血，網友「yaoyaosz」發佈的血站現場照片轉發突破 10 萬。看到微博上的獻血倡議後，溫州甌海市民朱玲玲第一個趕到溫州中心血站，在獻了 400 毫升血後，她留下來，當起了志願者；20 歲的柳成偉在微博上看到血站缺血的消息後，迅速和朋友一起趕到了現場。他說，獻血者非常多，血站人員不足，每個人都在現場默默地排隊等待。「我從凌晨 1 點多一直等到凌晨 6 點多，才獻上了血。」

微博在帶來正能量的同時也產生了巨大的負面效應。一是導致大量熱心的非專業救援人士聚攏到現場，還有圍觀人群，包括有人駕駛直升機到現場去航拍，有人駕駛動力傘到現場航拍，這些人群客觀上給專業救援帶來了障礙。二是產生了大量的謠言，可以說打敗鐵道部，打敗中國高鐵的正是一個又一個的謠言，包括埋車頭謠言，停止救援謠言，以及後來的外籍人士賠償 3000 萬歐

元謠言。一個又一個謠言出現，而鐵道部沒能及時作出合理的澄清，讓鐵道部的形象、中國高鐵的形象在謠言的攻擊下轟然倒塌。如果當時的鐵道部擁有熟練的新媒體運用能力，能夠迅速地收集網絡輿情並及時作出澄清，必然能夠讓謠言停止。但當時的事實是，鐵道部不具備這種能力，也沒能很好地收集相關信息，只能任由謠言在媒體上橫飛。

其次，他們召開了一場失敗的發佈會。事故發生 26 小時後，鐵道部召開了事故的第一場新聞發佈會，很遺憾是一場失敗的發佈會，不但準備非常不充分，而且草率地回答了許多本不應該回答的問題。當時王勇平是被強行推到前線的，剛剛下飛機，工作人員遞給了他一份事故救援的有關說明，然後他拿著這份說明材料，就直奔發佈會現場了。他對事故救援的情況掌握得並不充分，所以他才會說：「目前他（指救援人員）的解釋理由是這樣，至於你信不信，反正我信了。」王勇平是一個非常敬業的新聞發言人，在他新聞發言人生涯的大部分時間裡，他都表現得非常出色。但在這次史無前例的輿論海嘯中，他翻船了。現在回過頭來看，他在這次事件中是有不少瑕疵的。他本應該掌握更全面的信息，畢竟事故已經發生 26 個小時了，畢竟他是鐵道部的新聞發言人，有自己的專業團隊，畢竟是這麼大的事件，在事故發生的第一時間就應該調動一切資源掌握最全面的動態與信息。在其位謀其政，我想對於一個鐵道部的發言人而言這並不是一個很苛刻的要求，但是顯然王勇平沒有做到這一點。再者，不應該在媒體的逼迫式發問中說過於情緒化的話語。當天晚上場景確實嚇人，媒體記者的表現也並不專業，過於壓迫式的提問已經接近吵架而不是理性思考，可以想見王勇平當時心理承受著多麼大的壓力。而且王勇平本就是臨時被推到新聞發佈會前線的，最初決定擔任主發言人的並不是他。但這都不能成為一個新聞發言人發表情緒化語言的藉口。於是，「至於你信不信，反正我信了」，「這只能說是生命的奇蹟」這樣的「勇平體」金句就在這次新聞發佈會上誕生了，經過媒體的廣泛傳播，成為激怒人們情緒的催化劑，中國高鐵的形

象雪上加霜。

再次，鐵道部主要領導遲遲不能現身媒體一線救援報導的鏡頭，並被傳言下榻五星級酒店也起到了推波助瀾的作用。在央視鏡頭裡，只聽現場記者解說部長到了，但一個鏡頭都沒有。在重災面前，領導人在現場往往能夠起到穩定人心、平息謠言的作用。汶川地震中，中國共產黨和國家領導人在災難現場參與搶險、救援的畫面，深深地感動了中國和世界，並將永遠地存在公眾記憶裡。

還有一個重要的因素也不能不提，那就是境內外一些別有用心人士的惡意操縱，以及微博大 V 有意或者無意地炒作。

在關於甬溫線動車事故的重要謠言中，有些是媒體記者在不掌握全部情況下的斷章取義與揣測，有些則是刻意造謠與惡意詆毀。關於埋車頭以及鐵道部宣佈停止救援的謠言屬於前者，而境內人士與境外人士賠償標準有別，境外人士賠償金額達 3000 萬歐元則屬於後者。關於埋車頭事件，本意是為了加快救援。研究一下事故救援現場我們就會發現，救援現場是農田，剛剛下過雨，地質鬆軟，土地泥濘，而落在地上的長度超過 25 公尺的動車組車廂又恰好佔據了吊車所應該在的位置，旁邊又是一個水塘，如果將那節車廂埋在水塘裡，不但能夠將吊車的位置清理出來，而且堅固的動車組車身還能夠為吊車提供堅固的地基支撐。如果單純從救援的角度來看，其實這是一個上佳的方案。後來，這個方案被制止後是如何操作的呢？首先，使用挖掘機用滾動的方法將落地的車廂滾動到旁邊去，然後調集運輸車輛運來小石子，用混凝土加固地基，然後讓吊車到達位置開始對橋上的車輛進行救援。中間耽誤了多少時間呢？查中國國務院調查組的報告可知，動議埋車頭的時間是 7 月 24 日凌晨 5 時 30 分，而兩台 300 噸吊車就位，開始對橋上車體吊移施救的時間是 14 時 50 分，到 15時 10 分 D3115 次列車第 15 號車廂被吊至橋下。中間耽誤了多少時間？9 時20 分鐘！但是媒體惡意揣測，埋車頭是為了掩蓋證據。也有人說是為了保護現場？但在當時沒有人給出精確的解釋，只是一句「至於你信不信，反正我信

了」，讓人們憤怒的情緒被點燃。人們寧可相信鐵道部就是在試圖掩埋證據。至於鐵道部宣佈停止救援，更是媒體對採訪當事人意思的斷章取義與曲解，中國國務院調查組通過調出採訪錄像證實，當時採訪人員說的是橋下救援情況已經結束，而不是指總體救援情況，而媒體卻紛紛發出了鐵道部停止事故現場救援的報導。當時橋上救援工作仍舊在繼續，後來被搜救出來的「小伊伊」正是在橋上的車廂中。

而故意造謠甬溫線動車事故賠償中外有別，意大利籍人士獲 3000 萬歐元賠償的「秦火火」，則是純粹的無中生有的造謠賺取經濟利益，後來被北京市朝陽區人民法院依法判處有期徒刑 3 年。

上面所說的是三個有代表性的例子，至於借甬溫線動車事故否定中國高鐵發展，並藉機攻擊中國體制的網絡大 V 那就多了去了。

甬溫線動車事故是一個開端，開啟了中國高鐵「過街老鼠人人喊打」的時代，從此一出現與中國高鐵有關的謠言就特別有市場。有些媒體拍攝了某些特殊時段的個別空座率特別高的車廂，就說中國高鐵是幽靈車廂，整天空著來回跑，是運椅子專列，意圖說明中國高鐵太過超前了，根本沒有人坐；有人則說，中國高鐵有輻射，在引進過程中拋棄了防輻射裝備，導致乘務員不孕不育，經常有大批的乘務員辭職；有人將 CRH 解釋成「吃人號」或者「恥辱號」……還有像財新傳媒這種有策劃有組織的集中攻擊報導，通過《新世紀》周刊的連續封面報導，抨擊中國高鐵，包括對中國高鐵安全性的質疑，對鐵道部腐敗的質疑，對中國高鐵是否擁有核心技術的質疑等。

如〈高鐵國產化幻影〉，認為中國高鐵就是一個失敗的案例，鐵道部整天吹牛皮，其實根本沒有獲得任何核心技術，當今天中國高鐵已經行銷世界的事實擺在他們面前時，不知道作者是否會感到臉紅。如〈鐵道部引進高鐵技術耗資 900 億為韓國 5 倍〉，引用他人話語，認為中國在 2004～2006 年引進高鐵技術花費了 900 億元，是韓國的 5 倍，韓國高鐵非常成功，而中國非常失敗。

實話說，財新傳媒用如此低級的謠言來攻擊高鐵，這實在不是財新傳媒的水準。因為 2004 ～ 2006 年，鐵道部採購動車組產品總共花費的資金也只有 553 億元而已，即便是全部算作技術引進費用，也到不了 900 億元呀！何況，這些錢大部分都成了南北車集團的銷售收入，這個查上市公司的年報都是一清二楚的。實際上在這 553 億元中，真正支付給國外企業的技術引進費用只有 20 多億元人民幣，其中 CRH2 約 6 億元人民幣，CRH3 約 8 億元人民幣，CRH5 約 9 億元人民幣，CRH1 因為是合資生產，沒有轉讓技術，所以不存在技術轉讓費用。本來以為對於財新傳媒而言，這個謠言已經夠失水準的了，沒想到他們竟然進一步拉低了自己的下限。在〈危險的關係〉一文中，他們破天荒地採用小說筆法寫新聞：「2011 年 2 月的一天，六朝古都南京的老牌五星級酒店丁山賓館，來了一群執行特別任務的警務人員。他們當天接到了北京交代下來的任務，帶走了下榻此地的一名半禿的中年男子——當時房間內還有兩名提供特殊服務的女性……」這種寫作手法已經突破了新聞寫作真實性的底線，因為劉志軍是在位於復興路 10 號的鐵道部大院被帶走的。這篇文章刊登後，產生了極其惡劣的影響，財新傳媒在網上被罵得狗血噴頭。他們只好緊急刪除網絡版文章，並登載致歉聲明：「本刊 8 月 13 日出版（2012 年第 32 期）的長篇封面報導〈危險的關係〉一文，因採編人員採訪不深入，未向權威部門核實，致使部分報導內容嚴重失實，造成了不良社會影響。我們對此次報導中發生的錯誤，深為痛心，教訓深重，今後必引以為戒。在此向讀者誠懇致歉。」在〈奢侈動車〉一文中，他們又聲稱：「動車組上一個自動洗面器 7.24 萬元，一個感應水閥 1.28 萬元，一個衛生間紙巾盒 1125 元……」這就更假得沒譜，用一堆極其嚇人而又禁不起推敲的數字，獲得了極高的關注度。而車輛企業又有口難言，因為要完全澄清自己就要公佈自己的價格體系，但是這對一個商業企業而言，顯然是致命的。其實，在這篇報導裡面有一個非常簡單的邏輯錯誤，能輕鬆拆穿他們的謊言，為什麼零配件都是天價，而整列動車組的價格卻只是國

外企業價格的一半？真相不言自明。

再見，鐵道部

　　甬溫線動車事故改變了中國高鐵發展的歷程，帶給中國高鐵事業深刻的教訓，帶給中國高鐵事業甚至是國家的啟迪是值得警醒的，同時這些教訓和啟迪也是中國高鐵寶貴的財富。

　　2011 年 7 月 24 日，甬溫線動車事故第二天，中國國務院副總理張德江就趕到現場，在指導事故救援與善後處理工作之外，還指示成立國務院「7‧23」甬溫線特別重大鐵路交通事故調查組，由安全監管總局局長駱琳任組長。

　　7 月 28 日，中國國務院總理溫家寶來到溫州，查看了甬溫線動車事故現場，悼念遇難者，並看望受傷人員，對傷亡人員家屬表示深切慰問。他在隨後舉行的中外媒體見面會上，向 70 餘家媒體和 150 多名記者介紹了事故善後情況，並明確表示要給公眾「一個真誠負責任的交代」。他說：「高鐵建設應該從設計、設備、技術、建設和管理綜合衡量。在這當中，安全是第一位的。失掉了安全，就失掉了高鐵的可信度。這些年來高鐵事業有了很大的發展，但這起事故提醒我們，要更加重視高鐵建設中的安全問題，實現速度、質量、效益和安全的統一，把安全放在第一位。」

　　8 月 10 日，中國國務院召開常務會議，決定開展高速鐵路及在建項目安全大檢查，適當降低新建高速鐵路運營初期的速度，對擬建鐵路項目重新組織安全評估。暫停審批新的鐵路建設項目，並對已受理的項目進行深入論證，合理確定項目的技術標準、建設方案。

　　此後，中國高鐵進入全面調整階段。

　　8 月 28 日，中國高鐵開啟了第二階段降速的歷程。京津城際高鐵、滬杭高鐵降至時速 300 公里運營，標誌著時速 350 公里高速鐵路在這個藍色星球上正式消失。從 2008 年 8 月 1 日，京津城際高鐵按照時速 350 公里開通運營，

到 2011 年 8 月 28 日中國高鐵完成全面降速，這個世界上共有 5 條高鐵曾經按照時速 350 公里運營，它們是：

京津城際高鐵，2008 年 8 月 1 日開通，2011 年 8 月 28 日降速，歷時 3 年零 27 天。

武廣高鐵，2009 年 12 月 26 日開通，2011 年 7 月 1 日降速，歷時 1 年 7 個月零 5 天。

鄭西高鐵，2010 年 2 月 6 日開通，2011 年 7 月 1 日降速，歷時 1 年 4 個月零 24 天。

滬寧城際高鐵，2010 年 7 月 1 日開通，2011 年 7 月 1 日降速，歷時 1 年整。

滬杭高鐵，2010 年 10 月 26 日開通，2011 年 8 月 28 日降速，歷時 10 個月零 2 天。

當然，中國高鐵的這次降速是全面的，除了京津城際高鐵與滬杭高鐵降至時速 300 公里外，設計時速 250 公里的高鐵降至時速 200 公里運營，包括合武高鐵、福廈高鐵、甬台溫高鐵、石太高鐵、長吉高鐵、海南東環線等均按照時速 200 公里運營。

還有受影響更大的一類是既有線動車組列車，全部降速至時速 160 公里運營，也就是說 2007 年第六次大提速的核心成果在一夜之間化為烏有。這項政策還導致出現了一些比較滑稽的場面，如在提速後的京廣鐵路上，從石家莊到北京，一些 D 字頭動車組列車用時比 Z 字頭的普通列車還要長，但是它們的票價要比 Z 字頭列車高出一大截。

此次降速還有一件被公眾拿來開涮的事情是高鐵的票價問題。由於鐵道部對外宣稱，高鐵由時速 350 公里降低到時速 300 公里，運營成本降低了 30%。所以媒體就拿著這個來做文章，質疑鐵道部高鐵從時速 350 公里降速至時速 300 公里，速度降低了 14%，運營成本下降了 30%，為什麼票價只降低了 5%？還有網民拿鐵道部開涮說：「好比在長江裡打了個雞蛋，就敢說請全國人民喝

雞蛋湯？」

這件事只能怨鐵道部搬起石頭砸自己的腳。高鐵運營成本包括固定成本與動態成本，細分下來主要包括三大部分：第一部分主要是高鐵線路建設費用以及高速動車組購置費用每年的折舊費，這部分成本佔到總成本的 30% ～ 40%，它與動車組的運營速度無關，並不會因為降速省下 1 分錢。第二部分主要包括支付給鐵路局的委託運營費以及歸還銀行貸款利息等財務費用，這部分成本佔到總成本的 40% ～ 50%，這部分費用也與動車組的運營速度無關，並不會因為降速省下 1 分錢。第三部分主要包括水電費以及動車組維護保養的配件更換費用，高鐵降速運營真正能夠影響的正是這一部分費用，但是這部分費用只佔到總成本的 10% ～ 20%，按照鐵道部公佈的 30% 的降低幅度，高鐵降速節約的成本佔總成本的比例在 3% ～ 6%。所以鐵道部在高鐵降速後，票價統一按照 5% 的比例進行了下調。但是為了宣揚高鐵降速的合理性，他們又拿著 30% 這個數字到處說事，造成了輿論場的混亂，引發了大家對它的質疑。

當然，降速運營並沒有對中國高鐵造成實質性傷害，而且在高鐵建設初期，在發生了甬溫線動車事故的情況下，適當降低高鐵運營速度是對輿論關懷的一種回應，不管事故是不是與速度有關係，降低高鐵運營速度都有助於消除民眾對中國高鐵的恐慌心理，重建大家對中國高鐵的信心。

但是，降低建設標準卻對中國高鐵造成了實質性的傷害，更何況是在並沒有節省太多成本的情況下。如已經開工建設的大西高鐵、蘭新高鐵，因為路基施工已經基本完成，由時速 350 公里降低標準到時速 250 公里，不但一分錢沒有省下，而且因為中途修改標準增加了新的成本；京滬高鐵因為已經鋪軌完成，只是取消了 177.73 公里風屏障，但是因為相關採購已經完成，只是增加了 4.13 億元的閒置設備；西（安）成（都）高鐵設計時速由 350 公里降低到 250 公里，設計概算總投資由 667.7 億元下調到 647.5 億元，只節約了 3% 的成本。

更嚴重的是金融機構開始擰緊資金水龍頭。首先是上浮貸款利率。此前，

因為鐵道部現金流龐大而充足，而且擁有極佳的金融信用，又有政府背景，所以一直是金融機構拉攏爭取的對象。各大銀行給鐵道部的貸款都是按照基準利率下浮 10% 來執行。甬溫線動車事故之後，各大銀行紛紛取消了此項優惠，開始按照基準利率執行。其次，死卡限額。根據規定，銀行貸款給單一客戶的金額佔其貸款額度的總額，集團不能超過 15%，個人不能超過 10%。此前，鐵道部是被當作一個行業主管部門而不是一個單一的融資實體來看待的，因為貸款的實體是各個鐵路局。但是甬溫線動車事故後，鐵道部開始被當作一個單一的融資實體來看待了，那麼在很多銀行，鐵道部的授信額度就已經達到或者接近 15% 的上限了。於是，大多數銀行都不對鐵道部發放貸款了。這幾乎要了中國高鐵的命，不僅鐵道部開始掙扎，整個高鐵產業鏈上的企業都開始出現資金鏈緊繃的情況，中國中鐵、中國鐵建、中國南車、中國北車等幾家上市公司也都處於資金鏈斷裂的邊緣。

此時，中國大批在建高鐵項目出現了停建或者緩建的情況。據《羊城晚報》報導，僅廣東省境內就有廈深高鐵、貴廣高鐵、南廣高鐵出現了不同程度的停建與緩建情況。[11] 當年筆者 9 月到湖南、浙江等地出差，路過幾條高鐵線路建設現場，工作人員給我介紹，這是什麼線，那是什麼線，聽來讓人心潮澎湃，但是後面跟上來的話卻又讓人垂頭喪氣，那句話就是「目前處於停工狀態」。由於工程項目部拿不到錢，工人工資發不出來，大量農民工欠薪事件開始出現。據當時的媒體報導，已經完成 90% 工程量的蘭渝鐵路被迫停工，出現了數萬工人討薪事件。2011 年 8 月底曾經出現數百名農民工圍攻中鐵八局指揮部的事件。到 9 月初，農民工開始被集體遣返，給當地社會帶來不安定因素，地方公檢法和勞動部門長期處於備戰狀態，避免討薪的工人和絕望的材料商做出過激行為。[12]

此後，鐵道部多次向中央反映有關情況，中國中鐵、中國鐵建、中國南車與中國北車還聯合向中國國務院提交報告反映面臨的困難。中央有關領導及時

出手，國務院層面由兩位副總理牽頭，多次召開會議，協調銀行、銀監會等有關部門解決困擾鐵道部的資金短缺難題。[13]10 月情況出現轉機。先是 10 月 10 日，財政部、國稅總局下發通知，對鐵路建設債券取得的利息收入，減半徵收企業所得稅，力挺鐵道債券。[14]10 月 12 日，中國鐵路建設債券正式成為政府支持債券。《國家發展改革委辦公廳關於明確中國鐵路建設債券政府支持性質的覆函》，明確提出「鐵路建設債券具有政府支持地位」。國家發改委文件稱，鐵道部發行債券募集資金時，可向投資人明確中國鐵路建設債券為政府支持債券。[15]此後，在發改委的協調下，鐵道部又獲得來自銀行的 1500 億元貸款。[16]中國高鐵終於從微弱的氣息中活了過來。

甬溫線動車事故帶來的另外一個結果就是鐵道部的撤銷與中國鐵路總公司的組建。早在 2008 年第一輪大部制改革時，關於將鐵道部併入交通部，成立「大交通」的討論就甚囂塵上。但考慮到中國正處於鐵路大發展的階段，保留鐵道部有利於加快鐵路建設，解決鐵路運輸能力嚴重不足、「一票難求」等狀況，所以鐵道部得以暫時保留。甬溫線動車事故後，關於加快鐵路體制改革的討論又再次熱烈起來。美國高盛在發佈的研究報告中就預期，甬溫線動車事故或加速鐵道部改革步伐，包括將目前其政府兼企業的雙重身份和功能分開，以提升鐵道部的監管功能。[17]

這一天終於還是到來了。

2013 年 3 月 10 日，全國「兩會」期間，中國國務院公佈了機構改革和職能轉變方案，鐵路實施政企分開改革，撤銷鐵道部，成立中國鐵路總公司。鐵道部原先承擔的職責被一分為三，其中擬訂鐵路發展規劃和政策的行政職責被劃入交通運輸部；擬訂鐵路技術標準，監督管理鐵路安全生產、運輸服務質量和鐵路工程質量等行政職責被劃入新成立的國家鐵路局；企業職責則被劃入新成立的中國鐵路總公司。

3 月 14 日，中國國務院發佈《關於組建中國鐵路總公司有關問題的批覆》

稱，中國鐵路總公司為中央管理的國有獨資企業，註冊資金 10360 億元人民幣，由交通運輸部、國家鐵路局監管。原鐵道部部長盛光祖轉任中國鐵路總公司總經理兼黨組書記。

鐵道部要被撤銷的消息發佈後，很多人紛紛到位於復興路 10 號院的鐵道部門前合影留念，包括很多鐵道部的老領導以及鐵路系統的老員工，他們顫顫巍巍地來到這個曾經留下他們青春與奮鬥的地方，與寫著「中華人民共和國鐵道部」幾個字的牌子合影。3 月 17 日凌晨 6 時多，天剛濛濛亮，有人正想趕個大早來與鐵道部的牌子合影時，發現工作人員正悄悄取下牌匾，抬走了。然後，在凌晨 7 時左右，寫著「中國鐵路總公司」的牌匾被掛在了鐵道部的門前。中國鐵路總公司黨組書記兼總經理盛光祖、國家鐵路局局長陸東福等人在新的中國鐵路總公司門前合影留念。

鐵道部是中華人民共和國政府成立最早的部門之一，1949 年 10 月 1 日，根據 1949 年 9 月 27 日中國人民政治協商會議第一屆全體會議通過的《中華人民共和國中央人民政府組織法》第十八條的規定，設置中央人民政府鐵道部。1954 年 9 月，第一屆全國人民代表大會第一次會議在北京召開，會議通過了《中華人民共和國憲法》和《中華人民共和國國務院組織法》，成立中華人民共和國國務院。根據國務院《關於設立、調整中央和地方國家機關及有關事項的通知》，中央人民政府鐵道部即告結束。國務院按照《國務院組織法》的規定，將原中央人民政府鐵道部改為中華人民共和國鐵道部，接替相關工作，成為國務院組成部門。歷史上除 1970～1975 年間與原中華人民共和國交通部、中華人民共和國郵電部合併成立新的交通部之外，一直延續至 2013 年 3 月 10 日。

註釋

1. 王雄，《中國速度》，第 233 頁，外文出版社，2016 年 6 月版。

2. 陸婭楠，〈鐵道部長：人民滿意是鐵路發展的標尺〉，《人民日報》，2011 年 4 月 12 日。

3. 王雄，《中國速度》，第 233 頁，外文出版社，2016 年 6 月版。

4. 陸婭楠，〈鐵道部長：人民滿意是鐵路發展的標尺〉，《人民日報》，2011 年 4 月 12 日。

5. 王雄，《中國速度》，第 233 頁，外文出版社，2016 年 6 月版。

6. 于澤遠，〈京滬高鐵全線完成鋪軌預計明年 10 月 1 日正式通車〉，《聯合早報》，2010 年 11 月 16 日。

7. 國家審計署 2012 年 3 月 19 日發佈京滬高速鐵路建設項目 2011 年跟蹤審計結果顯示：2011 年 3 月，京滬公司根據京滬高鐵運行時速的調整，取消了正在施工的 177.73 公里風屏障，採用極端大風時段局部路段限速的方式保障行車安全，導致已採購的價值 4.13 億元的近 15 萬延米風屏障閒置。詳見 2012 年 3 月 20 日《南方日報》文章〈京滬高鐵個別工程存問題 4.13 億元風屏障遭閒置〉。

8. 〈「7·23」甬溫線特別重大鐵路交通事故〉，新華社 2011 年 12 月 28 日電。

9. 《京珠高速河南信陽「7·22」特別重大臥鋪客車燃燒事故調查報告》，國家安全生產監督管理總局官方網站 2012 年 6 月 27 日。

10. 以上內容轉摘自一財網、鳳凰網的〈微博熱議「7·23」動車事故〉等文章。

11. 黃宙輝〈廣東三條高鐵停工或緩建缺資金步入「寒冬」期〉，《羊城晚報》2011 年 10 月 27 日。

12. 陳勇，〈蘭渝鐵路停工數萬人討薪曾圍攻中鐵八局指揮部〉，《經濟觀察報》，2011 年 10 月 29 日。

13. 孫春芳，〈債務危機逼鐵道部多路籌資財政注資可能性不大〉，《21 世紀經濟報道》，2011 年 10 月 28 日。

14.《關於鐵路建設債券利息收入企業所得稅政策的通知》財稅〔2011〕99 號，詳見中華人民共和國政府網 2011 年 10 月 10 日。

15. 蘇曼麗，〈鐵道部債券成「政府支持債券」融資困境或改善〉，《新京報》，2011 年 10 月 19 日。

16. 孫春芳，〈債務危機逼鐵道部多路籌資財政注資可能性不大〉，《21 世紀經濟報道》，2011 年 10 月 28 日。

17. 孟斯碩，〈「7‧23」再追問：改革鐵路體制呼聲又起〉，《第一財經日報》，2011 年 7 月 27 日。

京滬首發列車上的溫家寶總理

甬溫線動車事故現場

排隊等著與鐵道部牌子合影的民眾

鐵道部的牌子被撤下

第十章　復興號

　　2012 年 2 月 10 日早晨，山東省青島市城陽區棘洪灘。迎著清冷的寒風，一位小伙子正在一個寬闊的工廠門前踱步。凜冽的冬風打在他的臉上，有些疼，卻遮蓋不住他內心的赤熱。

　　2 月 9 日下午，他還在澳大利亞墨爾本，在考場上為他的最後一場期末考試奮鬥。考試在當地時間 13 時開始，他 15 時準時上交答卷，然後立馬打車去機場，趕 17 時 15 分的飛機。16 時 10 分他順利到達機場，有驚無險地坐上了準時起飛的 QF9 航班。當地時間 21 時 45 分，他抵達新加坡。此時，他做的第一件事就是上網，關注正在青島發生的一件大事。他發現已經有大批神祕人士在青島市城陽區聚集。

　　當地時間凌晨 1 時，MU772 航班從新加坡正點起飛，北京時間 5 時 45 分抵達南京。經過入境手續並重新登機後，7 時 20 分，他終於踏上了飛往青島的最後一段旅途。8 時 15 分，飛機在青島機場落地。不敢有任何耽擱，他火速打車趕往青島市城陽區棘洪灘。他看到前方是一個寬闊的工廠大門，門

前寫著「南車青島四方機車車輛股份有限公司」幾個大字。他掩飾不住內心的興奮，激動之情溢於言表。但是，現實很殘酷，他被嚴厲的門衛擋在了大門前。

半個小時後，一輛大巴載著眾多神祕人士進入廠門，他又是揮手又是跳躍，大巴內的夥伴們也看到了他。隨後大巴內的朋友把他接進了工廠院內。前面有一支隊伍正在等著他。

這是一群瘋子。他們年齡中最小的只有 4 歲，最大的 76 歲高齡了，全都身懷絕技。有個叫徐博揚的小朋友，年齡只有 8 歲，功力卻甚是了得。前一天晚上，他為大家展示了他的火車知識，中外型號一應俱全，當然他最喜歡的是內燃機車，各種柴油機型號爛熟於胸。據說，他最喜歡做的事情是當監考老師，可能是在學校裡被老師「欺負」慣了，所以回到家他要做老師。他會親自出一套與火車有關的試題，讓學生來答題，他還要親自監考，嚴禁徇私舞弊。學生只有兩個，一個是他的爸爸，一個是他的媽媽。據說，他判卷子的時候，非常嚴格，不允許出現任何差錯。當然了，如果出現了差錯，他會在後面的環節中親自耐心地講解，直到自己的學生明白為止。這種考試，每個學期都要進行一次。

工廠院內的軌道上停著一輛奇特的高速列車。正面乍一看像一隻巨嘴鳥，但如果從正上方俯視，卻能看到它像一把出鞘的青銅寶劍。這正是一個多月前剛剛下線的更高速度試驗列車，此前又被稱作 cit500 試驗列車，設計時速 500公里，因為頭型設計靈感來自青銅劍，所以也有車迷親切地稱它為青銅劍。剛剛經過高速列車國家實驗室時，他們看到了定格在滾動試驗台顯示屏上的數字——600 公里／時，那正是青銅劍不久前留下的業績。

看到「青銅劍」後，人群一陣騷動，剛剛整齊劃一的隊形一下子亂了，他們紛紛奔向它，跳躍、歡呼、撫摸、親吻，擺出各種姿勢跟它合影，就像突然見到了自己仰慕已久的偶像一樣。

從澳大利亞跨越萬里來到這裡的小伙子，人稱「法拉利之神」。還有一個

小伙子叫丁嘉一，他帶來了大量的拍攝設備，包括航空器，就是想給這些天使們留一些靚影。為了載運這些設備，他放棄了公共交通工具，駕車從蘇州一路趕到這裡，精氣神十足地整整開了7個小時。但是，到了這裡後才知道，因為此處是軍管區，有航空器管制，航空器無法上天，他無法實現自己的夙願。但是，能夠踏進這個廠門，親自看看這個高速列車的誕生地，他覺得也值了。

除了車，還有高速列車國家實驗室，還有面向未來的新科技。自媒體大V王小東在自己的微博上說：「參觀南車，一個亮點是其模型室，裡面有的模型外形很逆天，應該是用於速度比現在高得多的機車的……參觀南車，另一個亮點是高滾動綜合性能測試台，車在上面可以跑600公里／時，據說為世界最高端。」

更讓他們覺得過癮的是，世界上最頂級的高速列車設計師跟他們進行了面對面的交流，接受他們的提問，解答他們心中的疑惑。他們毫不客氣地把集聚了許久的疑問統統擲向了這些高鐵設計師們，高鐵的安全問題、高速列車的過分相問題、雙層動車組問題……他們得到的不是高高在上的傲氣，而是娓娓道來的耐心解答。於是，仰慕之情如滔滔江水，奔湧而來。

自媒體大V、中國電信專家、飛象網總裁項立剛在微博中感慨：「製造出高速列車的人，樸實、普通、溫和、實在。走在街上，他們和任何一個人沒有區別，但是他們卻用點點積累掌握了世界上最先進的技術，做出了具有戰略意義的高速列車。對於他們，自己同胞不是支持與鼓勵，而是用充滿敵意的態度非議他們的成績。他們怎麼辦？他們忍著，只做，不說！這是在中國！」

網友「我是夜鳴豬」則在微博上刊發了幾張圖片後評論說：「我特別佩服的是左上角的這位，女性、高鐵、技術、總工程師，當這些標籤彙集到一個女人身上時，在這個男性聚集的行業，注定了她背後付出更多超出常人的努力。她大學畢業進入南車，十幾年如一日，在同一個崗位上成長。堅持、踏實、使命、平凡，對於太多急功近利要成功的年輕人而言，是真實的典範。」他描繪

的是 CRH380A 型高速動車組的總設計師梁建英女士。

這次活動正是在中國南車有關領導的親自指示下，筆者組織發起的首屆「車迷有約　走進南車」活動。

在中國高鐵千夫所指的日子裡，他們的熱情如地下奔流的熔岩，儘管他們並不擁有話語權，但是他們的熱情，卻給了高鐵人以巨大的鼓舞。他們讓高鐵人聽到了來自民間的聲音，看到了來自民間的支持，他們讓高鐵人知道並非所有的人都對高鐵充滿敵意。他們是高鐵復甦的力量，高鐵的復甦最早就是從民間醞釀發起的。是一個又一個去瞭解高鐵、研究高鐵、熱愛高鐵的火車迷，也是一個又一個體驗高鐵、乘坐高鐵、喜歡高鐵的乘客，通過一次又一次的乘坐體驗，並把自己的感受告訴更多沒有親自體驗過卻在不停地罵高鐵的人，改變著他們對高鐵的看法，正是這種點滴的匯聚，正是這種口口相傳的口碑的累積，逐漸改變著中國高鐵的形象。

然後，大事就發生了。欲置高鐵於死地的財新傳媒在 10 天後，再次發表了一篇名為〈奢侈動車〉的封面文章，用了一組聳人聽聞的數字向高鐵潑髒水：一個冷藏櫃 6 萬元、一個自動洗面器 7.2395 萬元、一個液晶顯示器上萬元……他們的意思是，中國高鐵的票價太高，是因為他們太奢侈了，高鐵配件的採購價格太高了。

這篇聳人聽聞的文章一公佈，舉世震驚。中國高鐵的負面形象再上一個新台階。這些價格是真實的嗎？毫無疑問是虛假的。這裡有一個基本的邏輯錯誤，高鐵配件價格那麼高，為什麼整車價格那麼低？也就是說，中國高鐵企業花天價購買了一些配件，組裝成整列動車組，然後再低價賣出去。這樣做的人那不是腦袋進水了嗎？南北車生產的整列動車組的價格只相當於國外企業生產的同類產品的 60% ～ 70%，為了控制成本，他們肯定要嚴格供應商管理，控制配件採購價格，財新傳媒的報導卻說他們以完全不合理的天價採購配件，難道他們不想掙錢嗎？

　　但是，對於企業，他們卻是有苦難言。為什麼？要想自證清白最好的方式顯然是公佈真實的配件價格體系。但是，那樣又會讓自己的價格體系完全暴露在國外競爭對手的面前，而這正是他們費盡心機想得到的。對於一個商業公司而言，這顯然是不能承受之重。毫無疑問，這是一個巨大的圈套，能夠讓中國高鐵企業走向萬劫不復。在這件事上，財新傳媒某種程度上正扮演了中國高鐵企業國外競爭對手的打手身份。

　　怎麼辦？這個時候，該事件已經引起了中央領導的關注。當時的中國南車趕緊起草了一份給領導的報告，向領導詳細說明了真實情況是怎樣的，各個配件的價格是多少。莞爾一笑，疑義很快消除。但是，這份報告要不要向公眾披露？答案顯然還是不能。中國高鐵的生存命脈顯然要重於一時的髒水。只好繼續忍。

　　但是，基本的邏輯在那裡擺著。懂行的車迷不願意忍，於是他們成了中國高鐵的保護神，他們在自媒體上跟財新傳媒的記者進行辯論，跟〈奢侈動車〉一文的主筆王晨辯論，不厭其煩地用一個又一個論據跟他們爭辯。最終的結果是王晨落荒而逃，不敢再跟他們進行辯論。

　　這是中國高鐵最艱難日子裡的一抹亮色，儘管被很多人誤解，被很多像財新傳媒一樣的媒體打壓，但是在民間尚有一股強大的力量支持著高鐵，用他們的所知、所感、所體驗，去告訴人們一個真實的高鐵。他們每個人的聲音都很小，但是他們的口碑匯聚卻如涓流成海，形成了一個巨大的無形的輿論場，由於更加真實，而且有事實作支撐而有更強的根基，所以也更加有力量。在他們的努力下，此前很多沒有體驗過高鐵，卻受到輿論的影響與裹挾，曾經對高鐵頗多非議的人，開始通過自己的體驗改變了對中國高鐵的看法。等到親自體驗過高鐵的人愈來愈多時，再有人向高鐵潑髒水時，已經沒有人再信了。中國高鐵真正的復甦也就順理成章地到來了。

　　2011 年 7 月 6 日，尚沒有坐過一次高鐵的王石發微博稱：「為何我們的

高鐵事故頻發？顯然中國鐵老大一味提速吃掉了安全係數。如果沒有安全保障，高鐵只能是高速運行的活棺材！該剎剎車了。」且不說這段話中所使用的「事故頻發」、「一味提速」、「沒有安全保障」等充滿了主觀臆斷的字眼，單單說他當時沒有乘坐過高鐵這個基本事實，就足以證明，他的這段評論完全是在媒體的影響下作出的。王石顯然不是個例，當時中國大部分罵高鐵的人恰恰都是沒有乘坐過高鐵的人，他們都是通過媒體的描述來理解高鐵的。等王石親自乘坐過高鐵後，他突然發現，他此前對高鐵的認識竟然存在著巨大的偏差。於是，2014 年 8 月 22 日他又發了一條微博評論中國高鐵：「南京—上海動車，上海—杭州動車，杭州—寧波動車……快捷、方便、效率……我喜歡乘咱們的中國高鐵。」

短短三年，滄海桑田，王石對中國高鐵認識的轉變過程其實正是很多中國人對高鐵認識轉變的一個縮影——從質疑到信服。

復甦之路

有了民意基礎，還要有高層的推動。中國共產黨的十八大後，中國高鐵迎來了新的發展機遇。轉折點出現在 2013 年夏天。

2013 年 7 月 24 日，中國國務院總理李克強主持召開國務院常務會議，研究部署鐵路投融資改革和進一步加快中西部鐵路建設。這次會議吹響了中國高鐵復甦的號角。

會議首先肯定了鐵路發展對於國家的重要性，這就為加快鐵路發展提供了理論基礎，中國高鐵也迎來了從 2010 年投資高點進入下降通道以來的再次飛躍。會議強調，鐵路是國家重要的基礎設施和民生工程，是資源節約型和環境友好型運輸方式。要按照統籌規劃、多元投資、市場運作、政策配套的基本思路，推進鐵路投融資體制改革。

當然，只有理論定位還不行，會議還提出了四條切實可行的途徑與方法：

一是多方式多渠道籌集建設資金，以中央財政性資金為引導，吸引社會資本投入，設立鐵路發展基金，創新鐵路債券發行品種和方式。二是向地方和社會資本開放城際鐵路、市域（郊）鐵路、資源開發性鐵路等的所有權和經營權。三是加大力度盤活鐵路用地資源，搞好綜合開發利用，以開發收益支持鐵路發展。四是加快前期工作，使「十二五」規劃確定的重點項目及時開工，按合理工期推進，確保工程質量。[1]

　　為了落實這次會議精神，中國國務院還針對性地出台了一個具有劃時代意義的文件，這個文件就成為打開高鐵復甦之門的鑰匙。這個文件就是《國務院有關改革鐵路投融資體制加快推進鐵路建設意見》，2011 年 8 月 19 日該文件正式在中國政府網上掛出。

　　這個文件具有極強的可操作性，首先它強調要加快「十二五」鐵路建設，其次它要求爭取超額完成 2013 年投資計劃。這是一句非同尋常的話。它要求的不是按計劃完成，而是要求超額完成。它暗含的意思非常明確，那就是現在制訂的計劃並不符合中國經濟發展的實際，現在的計劃過於保守了，必須突破。這句話的轉向意義已經非常明確了。文件還要求，切實做好明後兩年建設安排，其實就是暗示明後兩年安排不能再像今年這樣保守了。文件還提出了六條具體措施，也具有很強的指導性。一是推進鐵路投融資體制改革，多方式多渠道籌集建設資金；二是不斷完善鐵路運價機制，穩步理順鐵路價格關係；三是建立鐵路公益性、政策性運輸補貼的制度安排，為社會資本進入鐵路創造條件；四是加大力度盤活鐵路用地資源，鼓勵土地綜合開發利用，支持鐵路車站及線路用地綜合開發；五是強化企業經營管理，努力提高資產收益水平；六是加快項目前期工作，形成鐵路建設合力。[2]其中第四點非常厲害，我們都知道，各個鐵路局擁有大量的土地資源，這些土地資源依託鐵路發展已經實現了快速增值，盤活這些土地資產無疑將為鐵路發展帶來大量資金。

　　中國國務院的這份文件發佈後，可以說中國高鐵的面貌立馬煥然一新，一

掃前兩年灰頭土臉的樣子，彷彿洗去塵埃的醜小鴨搖身一變就成了白天鵝，它展現出的活力不再像一個垂垂老者，而是像一個生命力旺盛的小伙子，彷彿有使不完的勁。

中共十八大後，中國高鐵的復甦共分為三個階段，第一個階段就是鐵路新開工項目的增加。在 2013 年年初的鐵路工作會議上，鐵路總公司確定的當年新開工鐵路項目為 38 個。意見出台後，鐵路總公司立馬調整了鐵路建設計劃，新開工項目由 38 個上升為 47 個，增加了 9 個。或許你覺得只是增加了 9 個而已，但是它的增加比例達到了 23.7%。更重要的是，它反映的是一種勢頭，是中國高鐵加快發展的勢頭，這個勢頭從 2011 年年初開始一直就是往下走的，中國國務院的這次會議後，這種往下走的勢頭就一下子扭轉過來了，變成往上走了，這種往上走的勢頭一直保持到今天。到當年 11 月，鐵路總公司還發佈消息稱，截至 10 月底，所有 47 個計劃新開工項目均已經完成施工圖設計，確保年底前全部開工建設。[3]

與新開工項目增加相對應的是鐵路固定投資同步開始回升。在 2013 年的全國鐵路工作會議上，全國鐵路固定資產投資計劃安排 6500 億元。中國國務院這份文件出台後，這個數字被上調為 6900 億元。毫無疑問，這正是對那句「爭取超額完成 2013 年投資計劃」的落實。

但是，如果說此時的鐵路總公司已經完全領會了國務院會議的精神，似乎也並不是事實。

2014 年 1 月 9 日，全國鐵路工作會議在北京召開，這次會議是鐵路總公司成立後召開的第一次工作會議，總公司黨組書記、總經理盛光祖在會上作了「全面深化鐵路改革，努力開創鐵路工作新局面」的報告，總結了 2013 年鐵路工作，部署了 2014 年重點任務。[4] 會議決定全年安排固定資產投資 6300 億元，竟然比 2013 年還要低。

作為一個純粹的商業公司，壓縮固定資產投資，提高經營效益毫無疑問是

正確的。但是，鐵路總公司顯然不是一個純粹的商業公司，它是一個對國家經濟發展具有戰略意義的舉足輕重的龐大帝國，除了商業經營外，它還是國家戰略的執行者，承擔著為國家經濟發展轉型服務的歷史使命。而《國務院有關改革鐵路投融資體制加快推進鐵路建設意見》制定的方針是「爭取超額完成2013年投資計劃，切實做好明後兩年建設安排」。有前面半句在那裡壓陣，後面這句「切實做好明後兩年建設安排」的意思其實已經很明確了，說白了就是2013年計劃安排太過保守了，後面兩年要適度加快。但是，鐵路總公司顯然沒有按照這個思路走，而是將2014年的固定資產投資安排得比2013年還要保守。這就尷尬了！當然，作為由中央管理的正部級國有獨資企業，注定尷尬的只能是鐵路總公司，那就是剛剛制訂了計劃，馬上就要調整。

2014年1月9日，全國鐵路工作會議剛剛開完，計劃剛剛公佈，4月2日，中國國務院常務會議就對加快鐵路建設再次作出重要部署。4月8日，鐵路總公司黨組書記、總經理盛光祖通過接受《人民日報》獨家專訪的形式對外公佈：在考慮經濟社會發展需求、鐵路運輸需要、鐵路建設資金保障能力等條件的基礎上，決定調整鐵路建設計劃，增加了當年鐵路建設目標：一是新開工項目由44項增加到48項；二是全國鐵路固定資產投資由7000億元增加到7200億元；三是新線投產里程由6600公里增加到7000公里以上；四是33個開展前期工作項目，必保10個項目在年內完成可研批覆。[5]

從6300億元到7000億元再到7200億元，這已經是很不錯的調整了，但是顯然還沒有到位。

4月29日，中國國務院副總理馬凱在西安召開了部分地區鐵路建設工作會議，強調鐵路仍然是綜合交通運輸體系的薄弱環節，加快鐵路建設發展，是既利當前、又利長遠，既促進經濟發展、又惠及民生的大事。中國國務院決定進一步加大鐵路建設力度，繼續推進鐵路投融資體制改革，多方吸收社會投資，適度擴大鐵路固定資產投資規模、調增新線投產里程、增加新開工項目。[6]

新華社關於此次會議的報導中，雖然沒有透露具體的數字，但是話已經說得非常明確了：第一，適度擴大鐵路固定資產投資規模；第二，調增新線投產里程；第三，增加新開工項目。這顯然是國務院經過深思熟慮後作出的重大戰略決策。所以，馬凱在會議上還強調要充分認識加快鐵路建設的重大意義，認真落實中共中央、國務院的決策部署，統一思想，明確任務，落實責任，強化措施，確保全面完成今年鐵路建設任務，為更好地滿足經濟社會發展和人民群眾出行做出更大貢獻。他還強調，鐵路總公司要承擔主體責任，做好各項基礎和前期工作；有關部門要履行保障責任，依法加快項目審批，完善配套措施，做好服務保障；地方政府要擔負共建責任，在徵地拆遷、資金落實、項目初審、市政配套等方面主動工作，為順利推進項目建設創造條件。[7]

會議結束後的第二天，4月30日，鐵路總公司立馬召開了鐵路建設動員電視電話會議，貫徹落實中國國務院總理李克強和副總理馬凱的指示。在這次會議上，2014年鐵路固定資產投資總額被一下子提高到8000億元以上，新開工項目從年初計劃的44個飆升至64個。[8]這是鐵路總公司在不到一個月的時間內連續第二次調整鐵路固定資產投資數值，這標誌著中國高鐵全面復甦時代的到來。

鐵路總公司還在這次會議上強調，當年鐵路固定資產投資不怕超，不怕冒，確保完成全年投資計劃。[9]到2014年年底，鐵路總公司也成功兌現了諾言，全年新開工鐵路項目達66個，比第二次上調的目標還超了2個；全年完成鐵路固定資產投資8088億元，也成功超越了第二次調整的8000億元。

8088億元的固定資產投資標誌著中國鐵路建設已經逐步恢復到甬溫線動車事故前的水平。中國鐵路固定資產投資的高峰是2010年，全年完成固定資產投資高達8426.52億元，2011年經歷了鐵道部主要領導腐敗案件爆發以及甬溫線動車事故後，鐵路固定資產投資經歷了斷崖式下跌，當年僅完成5906.9億元，同比下降35%。2012年，全國鐵路固定資產投資恢復到6309.8億元，

2013 年再增加至 6638 億元。在中國國務院有關會議精神的指導下，全國鐵路固定資產投資 2014 年成功完成 8088 億元後，2015 年與 2016 年中國鐵路再接再厲，分別完成了 8238 億元與 8015 億元，連續三年投資超過 8000 億元，中國高鐵全面復甦的景象再次展現在世人面前。

中國高鐵走向全面復甦的第二個階段是非東部幹線高鐵設計時速 350 公里的回歸。這句話有點繞，關鍵在於什麼叫非東部幹線高鐵。要理解這個名詞就要瞭解 2011 年鐵道部部長盛光祖定下的一條規矩。2011 年鐵道部領導班子調整後，盛光祖領導的鐵道部領導班子經過研究，提出了「保在建、上必須、重配套」的思路，決定對中國高鐵建設全面降速，確定了一條高鐵建設的原則：位於東部的「四縱四橫」客運專線主骨架線路，可以繼續按照時速 350 公里建設，開通初期按照時速 300 公里運營；中西部高鐵設計速度則不能超過 250 公里。劃界標準為京廣鐵路，京廣鐵路以西為中西部，京廣鐵路以東為東部。於是，西安到成都高鐵、寶雞到蘭州高鐵等原先計劃按照時速 350 公里標準建設的線路，紛紛被調整為時速 250 公里。就連已經按照時速 350 公里完成很大一部分建設的大同至西安高鐵（原平至西安段）、蘭州至烏魯木齊高鐵，也被臨時調整為時速 250 公里。中西部高鐵哀鴻遍野。

西成高鐵這條連接中國西部最重要兩個城市的幹線高鐵其地位之重要顯而易見。西安是中國西部中心城市，也是中國歷史上最著名的古都之一，中國的漢唐盛世發源於此；成都則是目前中國僅次於北上廣深的準一線城市，其輻射能力在整個中國西部地區首屈一指，向西輻射西藏、新疆、青海、甘肅，向東聯結重慶、西安、昆明、貴陽，並沿江到海。所以，西成高鐵是一條改變蜀道難、打通八百里秦川的兼具戰略意義與經濟意義的高鐵大通道，在整個中國高速鐵路網中的地位非同一般，按照時速 350 公里設計眾望所歸。

早在 2008 年 1 月 10 日，在四川省與鐵道部簽署省部會議紀要時，四川省就首次提出修建西成客專。同年 5 月 12 日，汶川大地震發生。8 月 27 日，中

國國務院審議通過國家汶川地震災後恢復重建總體規劃，西成客專被納入其中。2009 年 10 月 29 日，發改委批覆西成客專建議書。2010 年 9 月 16 日，環保部通過西成客專環評報告。同年 10 月 23 日，國家發改委正式批覆西成客專可研報告。同年 11 月 10 日和 12 月 24 日，四川省和陝西省分別舉行了西成客專項目開工動員大會。2011 年 2 月 10 日，鐵道部批覆西成客專初步設計，曲線半徑 7000 公尺，線間距 5 公尺，設計時速 350 公里。

　　但是變故發生了。在鐵道部批覆西成高鐵初步設計的第三天，2 月 13 日，盛光祖開始執掌鐵道部。盛光祖執掌鐵道部第一件事就是對中國高鐵降速降標。2011 年 6 月 8 日—10 日，鐵道部在北京召開西安至成都客運專線西安至江油段修改初步設計審查會議，按照盛光祖「保在建、壓縮新開工規模」的要求，對原設計方案進行修改審查。西成客運專線由原來設計時速 350 公里調整為時速 250 公里，總投資 647 億元，較 2 月 10 日鐵道部批覆的預算節省 20.2 億元，節省成本 3.03%。這次降標讓整個軌道交通界震驚不已，閹割版西成高鐵正式誕生。 接下來中國高鐵的連串不幸又相繼發生。鐵道部對西成客專降標後 20 天，6 月 30 日，設計時速 380 公里的京滬高鐵降速至 300 公里運行，7 月 1 日，武廣高鐵、鄭西高鐵、滬寧高鐵均降速至 300 公里運行，中國高鐵降速時代正式來臨。22 天後，7 月 23 日，降速後的中國高鐵迎來了最黑暗的時刻，甬溫線動車事故爆發，震驚全球，當時的鐵道部以一場拙劣的公關引爆了世人的憤怒，加上眾多媒體的推波助瀾，中國高鐵差點命赴黃泉⋯⋯這就是風雨飄搖的中國高鐵所經歷的 2011 年上半年，中國高鐵發展史上最曲折最黑暗的一段時間，剛剛發展起來的中國高鐵幾近夭折⋯⋯好在天祐中華，轉過年來中國共產黨的十八大召開，新一屆國家領導人力挽狂瀾中國高鐵才又重新站了起來。

　　儘管中國共產黨十八大召開以後，中國高鐵投資建設重新步入正軌，但是京廣線以西設計速度不能超過 250 公里的規定一直沒有打破。直到 2015 年夏

天，一個標誌性事件的最終來臨，先是 6 月 28 日合福客專全線開通，運營時速 300 公里。在此前鐵道部確定的原則中，合福客專儘管位於京廣鐵路以東，但是因為不是「四縱四橫」主骨架線路，原先被確定為按照時速 250 公里運營，最終竟然按照時速 300 公里開通了，這是一個重大信號。合福客專沿線的廣大車迷們奔走相告，盛況不亞於過大年。這條當時被譽為最美高鐵的線路的開通取得了巨大成功。

接著 8 月 28 日，一件更大的事情發生了。國家發改委正式批覆了新建鄭州到萬州高速鐵路項目，全長 818 公里，項目總投資 1180.42 億元，最小曲線半徑 7000 公尺，最大坡度 20 ，設計時速 350 公里。

這項具有劃時代意義的批覆意味著，此前京廣鐵路以西新建高速鐵路項目最高設計時速不能超過 250 公里的規定正式作古，也標誌著中國高鐵閹割時代的徹底結束。

此後不但中東部的京瀋高鐵全面按照時速 350 公里標準批覆建設，西部地區的貴陽至南寧高鐵也獲批時速 350 公里建設標準。還有一條頗具傳奇意義的高鐵項目——銀川至西安高鐵，早在 2013 年 8 月 27 日國家發改委就已經批覆立項，2014 年 9 月 30 日批覆項目預可研時設計時速為 200 公里，2015 年 11 月 4 日國家發改委正式批覆時設計標準上調為時速 250 公里，竟然預留時速 350 公里。2016 年 12 月 21 日，西安至延安高鐵開建，設計時速 350 公里。

盛世悲歌，隨著設計時速 350 公里時代的全面到來，有兩條影響力巨大的西部幹線高鐵也以時速 250 公里迎來自己的時代。2017 年 7 月 9 日，「四縱四橫」幹線寶雞至蘭州高鐵開通運營，時速 250 公里。2017 年 12 月 6 日，西成高鐵開通運營，時速 250 公里。這是兩條對中國西部格局具有重要影響力的高速鐵路，它們的開通運營作為中國交通領域的大事件受到了媒體以及民眾的高度關注。它們本可以更好，但是生不逢時，作為中國高鐵網絡中的兩個奇葩，將永載史冊。

高鐵成網

隨著高速鐵路建設工程的快速推進，中國高速鐵路逐漸形成網絡化，而只有形成網絡化才能真正發揮高鐵的最大效應。

2015 年 1 月 25 日，新華社發佈〈叩問「高鐵之國」──中國高速鐵路發展調查〉系列文章，披露京滬高鐵 2014 年發送旅客總人數突破 1 億人次，首次實現盈利。這條從 1990 年提出構想到 2008 年開工建設、耗費了 18 年的高鐵，從 2011 年 6 月 30 日建成通車到 2014 年實現盈利，用時只有 3 年。這條高鐵不但成為中國高鐵的標竿，也毫無疑問地成為世界高鐵的翹楚。

2016 年 7 月 19 日，《每日經濟新聞》記者李卓發佈重磅文章〈京滬高鐵業績首次曝光，去年淨賺近 66 億，淨資產超 1300 億〉，詳細披露了京滬高鐵 2015 年的財務數據。報導說截至 2015 年年末，京滬高速鐵路股份有限公司淨資產 1311.72 億元，資產負債率僅 27.74%。而其 2015 年營業總收入達 234.24 億元，淨利潤 65.81 億元。

我們不能不說這個數據是驚人的，這說明網絡化的高速鐵路正在將它的潛能最大限度地發揮出來，在服務中國經濟轉型發展的同時，還在實現造血功能。

當然也有人說京滬高鐵是不可複製的，京滬高鐵盈利並不代表其他高鐵也能實現盈利。我們不能不說這個觀點是有道理的，畢竟 2015 年全國高鐵發送旅客數共計 9.6 億人次，其中京滬高鐵就佔了近 1.3 億人次。儘管如此，統計數據卻給了相對樂觀的結果，中國東部地區的高速鐵路經管數據開始全面好轉，轉折時點正在 2015 年。還是《每日經濟新聞》，還是記者李卓，7 月 22 日再次發表重磅文章披露中國高速鐵路盈利圖譜。她在〈中國高鐵盈利圖譜：6 條線路縱橫東部沿海〉一文中詳細報導：2015 年，滬寧、寧杭、廣深高鐵也已經分別實現淨利潤 6.41 億元、1.01 億元和 1.77 億元。其中，寧杭、廣深都

是在 2015 年實現扭虧為盈,而滬寧高鐵則在 2014 年就實現了 1.42 億元的盈利。此外,據知情人士透露,滬杭、京津兩條高鐵也都已實現盈利。換言之,歷經長達 10 年的高速鐵路建設和發展,中國高鐵盈利圖譜已具雛形,去年至少已經有 6 條東部沿海線路實現盈利。

文章還對高鐵的盈利能力與航空公司進行了對比。被譽為「全球最賺錢高鐵」的京滬高鐵,其 2015 年運送旅客近 1.3 億人次,客流量已經超過國內四大航空公司;京滬高鐵 2015 年盈利數據展現的盈利能力(每人次旅客平均利潤約 50 元)也正直追,甚至已經趕超部分國內航空公司。2015 年,國航、東航、南航、海航運送旅客人數分別為 8981.59 萬人次、9380 萬人次、1.09 億人次、3867.7 萬人次,歸屬母公司淨利潤分別為 67.74 億元、45.41 億元、38.51 億元、30.03 億元。這意味著四大航空公司每人次旅客的平均利潤分別為 75 元／人次、48 元／人次、35 元／人次、78 元／人次。除了國航、海航外,東航、南航的盈利能力已經被京滬高鐵趕超;在客運量方面,四大航空公司更是被京滬高鐵甩在了後面。

當然還是那句話,中國畢竟只有一條京滬高鐵,拿最賺錢的京滬高鐵去與國內航空公司整體運營水平進行對比是不公平的。從另外一個角度來說,航空公司的盈利能力與國際油價密切相關。國內四大航空公司 2015 年之所以能夠賺得盆滿缽盈,是在國際油價維持一個較低價格的前提下實現的。此前油價高企的年份,國內航空公司甚至出現過虧損的情況。而高速鐵路是世界主要交通工具中唯一一個不依賴於化石能源的,不但更加節能環保,而且國際油價的波動並不會對它造成大的影響。

中國高鐵在迎來了京滬高鐵開通運營後,又先後迎來了京哈高鐵哈大段通車,京廣高鐵全線通車,寧杭高鐵、杭甬高鐵、杭長高鐵、蘭新高鐵、合福高鐵等線路通車。2016 年 9 月 10 日,中國高速鐵路網發展又迎來了一個新的節點——鄭徐高鐵開通運營。

上面列舉的這一系列在鄭徐高鐵開通前的高鐵，毫無疑問都是響噹噹的，都是在中國高速鐵路網中具有舉足輕重地位的線路，為什麼要單獨把鄭徐高鐵拿出來說一說呢？按說鄭徐高鐵在地位上並不比上面那些線路的地位更高。原因就是鄭徐高鐵是在合適的時間、合適的地點開通的一條合適的線路。

鄭徐高鐵開通前，中國高鐵運營里程已經超過 1.9 萬公里，位居世界第一位，但是如果我們放眼整個中國高速鐵路網的話，我們會發現中西部的高速鐵路網與東部高速鐵路網，正缺少了一個鏈接段將它們鏈接成一張大網，而鄭徐高鐵正好承擔了這個歷史使命。鄭徐高鐵開通後，實現了京滬高鐵與京廣高鐵中間段的友好牽手。至此，中國高速鐵路運營里程也正式突破 2 萬公里，「四縱四橫」高速鐵路主骨架網中，除京哈高鐵京瀋段、青太高鐵石濟段、徐蘭高鐵寶蘭段外，均已建成通車。長三角、珠三角、環渤海等城市群高鐵已連片成網，東部、中部、西部和東北四大板塊實現高鐵互聯互通，中國現代化的高速鐵路網初具規模。

到鄭徐高鐵開通的時節，中國高速動車組保有量達到了 2503 組（指換算成 8 輛編組的標準列），覆蓋除青藏鐵路公司以外的全部 17 個鐵路局，每天開行高速動車組 4200 多列，2015 年全國高鐵始發正點率達 98.8%，終到正點率達 95.4%。中國高鐵每日發送旅客人數超過 450 萬人次，累計發送旅客人數已達 50 億人次，僅次於日本新幹線，位居全球第二位。到 2017 年 9 月 30 日，這個數字又突破了 70 億人次，考慮到中國高鐵一年 14.42 億人次（2016 年數據）的旅客發送量，且年均保持兩位數以上的增長，而日本新幹線、德國 ICE、法國 TGV 年發送旅客人數分別約為 3.1 億人次、1.8 億人次、1.6 億人次，未來一段時間，中國高鐵累計發送旅客人數超越日本居世界第一位是可以預期的。

表一：已開通線下時速 300 公里以上高鐵（截至 2017 年 9 月底）

名稱	里程（km）	曲線半徑（m）		線間距（m）	最大坡度（‰）		線下設計時速（km）	線上設計時速（km）	目前運營速度（km）	開通時間
		一般	困難		一般	困難				
京津城際	120	9000	7000	5.0	6	12	350	350	300	2008 年 8 月 1 日
京廣高鐵武廣段	1069	9000	7000	5.0	12	20	350	350	300	2009 年 12 月 26 日
徐蘭高鐵鄭西段	523	9000	4000	5.0	12	20	350	350	300	2010 年 2 月 6 日
滬寧城際	301	5500	4500	5.0	12	20	350	350	300	2010 年 7 月 1 日
滬昆高鐵滬杭段	159	9000	7000	5.0	12	20	350	350	300	2010 年 10 月 26 日
京滬高鐵	1318	9000	7000	5.0	12	20	350	350	300	2011 年 6 月 30 日
廣深港高鐵廣深段	102	9000	7000	5.0	12	20	350	350	300	2011 年 12 月 26 日
京廣高鐵鄭武段	536	9000	7000	5.0	12	20	350	350	300	2012 年 9 月 28 日
合蚌高鐵	132	9000	7000	5.0	12	25	350	350	300	2012 年 10 月 16 日
京哈高鐵哈大段	921	9000	7000	5.0	20	20	350	350	夏300冬200	2012 年 12 月 1 日
京廣高鐵京鄭段	693	9000	7000	5.0	12	20	350	350	300	2012 年 12 月 26 日
寧杭高鐵	256	9000	7000	5.0	12	20	350	350	300	2013 年 7 月 1 日
杭深高鐵杭甬段	155	7000	/	5.0	20	/	350	350	300	2013 年 7 月 1 日
盤營高鐵	118	7000	5500	5.0	20	23	350	350	300	2013 年 9 月 12 日
盤營高鐵	118	7000	5500	5.0	20	23	350	350	300	2013 年 9 月 12 日
徐蘭高鐵西寶段	167	9000	7000	5.0	12	20	350	350	250	2013 年 12 月 28 日
武咸城際	76	5000	4500	4.8	12	40	300	250	250	2013 年 12 月 28 日
武黃（石）城際	96.78	5000	4500	4.8	12	20	300	250	250	2014 年 6 月 18 日
大西客專太西段	536	9000	7000	5.0	20	30	350	250	250	2014 年 7 月 1 日
滬昆高鐵杭長段	924	9000	7000	5.0	12	20	350	350	300	2014 年 12 月 10 日
滬昆高鐵長新段	420	9000	7000	5.0	20	30	350	300	300	2014 年 12 月 16 日
成貴客專成綿樂段	313	4500	3500	4.8	12	20	300	250	200	2014 年 12 月 20 日
貴廣高鐵龍廣段	815	5500	4500	4.8	12	20	300	250	250	2014 年 12 月 26 日
蘭新高鐵	1776	9000	7000	5.0	12	20	0350	250	200	2014 年 12 月 26 日
滬昆高鐵新貴段	286	9000	7000	5.0	20	30	350	300	300	2015 年 6 月 18 日
合福客專	850	5500	/	5.0	20	30	350	350	300	2015 年 6 月 28 日
哈齊高鐵	266	5500	/	4.8	20	/	300	250	250	2015 年 8 月 17 日

京津城際延伸線	45	7000	/	5.0	/	/	350	350	300	2015 年 9 月 20 日
成渝高鐵	308.5	7000	/	5.0	20	/	350	300	300	2015 年 12 月 26 日
鄭徐高鐵	361.9	9000	7000	5.0	20	/	350	350	300	2016 年 9 月 10 日
滬昆高鐵貴昆段	465	7000	/	5.9	20	25	350	350	300	2016 年 12 月 28 日

表二：已開通線下時速 250 公里以上高鐵（截至 2017 年 9 月底）

名稱	里程 (km)	曲線半徑（m）		線間距 (m)	最大坡度（‰）		線下設計時速 (km)	線上設計時速 (km)	目前運營速度 (km)	開通時間
		一般	困難		一般	困難				
潘客專	405	3500	3000	4.6	9	12	250	250	200	2003 年 10 月 12 日
寧蓉鐵路合寧段	157	4500	3500	4.6	6	/	250	250	200	2008 年 4 月 18 日
膠濟客專	393	2800	2200	4.4	12	20	250	200 至 250	200	2008 年 12 月 21 日
石太客專	232	4500	3500	4.6	13.5	18	250	250	250	2009 年 4 月 1 日
寧蓉鐵路合武段	359	5500	4500	4.6	6	/	250	250	200	2009 年 4 月 1 日
甬台溫鐵路	275	5500	4500	4.6	6	/	250	250	200	2009 年 9 月 28 日
溫福鐵路	305	5500	4500	4.6	6	/	250	250	200	2009 年 9 月 28 日
福廈鐵路	258	5500	4500	4.6	6	/	250	250	200	2010 年 4 月 26 日
成灌鐵路	65	2200	/	/	20	/	200	200	200	2010 年 5 月 10 日
昌九城際	142	4000	3500	4.6	9	12	250	250	200	2010 年 8 月 28 日
寧蓉鐵路宜萬段	377	2000	1600	4.4	9	18	200	200	200	2010 年 12 月 22 日
海南東環線	308	5500	4500	4.6	12	20	250	250	200	2010 年 12 月 30 日
長吉城際	111	5500	4500	4.6	12	/	250	250	200	2011 年 1 月 11 日
龍夏鐵路	171	3500	2800	/	13	/	200	200	200	2012 年 6 月 30 日
漢宜鐵路	292	5500	4500	4.6	6	/	250	250	200	2012 年 7 年 1 日
廣珠城際	144	1200	800	4.0	6	/	200	200	200	2012 年 12 月 30 日
昌福鐵路	632.4	3500	2800	4.6	6	/	200	200	200	2013 年 9 月 26 日
廈深鐵路	502.4	5500	4500	4.6	6	/	250	250	200	2013 年 12 月 28 日
渝利鐵路	264	4500	3500	4.4	9	18.5	200	200	300	2013 年 12 月 28 日
茂湛鐵路	103	3500	/	/	6	/	200	200	200	2013 年 12 月 28 日
衡柳鐵路	498	4500	3500	4.6	6	/	250	250	200	2013 年 12 月 28 日
柳南客專	223	5500	4500	4.6	12	/	250	250	200	2013 年 12 月 28 日
欽北鐵路	197	5500	4500	4.6	6	/	250	250	200	2013 年 12 月 28 日

欽防鐵路	51	5500	4500	4.6	6	/	250	250	200	2013 年 12 月 28 日
南廣鐵路南悟段	328	5500	4500	4.6	6	/	250	250	200	2014 年 4 月 16 日
武岡城際	36	3500	2200	/	20	/	250	200	200	2014 年 6 月 18 日
南廣鐵路悟廣段	246	5500	4500	4.6	6	/	250	250	200	2014 年 12 月 26 日
青榮客專即榮段	276	4000	3500	4.6	12	25	250	250	200	2014 年 12 月 28 日
鄭開城際	50.33	2200	/	/	20	/	200	200	200	2014 年 12 月 28 日
鄭焦城際	78	4000	3500	4.6	12	20	250	200	200	2015 年 6 月 26 日
潘丹高鐵	360	5500	/	/	20	25	250	250	250	2015 年 9 月 1 日
吉圖琿高鐵	360	4500	3500	4.6	20	/	250	250	200	2015 年 9 月 20 日
寧安城際	258	5500	/	4.6	12	20	250	250	200	2015 年 12 月 6 日
南昆客專南百段	223	5500	4500	/	12	18.5	250	250	200	2015 年 12 月 11 日
丹大鐵路	292	3500	2800	5.0	6	/	200	200	200	2015 年 12 月 17 日
金麗溫鐵路	188.8	3500	/	4.6	6	/	250	200	200	2015 年 12 月 26 日
贛瑞龍鐵路	273	3500	2800	4.4	/	/	250	200	200	2015 年 12 月 26 日
津保鐵路	157.8	/	/	/	/	/	200-250	200	200	2015 年 12 月 28 日
牡綏鐵路	139	/	/	/	/	/	200	200	200	2015 年 12 月 28 日
海南西環線	345	4500	3500	4.4	12	/	200	200	200	2015 年 12 月 30 日
鄭機城際	43	1450	/	4.6	/	/	200	200	200	2015 年 12 月 31 日
青榮城際青即段	46	4000	3500	4.6	12	25	250	250	200	2016 年 11 月 16 日
渝萬高鐵	245	4000	/	4.6	20	/	250	250	200	2016 年 11 月 28 日
漢孝城際	61.7	4000	2000	/	20	/	200	200	200	2016 年 12 月 1 日
長株潭城際	104.36	4000	2000	4.6	20	/	200	200	160	2016 年 12 月 26 日
南昆客專昆百段	486	5500	4500	/	/	/	250	250	200	2016 年 12 月 28 日
武九客專湖北段	69.124	3500	/	4.6	20	/	250	250	200	2017 年 6 月 12 日
寶蘭客專	401	4500	/	4.6	20	25	250	250	250	2017 年 7 月 9 日
張呼高鐵烏呼段	126	4500	3500	5.0	20	/	250	250	250	2017 年 8 月 3 日
蘭渝鐵路蘭廣段	886	3500	2800	4.4	/	/	160	160	160	2017 年 9 月 29 日
蘭渝鐵路廣渝段		4500	3500	4.6	/	/	200	200	160	

註：表格以國家鐵路局官網 2015 年 10 月 22 日發佈的《中國高速鐵路》為藍本進行了補充，部分鐵路愛好者提供了大量資料，感謝他們的付出。

就在此前，中國高速鐵路網規劃又迎來了一次大的升級。2016 年 6 月 29 日，中國總理李克強主持召開國務院第 139 次常務會議，原則上通過了《中長

期鐵路網規劃》，「四縱四橫」高速鐵路網正式升級為「八縱八橫」。2016年7月13日，國家發改委、交通運輸部、中國鐵路總公司正式印發了《中長期鐵路網規劃》，中國高速鐵路網 3.0 版正式面世。

3.0 版高速鐵路網規劃期為 2016 ～ 2025 年，遠期展望到 2030 年。根據規劃，到 2020 年全國鐵路網規模將達到 15 萬公里，其中高速鐵路 3 萬公里，覆蓋 80% 以上的大城市；到 2025 年，全國鐵路網規模將達到 17.5 萬公里，其中高速鐵路網 3.8 萬公里。

《中長期鐵路網規劃》明確高速鐵路主通道規劃新增項目原則採用時速 250 公里及以上標準（地形地質及氣候條件複雜困難地區可以適當降低），其中沿線人口城鎮稠密、經濟比較發達、貫通特大城市的鐵路可採用時速 350 公里標準。區域鐵路連接線原則採用時速 250 公里及以下標準。城際鐵路原則採用時速 200 公里及以下標準。

下面我們就來看一下「八縱八橫」高速鐵路主通道規劃：

（一）「八縱」通道

沿海通道。大連（丹東）—秦皇島—天津—東營—濰坊—青島（煙台）—連雲港—鹽城—南通—上海—寧波—福州—廈門—深圳—湛江—北海（防城港）高速鐵路（其中青島至鹽城段利用青連、連鹽鐵路，南通至上海段利用滬通鐵路），連接東部沿海地區，貫通京津冀、遼中南、山東半島、東隴海、長三角、海峽西岸、珠三角、北部灣等城市群。

京滬通道。北京—天津—濟南—南京—上海（杭州）高速鐵路，包括南京—杭州、蚌埠—合肥—杭州高速鐵路，同時通過北京—天津—東營—濰坊—臨沂—淮安—揚州—南通—上海高速鐵路，連接華北、華東地區，貫通京津冀、長三角等城市群。

京港（台）通道。北京—衡水—菏澤—商丘—阜陽—合肥（黃岡）—九江—南昌—贛州—深圳—香港（九龍）高速鐵路；另一支線為合肥—福州—台北高

速鐵路，包括南昌—福州（莆田）鐵路。連接華北、華中、華東、華南地區，貫通京津冀、長江中游、海峽西岸、珠三角等城市群。

京哈—京港澳通道。哈爾濱—長春—瀋陽—北京—石家莊—鄭州—武漢—長沙—廣州—深圳—香港高速鐵路，包括廣州—珠海—澳門高速鐵路。連接東北、華北、華中、華南、港澳地區，貫通哈長、遼中南、京津冀、中原、長江中游、珠三角等城市群。

呼南通道。呼和浩特—大同—太原—鄭州—襄陽—常德—益陽—邵陽—永州—桂林—南寧高速鐵路。連接華北、中原、華中、華南地區，貫通呼包鄂榆、山西中部、中原、長江中游、北部灣等城市群。

京昆通道。北京—石家莊—太原—西安—成都（重慶）—昆明高速鐵路，包括北京—張家口—大同—太原高速鐵路。連接華北、西北、西南地區，貫通京津冀、太原、關中平原、成渝、滇中等城市群。

包（銀）海通道。包頭—延安—西安—重慶—貴陽—南寧—湛江—海口（三亞）高速鐵路，包括銀川—西安以及海南環島高速鐵路。連接西北、西南、華南地區，貫通呼包鄂、寧夏沿黃、關中平原、成渝、黔中、北部灣等城市群。

蘭（西）廣通道。蘭州（西寧）—成都（重慶）—貴陽—廣州高速鐵路。連接西北、西南、華南地區，貫通蘭西、成渝、黔中、珠三角等城市群。

（二）「八橫」通道

綏滿通道。綏芬河—牡丹江—哈爾濱—齊齊哈爾—海拉爾—滿洲里高速鐵路。連接黑龍江及蒙東地區。京蘭通道。北京—呼和浩特—銀川—蘭州高速鐵路。連接華北、西北地區，貫通京津冀、呼包鄂、寧夏沿黃、蘭西等城市群。

青銀通道。青島—濟南—石家莊—太原—銀川高速鐵路（其中綏德至銀川段利用太中銀鐵路）。連接華東、華北、西北地區，貫通山東半島、京津冀、太原、寧夏沿黃等城市群。

陸橋通道。連雲港—徐州—鄭州—西安—蘭州—西寧—烏魯木齊高速鐵

路。連接華東、華中、西北地區，貫通東隴海、中原、關中平原、蘭西、天山北坡等城市群。

沿江通道。上海—南京—合肥—武漢—重慶—成都高速鐵路，包括南京—安慶—九江—武漢—宜昌—重慶、萬州—達州—遂寧—成都高速鐵路（其中成都至遂寧段利用達成鐵路）。連接華東、華中、西南地區，貫通長三角、長江中游、成渝等城市群。

滬昆通道。上海—杭州—南昌—長沙—貴陽—昆明高速鐵路。連接華東、華中、西南地區，貫通長三角、長江中游、黔中、滇中等城市群。

廈渝通道。廈門—龍岩—贛州—長沙—常德—張家界—黔江—重慶高速鐵路（其中廈門至贛州段利用龍廈鐵路、贛龍鐵路，常德至黔江段利用黔張常鐵路）。連接海峽西岸、中南、西南地區，貫通海峽西岸、長江中游、成渝等城市群。

廣昆通道。廣州—南寧—昆明高速鐵路。連接華南、西南地區，貫通珠三角、北部灣、滇中等城市群。

中國標準動車組

2015 年夏天，中國高鐵的另外一個突破就是中國標準動車組的下線。6 月 30 日，由四方股份公司研製的 CRH-0207 與長客股份公司研製的 CRH-0503 在北京鐵科院環形試驗線舉行了發佈儀式，標誌著全新一代中國動車組正式亮相。

關於中國動車組的分類，在筆者前作《高鐵風雲錄》中首倡三代分法。第一代以 CRH2、CRH3、CRH5 為代表，主要是以引進消化吸收再創新為主；第二代是以 CRH380 系列為代表，基本算是自主設計產品；第三代則以中國標準動車組為代表，是完全中國標準的產品。

當然在跟業內一些資深專家以及領導的探討中，也有部分專家並不認同筆

者的這種分法。原因是：與 CRH380 系列動車組相比，中國標準動車組在各項技術指標中都沒有實質性超越。以航空為例，有三代機、四代機（此處指美國分類標準）之分，四代機與三代機相比有一些核心的技術指標是不同的，如隱身性能，此外還強調超音速巡航與超機動性。但就中國高速動車組而言，中國標準動車組無論是在速度指標上，還是在安全指標上、舒適度指標上，與 CRH380 系列都沒有本質區別或者大的超越，它們的區別主要是技術路線的差異，在技術標準上統一成了中國標準，並在部分零部件的國產化上實現了突破。所以，業內的技術專家們認為中國標準動車組與 CRH380 系列並不存在代際區別。

毫無疑問，專家的意見是嚴謹的。既然要進行代際劃分，先要確定劃代標準。對於高速動車組而言，重要的技術指標包括：速度、直流傳動還是交流傳動（新幹線早期型號是直流傳動）、動力集中還是動力分散、交流異步還是永磁同步電機、鋁合金車體還是不銹鋼車體等。但是，高速動車組的劃代並沒有像戰鬥機一樣形成統一的國際標準，而是不同國家採用了不同的標準，日本有日系標準、德國與法國有歐洲標準；而就歐洲標準而言，德國與法國又有很大的不同。如日本新幹線從第一代 0 系新幹線開始就採用了動力分散技術，對新幹線而言，劃代標準顯然採用速度與傳動方式更方便，如 0 系、100 系、200 系可以劃分為第一代，因為它們採用的都是直流傳動技術，300 系後則採用了交流傳動技術，相對直流傳動而言，交流傳動顯然是一項重大跨越。

對德國而言，ICE1、ICE2 可以劃分為一代，因為都採用了動力集中技術，軸重過大，被歐洲鐵路聯盟禁止在歐洲跨國線路上使用，ICE3 則採用了動力分散技術，從而解決了這個難題，可以劃分為新一代。

所以，對於技術標準並不統一的高速動車組而言，完全按照技術指標進行劃代是極其困難的。因此，選擇以技術自主化程度為標準對「和諧號」之後的中國高速動車組進行劃代，當然這種劃代方式也僅適用於中國。

　　中國第一代動車組的核心特徵是對國外動車組技術的引進消化吸收和再創新，它們的歷史使命就是國產化。關於國產化和自主化的區別，在前面的篇章中已經做了解釋，國產化關注的是在哪裡生產，而自主化關注的是在哪裡設計。這一代產品還有一個共同特點就是涉及知識產權問題，無法出口國外。

　　以此標準來衡量，中國第一代高速動車組的典型代表包括 CRH2A、CRH3C 和 CRH5A。這是第一代裡面的第一個等級，基本就是國外技術的國產化。第二個等級則是微創新的產品，包括 CRH2B 長編組動車組、CRH2E 臥鋪動車組。第三個等級則包括重大創新的產品，包括 CRH2G、CRH5G、CRH5E 等系列產品。第四個等級則實現了速度等級的重大跨越，主要代表產品是 CRH2C，CRH2C 一階段實現速度等級由時速 250 公里到 300 公里的跨越，CRH2C 二階段則實現了速度等級由時速 300 公里到 350 公里的跨越，而且作為安全指標的氣密強度實現了 50% 的提升。

　　而沒有將 CRH1 系列動車組列入其中，因為 CRH1 系列純粹是龐巴迪的技術，是合資工廠的產品，而合資工廠只是龐巴迪技術產品的生產基地，它們並不存在技術引進問題，也就更不存在技術的自主化問題。後面的 CRH380D 與此相類。

　　中國第二代動車組的核心特徵則是自主化，代表作就是 CRH380 系列。當然，由於技術路線和核心零部件的依賴程度不同，CRH380 系列產品在能否實現出口這個指標上的表現並不相同。第一個等級是 CRH380B(L) 與 CRH380BG，實現了自主化但是對外方技術依賴程度仍舊較高，出口受到限制。第二個等級包括 CRH380A(L) 與 CRH380CL，進行了全面創新，並在牽引傳動、網絡控制等核心技術上擺脫了引進技術源頭方的控制，能夠實現自由出口。當然，CRH380A(L) 與 CRH380CL 走的路徑又不相同，CRH380A(L) 主要是通過核心零部件的國內生產廠家的替代實現，而 CRH380CL 則通過引進日立牽引傳動技術實現。

還有一批車型也可以劃分到第二代當中，主要包括 CRH6 系列、CJ1、CJ2、CRH3A 等車型。嚴格意義上，它們並不屬於高速動車組型號，而是屬於城際動車組型號，但是像 CRH6、CRH3A 均獲得了「CRH」的命名，而且能力上也能夠實現時速 200 公里到時速 250 公里的運營，從這個意義上也基本能夠進入中國高速動車組範疇了，為了方便起見，就把它們統一劃進來了。這些城際動車組產品基本都能夠算作自主設計產品。

第三代動車組的核心特徵則是中國標準體系的建立，屬於正向研發的範疇，代表作品就是下線之初被稱為中國標準動車組的 CRH-0207 與 CRH-0503。

前面我們介紹了 CRH380A 型高速動車組做了很多的創新，還通過了美國戴維斯律師事務所與美國專利商標局（USPTO）的知識產權評估等，擁有自主知識產權，但是不可否認，我們仍舊能夠從 CRH380A 型動車組身上看到日系高速動車組技術的影子，如 CRH380A 的動力配置結構等。所以到中國高速動車組的 CRH380 系列時代，中國高速動車組研發雖然已經發生了脫胎換骨的變化，但是仍舊沒有完全走上正向研發的道路，而是在既有技術路線上的全面突破。當然，中國高速動車組的二代半產品，已經有很多產品可以歸入正向研發的行列，如 CRH6、CJ1、CJ2 等產品。

真正讓中國高速列車研發全面進入正向研發時代的正是中國標準動車組。什麼是正向研發？正向研發就是首先要考慮我有什麼樣的需求，如列車時速要達到什麼水平、要能夠適應什麼樣的運營線路、在維修方面能夠滿足什麼樣的需求、在旅客介面上要達到什麼樣的效果，等等，然後根據需求設計一套技術方案，再通過對方案的細化分解，研發一種全新的高速動車組型號。按照這個方式研發出來的動車組整車的知識產權自然不再有任何爭議，而且還要建立中國標準。如這次下線的中國標準動車組採用的重要標準，就涵蓋了動車組基礎通用、車體、走行裝置、司機室佈置及設備、牽引電氣、制動及供風、列車網

絡標準、運用維修等 13 個大的方面。其中大量採用了中國國家標準、行業標準以及專門為中國標準動車組制定的一批技術標準。在涉及的 254 項重要標準中，中國標準佔 84%。當然為了與國際接軌，促進中國裝備走出去，中國標準動車組也積極採用了一些國際標準及國外先進標準。

2015 年 6 月 30 日，中國標準動車組正式下線後，就開始在鐵科院環形試驗線進行時速 160 公里及以下型式試驗。9 月，兩輛中國標準動車組又轉移到大西高鐵原平至太原試驗段，進行線路試驗和運營考核。

2015 年 11 月 18 日，中國標準動車組在大西高鐵原平至太原試驗段最高試驗時速突破了 385 公里，各項技術性能表現優異。這標誌著在靜態、低速試驗後，中國標準動車組順利通過了高速試驗關鍵大考。經過 4 個月努力，中國標準動車組試驗團隊成員完成了包括高壓試驗、網絡試驗、限界試驗、稱重試驗、電氣保護試驗、安全措施和設備檢查試驗、弓網試驗、動力學試驗等多項試驗項目。

2016 年 5 月 16 日，中國標準動車組又轉戰即將開通運營的鄭徐高鐵進行綜合試驗。在這條全長 360 多公里的高速鐵路上，中國標準動車組一天進行 6 個往返的線路試驗。

7 月 15 日，世界高速鐵路又誕生了一項嶄新的世界紀錄。上午 11 時 20 分，CRH-0207 與 CRH-0503 在鄭徐高鐵河南省商丘市民權縣境內，分別以超過 420 公里的時速成功實現交會。這是世界高速鐵路史上首次進行類似試驗。此次試驗中，對向行駛的列車交會瞬間相對時速超過了 840 公里，平均每秒 233 公尺，兩車交會時間不足 2 秒，其產生的壓力波之強大對於新的中國標準動車而言絕對是一個巨大的考驗。世界上還沒有任何一列高速列車，經受過如此大的交會壓力波的考驗。

應該說，兩列中國標準動車組的交會試驗取得了巨大的成功。在這種高速條件下，接觸網波動、設備振動都將加大，對弓網關係、受流質量、接觸網支

持結構緊固質量以及牽引供電設備可靠性等都是一個巨大考驗。值得慶賀的是，無論是鄭徐高鐵，還是兩列中國標準動車組都經受住了這次試驗的考驗。這次試驗成功不但獲取了中國標準動車組運行能耗數據、振動噪聲特性，而且探索了時速 400 公里及以上高速鐵路系統關鍵技術參數變化規律，為深化中國高速鐵路輪軌關係、弓網關係、空氣動力學等理論研究和高速鐵路核心技術攻關、運營管理提供了有力的技術支撐。

在鄭徐高鐵完成時速 420 公里交會試驗後，兩列中國標準動車組赴世界首條高寒高鐵——哈大高鐵進行載客運營考核。8 月 15 日凌晨 6 時 10 分，G8041 次列車駛出大連北站，沿著哈爾濱至大連高速鐵路開往瀋陽站，中國標準動車組首次載客運行。無數火車迷紛紛趕到大連，見證並體驗中國標準動車組的處女載客行。

中國標準動車組也沒有讓他們失望，已經體驗過中國眾多高速動車組型號的火車迷們發現，中國標準動車組除了在技術方面的眾多突破外，在乘坐舒適方面也有眾多讓他們欣喜若狂的創新。首先座椅舒適性更好了，色彩搭配時尚活潑，更有特色了，更為關鍵的是每個座椅都配備插座。其次，列車上實現了 WIFI 全覆蓋，旅客可隨時上網，旅途不再寂寞。其三，車內照明更加人性化了。中國標準動車組的車內照明有十幾種模式，亮度從高到低，光線從暖到冷，每個旅客都能使用閱讀燈，亮度和色溫都可以手動或自動調節，人性化設計更加突出。

當然還有一些能看到卻體會不到的變化，如被譽為「金鳳凰」和「藍海豚」的新頭型。大家都能感受到它們的美觀，但是它們被列車採用可不僅僅是因為美觀。這種低阻流線型設計能夠大大降低列車的運行阻力以及列車尾車的升力。在列車頭型設計方面，「大灰狼」CRH380A 已經是世界高速列車領域的佼佼者了，但是「藍海豚」CRH-0207 的新頭型竟然比 CRH380A 頭型在空氣阻力方面降低了 10%。被全國車迷津津樂道的還包括兩列不同廠家生

產的高速列車能夠實現重聯。對於這一點應該算是中國標準動車組的最起碼的要求了。

2016 年 10 月 26 日，中國標準動車組正式完成了自下線以來的 60 萬公里運營考核，擔當了它們正式批量生產前的最後一次載客運營。隨後，它們分別返回了它們的誕生地長客股份公司與四方股份公司，技術人員對它們進行了拆解，然後對經歷了 60 萬公里考驗的各個零部件進行了技術分析，分析的結果是各項指標均符合設計預期。此時，第二對中國標準動車組 CRH-0208 與 CRH-0587 也已經下線，並投入了大西高鐵太原至原平段進行運營考核。

復興號

2016 年 10 月 9 日，中國高鐵又迎來了一個嶄新的時代。當天，鐵路總公司召開幹部大會，67 歲的鐵路總公司黨組書記、總經理盛光祖正式退休，61 歲的國家鐵路局局長陸東福任鐵路總公司黨組書記並提名總經理。

在陸東福的帶領下中國高鐵復甦之路迎來了第三個階段，運營時速 350 公里時代的正式來臨。當然降速如山倒，復速如抽絲，在陸東福的帶領下這條路走得穩妥而審慎。

在陸東福上任不久，就有鐵路總公司的文件流出，探討中國高鐵逐步達速。之所以說是達速，而不是提速，或者復速，是因為這三個概念有比較大的區別。本來按照時速 300 公里運營，現在提高到時速 350 公里運營叫提速；本來是按照時速 350 公里運營，後來被降速到時速 300 公里運營，現在又重新按照時速 350 公里運營叫復速；本來線路是按照時速 350 公里設計的，但是從來沒有按照時速 350 公里運營過，一直只是按照時速 300 公里運營，現在按照時速 350 公里運營了，這叫達速。

最初流傳的版本是設計時速 250 公里的線路最先達速。

2016 年 11 月 18 日，陸東福上任滿月不久，海南環島高鐵迎來新一代

CRH1A 型高速動車組，並對既有老型動車組進行了替換。海南環島高鐵率先進行達速試驗的消息開始在民間流傳。

海南環島高鐵全長 653 公里，共分為兩段，其中東環線全長 308 公里，設計時速 250 公里，2010 年 12 月 30 日開通運營，截止 2016 年年底已累計發送旅客 7000 萬人次，日均旅客發送人數由開通初期的 0.8 萬人次增長到 5 萬多人次；西環線 345 公里，設計時速 200 公里，2015 年 12 月 30 日開通運營，日均發送 0.93 萬人次。海南環島高鐵獨立於中國高鐵鐵路網之外，自成體系，日均開行列車數量有限，選擇這樣一條高速鐵路進行達速試驗恰到好處。

2017 年 1 月 20 日，海南東環線正式達速，開始按照設計時速 250 公里運營，海口到三亞的最短旅行時間被壓縮到 1 小時 23 分。中國高鐵達速時代正式開啟。

但是接下來此前預計的幾條率先達速的時速 250 公里高鐵並沒有成為現實，反而隨著中國共產黨的十九大召開時間的臨近，京滬高鐵率先達速的消息開始流傳。

2017 年 2 月 25 日，中國標準動車組開始在京廣高鐵上擔當 G65／G68 次北京西至廣州南間的運輸服務工作。

6 月 25 日，鐵路總公司在北京南動車所舉行「復興號」命名儀式，由中車四方股份公司與中車長客股份公司生產的兩種中國標準動車組型號被命名為「復興號」。其中四方股份公司研製的「復興號」被命名為「CR400AF」，長客股份公司研製的「復興號」被命名為「CR400BF」。按照中國鐵路總公司新的動車組編制規則，新型自主化動車組均採用「CR」開頭的型號，「CR」是中國鐵路總公司英文 China Railway 的縮寫，也是指覆蓋不同速度等級的中國標準動車組系列化產品平台。型號中的「400」為速度等級代碼，代表該型動車組試驗速度可達 400km/h 及以上，持續運行速度為 350km/h；「A」和「B」為企業標識代碼，代表研製廠家，「A」代表四方股份公司，「B」代表長客

股份公司;「F」為技術類型代碼,代表動力分散電動車組,其他還有「J」代表動力集中電動車組,「N」代表動力集中內燃動車組。

根據鐵路總公司的安排,CR400BF 將由長客股份公司授權中車唐山公司參與生產,CR400AF 將來也有可能通過專利授權的方式給予龐巴迪在國內的合資公司 BST 公司生產資質。此外,「復興號」還將開發系列型號,包括 CR300、CR200 系列。其中設計時速 300 ～ 400 公里之間的車型將被命名為 CR400 系列,設計時速 200 ～ 300 公里之間的車型將被命名為 CR300 系列,設計時速 160 ～ 200 公里之間的車型將被命名為 CR200 系列。

「復興號」動車組的正式命名,標誌著「和諧號」時代的結束和「復興號」時代的正式到來。中國鐵路機車車輛的命名有著鮮明的時代特色,從「解放」型蒸汽機車到「建設」型蒸汽機車,從「東風」型內燃機車到「韶山」型電力機車,再到「和諧號」動車組,無不打上了鮮明的時代烙印。中國發展進入新時代,中國高速動車組進入新時代是自然而言的一件事情。但是「CRH」這個已經響徹全球的品牌的廢棄卻讓人頗為惋惜,畢竟經過這麼多年的發展 CRH 已經成為與新幹線、TGV、ICE 並駕齊驅的世界高鐵品牌。

就在「復興號」正式命名的第二天,6 月 26 日「復興號」正式在京滬高鐵上線運營,兩列「復興號」動車組在京滬高鐵兩端的北京南站和上海虹橋站雙向首發,分別擔當 G123 次和 G124 次高速列車。

7 月 18 日,傳說已久的京滬高鐵達速終於出現實質性進展。當天鐵路總公司在京滬高鐵新增 G9/G10 兩列高鐵班次,由「復興號」動車組列車擔當,按時速 350 公里速度空載試運行。其中 CR400AF-2025 列車擔當 G9 運營,CR400BF-5005 擔當 G10 運營。從北京南站到上海虹橋站全程 4 小時 10 分鐘。消息由自媒體爆出後在國內引起巨大反響。2010 年 12 月份,世界高鐵大會在北京召開時,鐵道部曾計劃讓京滬高鐵按照最高時速 380 公里開通運營,按照計劃北京到上海兩地 1318 公里的距離最短旅行時間不到 4 個小時。但是 2011

年 6 月 30 日，換屆的鐵道部讓京滬高鐵降速開通，最高運營時速只有 300 公里，兩地最短旅行時間 4 小時 49 分。

7 月 27 日，鐵路總公司正式對外公佈京滬高鐵達速消息，安排「復興號」在京滬高鐵開展時速 350 公里體驗運營，來自國家有關部委、企業，部分院士、專家及鐵路行業有關單位負責人，共計 300 餘人參加了體驗運營。當時流傳的消息是，京滬高鐵將安排兩對標竿車服務商務人士，在北京南站到上海虹橋站間一站直達，最短旅行時間在 4 小時左右。

9 月 21 日，中國鐵路實行新的運行圖，安排 7 對「復興號」動車組班次按照最高時速 350 公里運行，京滬高鐵正式達速，中國重新成為世界上唯一擁有時速 350 公里高鐵的國家，也標誌著中國高鐵正式迎來全面復甦。

當然傳說中的一站直達的標竿車並沒有出現，京滬高鐵必停的車站除了原來的南京南站外又增加了濟南西站，最快列車班次全程運行時間 4 小時 24 分，在多停一站的前提下，最短旅行時間仍舊節省了 21 分鐘。當然這種安排符合運輸經濟規律，畢竟停靠更多的車站有利於乘客的旅程安排，也有利於提高高速列車的載客率。

隨著中國高鐵事業的快速發展，中國鐵路的運營主體中國鐵路總公司也在加速市場化改革，由全民所有制企業改制成為國有獨資公司。2017 年 9 月鐵路總公司的改制正式啟動，整個過程分「三步走」。第一步是所屬非運輸企業的改制，包括中國鐵路建設投資公司、中國鐵道科學研究院和《人民鐵道》報社等 17 家單位。第二步是鐵路總公司所屬 18 家鐵路局和 3 家專業運輸公司（中鐵集裝箱運輸有限責任公司、中鐵特貨運輸有限責任公司、中鐵快運股份有限公司）的公司制改革，即對運輸主業的改革。第三步是鐵路總公司本級的公司制改革。

當然鐵路總公司的改革並沒有像有些評論員呼籲的那樣，將 18 家鐵路局重組為幾家獨立的大的鐵路公司，而是仍舊以「鐵路一張網」為前提，堅持鐵

路總公司對鐵路運輸統一調度指揮，改革後仍保持「總公司—鐵路局—基層站段」三級運輸管理架構。其中鐵路公益性運輸、重點運輸等社會責任仍要保證，目的是實現鐵路運輸整體效率和效益最大化。

2017 年 11 月 15 日，鐵路總公司所屬 18 個鐵路局全部完成公司制改革工商變更登記，各鐵路局的名稱統一變更為「中國鐵路 XX 局集團有限公司」，如中國鐵路上海局集團有限公司、中國鐵路廣州局集團有限公司。11 月 19 日，18 家鐵路局公司全部完成掛牌工作，這標誌著鐵路公司制改革取得重要成果，為國鐵向現代運輸經營型企業轉型發展邁出了重要一步。

改制後的 18 家鐵路局公司在領導任命方面實行「雙向進入、交叉任職」體制。公司董事長、總經理分設，黨委書記、董事長由一人擔任，董事長為公司法定代表人。鐵路局改制後不設股東會，仍由鐵路總公司行使出資人職權。各公司設立董事會、監事會和經理層，設立公司黨委會，黨委會把方向、管大局，支持董事會、監事會、經理層依法履行職責。同時建立職工董事、職工監事制度。

與此同時，鐵路總公司本級的公司制改革方案建議已經報國家出資人代表財政部。媒體報導，鐵路總公司機關組織機構改革已經基本完成，內設機構精簡調整，機關部門、二級機構、人員編制分別精簡 10.3%、26.6% 和 8.1%。

註釋

1.〈李克強主持召開國務院常務會議〉，新華社 2013 年 7 月 24 日電。

2.《國務院關於改革鐵路投融資體制加快推進鐵路建設的意見》，國發〔2013〕33 號，中國政府網，2013 年 8 月 16 日。

3. 周音，〈今年內地新開工 47 個鐵路項目投資規模增至 4713 億〉〉，中新社，2013 年 11 月 10 日。

4. 周音，〈鐵路總公司召開首次工作會議盛光祖作報告〉，中新社2014年1月9日。

5.〈盛光祖談鐵路改革：形成鐵路價格動態調整機制〉，《人民日報》2014年4月9日。

6.〈馬凱在部分地區鐵路建設工作會議上強調明確目標任務強化責任措施確保全面完成今年鐵路建設任務〉，新華社電，2014年4月29日。

7.〈馬凱在部分地區鐵路建設工作會議上強調明確目標任務強化責任措施確保全面完成今年鐵路建設任務〉，新華社電，2014年4月29日。

8. 孫春芳，〈鐵路投資提至8000億或創歷年新高〉，《21世紀經濟報道》，2014年5月6日。

9. 路炳陽，〈鐵路投資目標再次調增至8000億以上〉，財新網2014年5月1日。

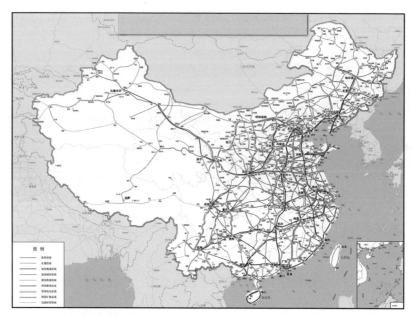

「十三五」鐵路網規劃

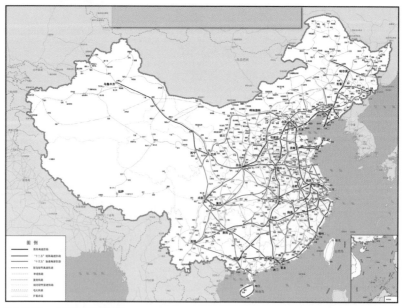

「十三五」高速鐵路網規劃

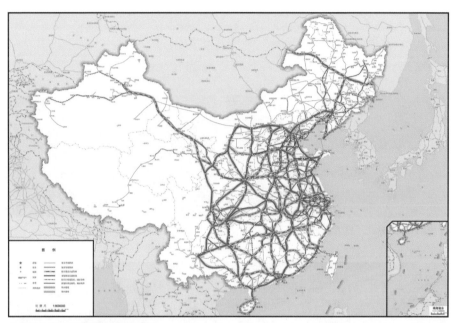

「八縱八橫」高速鐵路網規劃圖

中國標準動車組鄭徐高鐵相對時速 840 公里交會瞬間圖片（1）

中國標準動車組鄭徐高鐵相對時速 840 公里交會瞬間圖片（2）

中國標準動車組之「藍海豚」

中國標準動車組之「金鳳凰」

「復興號」動車組命名儀式

「復興號」CR400AF 型高速動車組

「復興號」CR400BF 型高速動車組

第十一章 世界新貴

2016 年 9 月 20 日，德國柏林，一場盛大的軌道交通世界盛會正在舉辦。

柏林軌道交通展兩年一屆，是世界上最大的軌道交通展會，其影響力在業內無可匹敵，通常都是業內巨頭展示自己的最佳舞台。這個展會已經形成了自己固有的傳統，1 號館到 6 號館是客流量最大的展館，每個展館都有一家行業巨頭坐鎮，主要包括西門子、龐巴迪、阿爾斯通、通用電氣等世界巨頭。南北車時代，中國南車與中國北車一般只能被安排在比較邊緣的 9 號館。

但是本屆展會的焦點是一家中國公司，名字叫中國中車，它與龐巴迪共同坐鎮 2 號館，兩家企業的展台分別把持著 2 號館的一個角，共同構成一條對角線。毫無疑問，每屆展會最出鋒頭的肯定是能夠發佈最新技術的公司，往屆往往就是這幾大巨頭中的一個，如讓世界驚艷的 Zefiro380 就是龐巴迪公司在柏林軌道交通展上正式發佈的。

但是最近兩屆出鋒頭的公司逐漸變成了中國公司。繼上一屆展會發佈了世界領先的超級電容儲能式有軌電車後，本屆展會中國中車又帶來讓世界耳

目一新的智慧列車概念車與跨大洲長距離客貨混用的洲際列車概念車。高度信息化的智慧列車車窗擁有 OLED 顯示屏，從而成為隨時傳達各種圖像、文字信息的「魔鏡」，旅客通過指尖在車窗上滑動，就可以看到車速、到站時間等列車運行信息；座椅安裝娛樂系統，旅客可以在旅途中收看視頻、讀新聞、逛網店。列車的運營者則可以根據車載無線局域網系統獲得的用戶行為數據，分析用戶行為習慣，推動產品設計更新，提高旅客乘車的舒適度。洲際列車則採用雙層結構設計，上層為客運，下層為貨運，實現了空間的高利用率，設計時速 250 公里的高速列車能夠適應惡劣氣候和線路條件，在各種環境條件下可高速持續運行，能夠滿足不同國家制式的鐵路標準實現互聯互通，輕鬆實現跨洲旅行。

從 9 號館到 2 號館反映的正是中國鐵路企業在世界鐵路行業地位的變遷。2015 年 6 月中國南車與中國北車重組為中國中車後，從根本上改變了行業的世界格局，並引發了一系列連鎖反應。

最先陷入掙扎的是龐巴迪公司，由於最新研製的 C 系列飛機一拖再拖，成為一個資金黑洞，讓龐巴迪陷入了掙扎的泥潭之中。他們開始尋求出售軌道交通業務，聯繫了當年的南北車，也數次聯繫過西門子。2017 年上半年，西門子與龐巴迪進行了艱苦的談判，讓外界一度認為，兩家公司已經走到了結合的邊緣。但是，最終與西門子走到一起的卻是阿爾斯通公司。

法國人經常會有驚人之舉。其實阿爾斯通近幾年的發展一直不順，早在2016 年他們就曾宣佈，由於缺乏訂單將關停在法國境內的重要生產基地貝爾福（Belfort）。這個消息在法國政界引發了軒然大波。法國總理瓦爾斯（Manuel Valls）直斥這一做法「不可接受」，時任總統奧朗德（François Hollande）還在總統府召開了緊急會議商討解決方案。因為阿爾斯通貝爾福基地有著悠久的歷史，是阿爾斯通第一批高速列車的發源地。

當外界一度認為阿爾斯通將剝離軌道交通業務的時候，世人驚訝地發現，

阿爾斯通竟然迅速剝離了電力業務，將電力業務跟美國通用電氣進行了合併。這表明了阿爾斯通堅守軌道交通的決心。實際上，在世界軌道交通裝備巨頭中，阿爾斯通已經是小弟了。2016 年，中國中車的軌道交通裝備銷售規模已經接近 300 億美元，龐巴迪在 80 億美元左右，西門子在 70 億美元左右，而阿爾斯通只有 35 億美元左右。

但是在內外交困之際，法國人又出驚人之舉，成功與西門子公司實現了聯合，留下龐巴迪在風中獨舞。2017 年 9 月 26 日，西門子宣佈剝離旗下鐵路業務與阿爾斯通合併。接著巨變繼續發生，2017 年 10 月 27 日，世界內燃機車龍頭企業通用電氣公司宣佈考慮分拆或出售其鐵路業務。至此世界軌道交通裝備格局已經面目全非。

世界鐵路裝備市場上一次發生翻天覆地的變化，還是在 2000 年前後，那段時間老的中國中車被分拆成了中國南車與中國北車，瑞典 ABB 公司與德國戴勒姆波特控股的 ADtrans 賣給了龐巴迪，阿爾斯通併購了意大利的菲亞特鐵路集團，於是西門子、龐巴迪、阿爾斯通三巨頭鼎立的時代正式來臨並一直延續到今天。

但是三巨頭的核心業務主要在電力機車及高速動車組領域，而內燃機車的老大是無人可以撼動的美國通用電氣公司。100 多年前，內燃機車之所以能夠在世界走向普及，就是因為通用電氣公司將電傳動技術引入柴油機車，也就是我們所說的內燃機車。

15 年後的 2015 年，世界軌道交通裝備市場再次發生巨震，中國南車與中國北車宣佈合併為中國中車，新的中國中車成為世界軌道交通裝備領域當之無愧的巨無霸。行業面對強大的中國中車，格局再次發生巨震。先是龐巴迪準備出售自己的軌道交通裝備部門，準備賣給中國企業，要價太高，沒有成；又準備賣給西門子，要價還是太高，又沒有成，然後西門子與阿爾斯通宣告了合併，龐巴迪沒有辦法，只好把自己的 C 系列飛機賣身給了空中客車

（Airbus）。

正在大家覺得，這個行業的變化已經太大的時候，又一個重磅消息傳來，美國通用電氣公司準備出售它的軌道交通業務……

跟隨到引領

世界上第一條高速鐵路是日本的東海道新幹線，誕生於 1964 年。日本是世界高鐵原創大國，歷史悠久，新幹線運營線路超過 3000 公里，技術實力雄厚。

世界上第二個發展高速鐵路技術的是法國人。法國人特立獨行，並沒有延續日本高鐵技術的發展路徑，在軌道建設上鍾情於有砟軌道，在機車車輛上鍾情於動力集中型並執著於鉸接式轉向架，在日本新幹線最高運營時速還徘徊在 210 公里的時候，他們就建成了時速 270 公里的高速鐵路，並很快擁有了時速 300 公里的高速鐵路，讓世界驚呼法國人才是代表高鐵未來的國家。法國人還是世界高鐵技術普及發展的最主要推動者。日本有好東西喜歡獨享，所以新幹線建成後日本人拒絕出口，而法國人迅速將高鐵技術出口到了西班牙、英國、美國、韓國等眾多國家，為高鐵技術在全球的普及做出了重要貢獻。

德國人在高鐵技術發展初期，將主要精力放在了磁懸浮領域，等德國人領悟到磁懸浮技術在現實應用中沒有太多競爭力的時候，發現日本與法國已經走了很遠，甚至意大利、西班牙都已經開始走上了快速發展的道路。於是，德國人猛回頭推出了 ICE1 型高速列車。當然，德國人的自動化控制技術全球首屈一指，所以一旦德國人踏上正確的道路，發展極為迅速。德國人在 ICE1、ICE2 階段跟法國人一樣採用的都是動力集中技術，到 ICE3 時他們轉向了動力分散技術。所以 ICE3 型高速列車一經推出就震驚世界，被譽為當時最好的高速列車。

除了上述的三個高鐵技術原創大國，意大利、西班牙、瑞典在高鐵技術

領域也均有突出貢獻。意大利有一個菲亞特鐵路集團，上世紀 70 年代從英國人手裡購買了擺式動車組技術後推出了潘多利諾擺式動車組，後來又被法國阿爾斯通併購了，經過嫁接改造後輸出到中國，稱為 CRH5A；西班牙與瑞典也都研製了自己的擺式動車組，西班牙的代表車型是 Talgo，瑞典的代表作品則是中國人非常熟悉的 X2000 型擺式動車組。

中國鐵路起源於晚清 1776 年的吳淞鐵路，不過是英國人修的，清政府跟英國人經過艱苦的談判，最終成功花了 28.5 萬輛白銀把它買了回來，然後……，然後他們就把它拆了。所以，淞滬鐵路只是個短命的鐵路，存活時間不到 1 年。真正成為中國第一條鐵路的是，1881 年中國人出資修建了唐胥鐵路，但總工程師是英國人金達。1905 年，偉大的清末留學生、著名的海歸代表詹天祐先生作為總工程師開工修建了中國第一條自主技術鐵路京張鐵路。

就在唐胥鐵路建設的同時，1881 年清政府在唐胥鐵路的終點修建了胥各莊修車廠，這是有史記載的中國第一個鐵路裝備工廠，也就是目前中國最大軌道交通裝備製造企業中國中車的前身。儘管有了胥各莊修車廠，但是那時的中國機車車輛企業技術實力有限，幾乎所有的火車頭都是購自世界各國。所以 1949 年新中國成立時，全國共有機車 4069 台，分別來自 9 個國家的 30 多個工廠，機車型號多達 198 種，所以那時的中國又被戲稱為「萬國機車博物館」。

但就在這一刻起，中國鐵路技術迎來轉折點，逐步建立了完整的鐵路工業體系，先後研製了第一台蒸汽機車、內燃機車、電力機車，從「上游型」到「建設型」，一直到「東風」系列內燃機車、「韶山」系列電力機車，中國鐵路擁有了完整的技術體系與產品體系。在世界高鐵時代到來時，中國也自主研製了「先鋒號」、「中華之星」等一系列動車組型號，還自主修建了第一條高速鐵路秦瀋客專。

儘管如此，當時的中國鐵路技術還是遠遠落後於世界先進水平的，差了

不止一個量級。是沿著既有路線繼續慢慢發展，還是引進世界先進技術實現大踏步跨越？2003 年時任鐵道部部長劉志軍提出了「跨越式發展」路線，通過引進世界先進技術平台實現跨越式追趕。於是誕生了中國的「和諧號」動車組以及大功率電力機車與內燃機車。

技術是引進了，引進的技術也是世界一流的，但是完全轉化成自己的技術並不容易。於是「和諧號」經歷了 CRH1、CRH2、CRH3、CRH5 的不斷國產化試驗，直到 2010 年 CRH380A 的誕生，通過了美國知識產權評估，並在京滬高鐵創造了 486.1 公里世界鐵路運營試驗最高速，中國高鐵技術不但實現了自主化，而且水平達到了世界一流水準。然後就是「復興號」，中國開始構建自己的高鐵技術標準體系，中國高鐵技術站在了世界的最前沿。

「復興號」是一個標誌，但是中國並沒有就此止步。陸東福上任鐵路總公司總經理後，對既有的鐵路客運產品進行了思路調整，一是推出了新型縱向臥鋪動車組。實話說臥鋪動車組本來就是我們的原創，沒辦法，國外沒有那麼長的高速鐵路，所以也就沒有臥鋪動車組誕生的土壤。但是高鐵臥鋪的縱向設計還是一個很大的創新，全世界的火車臥鋪都是橫向的，縱向臥鋪設計不僅增加了單節車廂臥鋪的數量，而且讓每一個臥鋪都形成了一個相對獨立的私密空間。2017 年 7 月 1 日，新型縱向臥鋪動車組在京滬高鐵首發，獲得了外界的一致好評。二是，完善中國高速列車譜系，推出了時速 160 公里動力集中型動車組，從開行距離上可開行長、中、短途列車，從產品結構上可開行夕發朝至列車、白天運行列車和城際列車，可較大幅度擴充中國鐵路的客運能力和效益。

此外，作為更加市場化的中國中車在高鐵技術研發上則走得更遠，很多產品都已經在業內發揮引領作用。除了前面我們提到的智慧列車、洲際列車外，中國中車還研製了永磁動力高速動車組，在列車上裝載了 600 千瓦永磁同步牽引電動機，在高速列車動力革命上邁出了一大步。

2016 年 10 月 21 日，中國中車在北京舉行發佈會，宣佈正式啟動時速
600 公里高速磁浮、時速 200 公里中速磁浮、時速 400 公里可變軌距高速列車
以及軌道交通系統安全保障技術研發項目。其中高速磁浮項目由四方股份公
司牽頭進行，該公司將研製一列時速 600 公里高速磁浮列車，並在青島建設
一條長度不低於 5 公里的高速磁浮試驗線。中國中車此次開發的時速 600 公
里磁浮，在技術路線上將採用常導路線，主要是考慮常導磁浮技術更加成熟，
能夠快速實現工程化應用。當然，中車研製的高速磁浮，將創新性地採用新
型永磁電磁混合懸浮系統，與國外同類高速磁浮相比，懸浮能耗降低 35%、
電磁鐵溫升降低 40 攝氏度、單位有效載荷車輛減重 6% 以上。青島市政府也
非常的配合，全力支持中國中車發展，規劃了一條黃島—膠東機場—藍色硅
谷的高速磁浮線路，全長 120 公里，不久的將來，我們就可在青島乘坐時速
600 公里的磁浮列車了。儘管日本研製磁浮的歷史更久，並在 2015 年 4 月 21
日的 L0 系超導高速磁浮試驗中，跑出了時速 603 公里的世界軌道交通試驗第
一速，但是考慮到中國高鐵的技術實力以及工程化能力，相信或許等我們在
青島坐上時速 600 公里的磁浮列車時，日本規劃的中央新幹線磁浮項目也未
必能夠通車運營。

時速 200 公里的中速磁浮項目由中國中車旗下的株機公司牽頭，他們此
前已經研發了長沙機場的中低速磁浮項目。他們將在研發一列時速 200 公里
磁浮列車的同時，在湖南株洲建設一條長度不小於 3 公里的中速磁浮試驗線。
株機公司的中速磁浮將同樣採用永磁加電磁的混合懸浮技術。目前瞭解到，
株機公司採用的永磁加電磁混合懸浮系統可實現連續 24 小時靜態懸浮而無電
磁鐵嚴重發熱問題，與既有低速磁浮系統相比，載客能力提高 20%、懸浮能
耗減小 60%，列車最大加速度不小於 1.0 公尺／秒，最小轉彎半徑小於 100
公尺，列車將在最大坡度達 70 的線路上正常運行。湖南省也同樣配合，規劃
了長沙—韶山的中速磁浮項目，設計時速 200 ～ 250 公里。

時速 400 公里可變軌距高速列車項目由長客股份公司牽頭。時速 400 公里的輪軌高速列車，這在世界上是獨一無二的，而且它還是可變軌距的，能夠在 600 ～ 1676 公釐的不同軌距的鐵路上運營。毫無疑問，這個特點將使它在一帶一路的跨國聯運中大展拳腳。它的首個目標市場應該就是莫斯科至北京高速鐵路。針對時速 400 公里可變軌距高速列車，中國中車旗下的長客股份公司、四方股份公司、唐山公司將各研製一列，其中長客股份公司與四方股份公司研製的列車能夠適應高寒環境的運營，能夠適應 -50 攝氏度～ 40 攝氏度的運營環境；唐山公司研製的高速列車能夠適應高溫環境運用，能夠適應 -25 攝氏度～ 50 攝氏度的運營環境。這三款車均採用 6 動 2 拖 8 輛編組結構，通過智能牽引技術的研發，單位人公里的能耗，將比中國現有的時速 350 公里高速列車降低 10% 左右；噪聲控制方面將比現有時速 350 公里高速列車降低 2 分貝左右。

中國高速列車研發正逐漸朝著譜系化、智能化、綠色化的方向大踏步前進。

廣深港高鐵

廣深港高鐵全長 140 公里，起於香港西九龍總站，途經深圳福田、龍華和東莞虎門，到達位於廣州石壁的廣州南站，是中國「四縱四橫」高速鐵路網大幹線京廣高鐵的延長線，由於廣深港高鐵途經中國經濟最發達的區域之一，特別是包括全長 26 公里的香港段，所以備受世人關注。

香港作為一個發達的經濟體，在軌道交通發展方面擁有雄厚的實力，擁有包括 10 條線路（東鐵線、西鐵線、荃灣線、觀塘線、港島線、南港島線、馬鞍山線、將軍澳線、東涌線、迪士尼線），以及連接中環與機場的機場快線和擁有 12 條路線的輕鐵系統及昂坪 360 纜車系統，組成貫通香港全境 18 區，擁有 91 座鐵路站及 68 座輕鐵站、總長 225.2 公里的鐵路網。香港鐵路

被公認為世界級的公共交通運輸機構，無論在可靠性、安全及效率方面，均一直保持在國際級最高水平。香港鐵路乘客 99% 的旅程均會準時到達目的地，是乘客往返香港各區甚至境外的最快捷便利交通服務。

整個香港鐵路系統由香港鐵路有限公司運營。港鐵公司由地鐵及九鐵系統於 2007 年 12 月 2 日合併而成，是一家享譽世界的鐵路運營公司，目前已經進入內地的北京、深圳等城市發展，為這些地方帶來先進的管理經驗。

香港規劃建設高速鐵路起步很早。早在 1998 年 3 月，香港回的第二年，香港特區政府就委託有關機構進行「香港第二次鐵路發展研究」。2000 年 5 月，特區政府根據研究結果提出了《鐵路發展策略 2000》文件，其中提出了許多新的鐵路項目，主要是方便港島北、九龍東、九龍西與新界西北區的乘客。就在這份文件裡面，特區政府首次提出了高鐵建設項目，名字叫「區域快鐵」。區域快線為一條連接港九市區和深港邊界的一條快速鐵路，起點是原有九廣東鐵（今東鐵線）的紅磡站，途經石硤尾站，進入新界。在新界的走線有兩個方案，第一為途經西鐵（今西鐵線）錦上路站，接駁擬建的北環線，連接羅湖；第二為途經新建的粉嶺南站（和東鐵交匯），再接駁羅湖或新的邊境口岸。

到 2005 年，內地鐵路部門已經公佈了全長 1.2 萬公里的世界最龐大高速鐵路網建設計劃。同年 3 月份，香港有關當局將香港高鐵的規劃調整為以西九龍為起點，途經深圳龍華和東莞虎門，直達廣州石壁。7 月份，當時的九廣鐵路公司就高鐵香港段提出了兩個建議方案，一是建設一條全新高速鐵路，從西九龍總站至邊界，採用全新的專用路軌；二是與九龍南線、西鐵及擬建的北環線共用路軌，再加上一條鋪設至邊界的新建路軌。

最初，特區政府傾向於共用路軌的方案。但是，此後情況出現了變化。通過與內地鐵道部協商，香港高鐵通過接入內地龐大的高速鐵路網，有機會讓香港的高速列車直達內地北京、武漢等大城市，通達深度大幅增加。這樣

無論是對香港鐵路的經營發展，還是對香港市民的出行便利都大大有利。在這種情況下，如果採用共用通道方案可能會讓西鐵線面臨剛剛建成就飽和的尷尬情況。此外，西鐵線有 3 個站台的設計只可容納 3.1 公尺寬的列車，而接入內地高速鐵路網的高速列車寬度卻達 3.4 公尺。這樣這三個站台就需要改建，改建工期長達 3 年，而且每個受影響的站台都需要至少關閉 6 個月。

為此，2007 年 4 月 17 日，香港特區政府行政長官會同行政會議考慮了上述種種原因，在充分瞭解專用通道方案可更有效接駁至國家鐵路網的情況下，原則同意高鐵香港段採用專用通道方案。此後，香港高鐵各項工作開始提速。

2007 年 8 月 2 日，在粵港合作聯席會議第十次會議上採用專用通道方案的高鐵香港段正式公佈。同年 10 月，高鐵香港段被特區政府行政長官宣佈為十大基建工程項目之一。

2008 年 7 月 8 日，特區政府財務委員會批准有關撥款進行高鐵香港段的設計以及勘測研究，總額 27.826 億元港幣，委託香港鐵路公司具體組織實施。2009 年 10 月 20 日，行政會議決定要求港鐵公司根據服務經營權模式進行高鐵香港段的建造、測試及試行運作，要求相關工程於 2009 年年底展開，力爭 2015 年建成通車。

2010 年 1 月 16 日，特區財委會正式批覆高鐵香港段預算，總金額 668.86 億港幣，其中鐵路建造工程 550 億元港幣，非鐵路建造工程 118 億元港幣，就高鐵香港段項目發放的特設特惠津貼約 8600 萬元港幣。1 月底，高鐵香港段的建造工程正式展開。

廣深港高鐵香港段建設過程一直備受關注，主要集中在兩點一直工程的延誤與超支，二是西九龍總站一地兩檢的安排。

高鐵香港段原計劃於 2015 年建成通車。但是，到 2014 年 4 月 15 日，香港特區政府與港鐵公司宣佈由於惡劣的天氣和困難的地質條件，港鐵公司無法按原定目標，在 2015 年完成高鐵香港段的建造工程。按照港鐵公司當時的

評估，工程會延期到 2016 年才能完成，加上測試及試運行的時間，高鐵香港段預計將於 2017 年投入服務。

此後港鐵公司成立了獨立的董事委員會，特區政府也成立了獨立的專家小組，對項目的進展情況進行了審查，調查工程延誤的背景以及原因，並於 2016 年 7 月 6 日在立法會議上提交了有關報告。

2015 年 6 月 30 日，港鐵公司向特區政府提交了高鐵香港段項目最新的目標完成日期和修訂委託費用預算。高鐵香港段的完成計劃，再次又從 2017 年推遲到 2018 年第三季度，而相關費用增加到 853 億元港幣，不但比原來的 650 億元港幣高出 31.2%，而且比 2014 年 8 月公佈的修訂預算 715 億元，高出 19.3%。

消息公佈，輿論譁然，爭論點包括為什麼會延期、委託協議是否合適、最初通過的預算為什麼被大幅度壓減等。消息稱，項目上馬時港鐵內部估算，工程總造價在 980 億元港幣左右，工期約為 7 年，但是在與香港特區政府談判時被壓縮到了 668.86 億元港幣。

但是客觀考慮，高鐵香港段的工程難度與內地高鐵建設不在一個數量級上。首先，高鐵香港段是全地下工程，其實就是一條 26 公里長、時速達 250 公里的地鐵工程，這種難度可想而知。不過，港鐵公司也出現了不少失誤，如工程一開始，他們就碰到了地底電纜和地下水管這類本該在設計圖體現並避免的低級錯誤，所以只好修改設計，造成了工程的延誤。此外也還出現了一些意外情況，如 2014 年 3 月香港發生暴雨災情，令元朗七星崗至大江埔一段的擋土牆失效，沙石夾雜雨水沖入隧道內，浸壞了負責挖掘隧道的大型鑽挖機。其次，西九龍總站的技術難度太大了。西九龍總站是在人口密集的市區填海區域地下建造，而且設計新穎，體現出獨到的建築思想，獲得了世界建築節的「年度最佳未來工程—基建」獎項，建成後將成為世界上規模最龐大的地下鐵路站，香港特區政府計劃將西九龍站打造成城市新地標，成為第

二個「中環」核心區。在這樣的人口密集區，又是填海區，建造這種水平、這種規模的城市新地標，其難度可想而知。

後來經過討價還價，高鐵香港段的最終預算被確定為 844.2 億元港幣，比港鐵公司提交的預算減少了 8.8 億元，並且同意封頂，如果再有超支將由港鐵公司承擔。降低的 8.8 億元港幣主要是砍了管理費用以及 2 期站台的有關費用。

2016 年 3 月 11 日下午，香港特區立法會財委會進行表決，通過廣深港高鐵香港段工程涉及 196 億元的追加撥款申請。這也就意味著，香港高鐵解決了資金問題，因資金問題停工的警報正式解除。

除了工期延誤與預算超標外，高鐵香港段另外一個備受矚目話題是一地兩檢的安排。什麼是一地兩檢？一地兩檢是指在兩個國家（或地區）的邊境口岸，在同一處地點完成兩地的出境與入境檢查、檢疫手續。說通俗點就是，在一個地方把雙方的出入關手續都解決了。為什麼要實行一地兩檢呢？當然是為了提高效率。與普通鐵路相比，高鐵的優勢是快，與飛機相比，高鐵的優勢是中間很多站可以下車。如果想發揮高鐵的高效優勢，一地兩檢是必然選擇。在一地兩檢的安排下，由香港乘坐高鐵前往內地的乘客，可於西九龍總站登車前，先後完成香港與內地的出入境等手續，便可直接前往全國高鐵網絡沿線的所有城市，不用再檢；另一方面，在內地高鐵網絡任何一個城市登上前往香港的高鐵列車的乘客，可在直達香港後才於西九龍總站辦理兩地出入境等手續。如果要實行傳統的兩地兩檢，那就需要在每一個能夠達到的城市都建設出入境設施，這個規模成本顯然是不現實的。另外一個選擇，那就是列車只停靠幾個站點，類似於飛機的點對點，這樣顯然又相當於把高鐵的優勢給閹割掉了，失去了建設高鐵的意義了。

世界上有一地兩檢的先例嗎？有，還不少。如連接英國和法國的著名高鐵「歐洲之星」就以英法簽訂雙邊協議形式，互派執法人員，實現旅客在始

發站提前完成辦理出入境手續，成為國際上採用「一地兩檢」模式的一個成功範例。美國與加拿大也有「一地兩檢」。比如在多倫多機場和溫哥華機場，訪美旅客辦完加拿大出境手續後，美國的海關人員就在那裡直接辦理入境手續並進行邊檢，這樣飛機抵達美國後旅客就不必再辦手續，方便了加拿大直飛美國一些沒有海關的小城市。與香港切身相關的深圳灣口岸也實行一地兩檢。2007 年，深圳灣口岸開通，當時香港表示沒有地方修建邊檢大樓，於是在深圳一側修建聯檢大樓，並由全國人大常委會同意實行「一地兩檢」，也就是香港的執法人員在深圳地界即深圳灣口岸特定區域內按照香港的法律執法。深圳灣口岸「一地兩檢」實行了十多年來，十分順暢。兩地邊檢人員各行其是，沒有出現任何法律上的僭越；而民眾感受的也只是方便快捷，並沒有任何不妥。

當然，在香港西九龍總站實行一地兩檢確實面臨一些法律障礙需要突破。根據《香港基本法》規定，內地法律（除外交、軍事等）不在香港執行，內地執法人員也不得在香港境內執法。其實，參考英法以及北美的一些做法，解決的辦法其實也很簡單，只要提請人大釋法，規定鐵路沿線西九龍總站的一小部分列為特殊區域即可解決，而且深港高鐵全程位於地下，所以對普通人的生活幾乎不會有影響。

2017 年 7 月 25 日，香港行政長官會同行政會議通過了廣深港高速鐵路（香港段）在西九龍站進行香港及內地的清關，出入境以及檢疫手續的安排，即「一地兩檢」的安排。根據媒體報導，香港高鐵一地兩檢方案參考深圳灣口岸模式，會在西九龍總站 B2 及 B3 層的出入境層實施「同層兩檢」，即同一層設「內地口岸區」和「香港口岸區」，其中「內地口岸區」範圍涵蓋 B2 和 B3 層的劃定區域、B4 層月台和有關連接通道，包括內地監察查驗區、內地部門辦公備勤區、離港乘客候車區、車站月台，以及連接通道和電梯，以及日後新增月台等擴充部分。「內地口岸區」建築樓面面積估計約 10.5 萬平方

公尺，佔西九龍總站總建築樓面面積約四分一。

香港特區政府表示將採取「三步走」落實「一地兩檢」，首先會與內地達成《合作安排》；再將由全國人民代表大會常務委員會作出決定批准及確認《合作安排》；第三步通過兩地各自相關程序實施，在香港立法機關審議後實施。

2017 年 11 月 15 日，香港立法會以 38 票贊成、22 票反對通過了香港高鐵「一地兩檢」無約束力議案，為香港特區政府「三步走」安排鋪平了道路。

2017 年 11 月 18 日，香港特區政府與廣東省政府簽署在西九龍站設立口岸實施「一地兩檢」的合作安排，完成「三步走」程序的第一步。「合作安排」共有八大要點，包括雙方同意在西九龍站設立口岸實施「一地兩檢」，由雙方分別按照各自法律，對往來內地和香港特區的出入境人員及其隨身物品和行李進行出入境邊防檢查、海關監管、檢驗檢疫等出入境監管。合作安排稱，西九龍站口岸分為「香港口岸區」與「內地口岸區」，內地派駐出入境邊防檢查機關、海關、檢驗檢疫機構等根據內地法律在「內地口岸區」履行職責，不進入「內地口岸區」以外的區域執法。

2017 年 12 月 22 日，全國人大常委會第三十一次會議《關於批准〈內地與香港特別行政區關於在廣深港高鐵西九龍站設立口岸實施「一地兩檢」的合作安排〉的決定 (草案)》提請全國人大常委會審議。香港高鐵「一地兩檢」方案邁出了第二步。

2018 年 9 月 23 日，廣深港高鐵香港段正式開通運營。

鼻祖與新貴

在中國高鐵發展歷史上有幾個年份特別重要，具有轉折意義，比如 2004 年：「四縱四橫」高速鐵路網規劃發佈，高速動車組引進消化吸收再創新工程實施；比如 2008 年：2.0 版高速鐵路網規劃發佈，4 萬億投資讓高鐵迎來

大建設時代，CRH380 系列動車組研發啟動，世界第一條時速 350 公里高速鐵路投入運營；比如 2011 年：鐵道部主要領導腐敗案件爆發、甬溫線動車事故爆發；再比如 2013 年：經過 2011 年、2012 年兩年的低谷徘徊，中國高鐵重新迎來發展勢頭，上文我們已經談到了 7 月 24 日的中國國務院常務會議，還包括中國高鐵走出去迎來重大轉折。

2013 年 9 月和 10 月，中國國家主席習近平在出訪中亞和東南亞國家期間，先後提出共建「絲綢之路經濟帶」和「21 世紀海上絲綢之路」的重大倡議，得到國際社會高度關注。「絲綢之路經濟帶」戰略涵蓋東南亞經濟整合、東北亞經濟整合，並最終融合在一起通向歐洲，形成歐亞大陸經濟整合的大趨勢。「21 世紀海上絲綢之路」戰略從海上聯通歐亞非三個大陸和絲綢之路經濟帶戰略形成一個海上、陸地的閉環。[1]

2013 年 10 月，中國國務院總理李克強訪問泰國。10 月 11 日，李克強與時任泰國總理英拉舉行會談，並發佈了《中泰關係遠景規劃》，其中提到中方有意參與廊開至帕棲高速鐵路系統項目建設，以泰國農產品抵償部分項目費用。泰方歡迎中方意向，將適時在當天簽署的《中泰政府關於泰國鐵路基礎設施發展與泰國農產品交換的政府間合作項目的諒解備忘錄》基礎上，與中方探討有關事宜。[2] 這就是著名的「高鐵換大米」事件，成為中國高鐵走出去戰略的標誌性事件。

2011 年以前，原鐵道部成立的中美、中加、中俄、中巴、中南、中老、中泰、中柬、中緬、中伊、中土、中委、中吉烏、中波、中印等 16 個境外合作項目協調組 [3]，強力介入並協調中國高鐵產業鏈相關企業走出去事宜，原則上同類型企業不得參與同一個項目組，基建公司和裝備公司均是如此。但是 2011 年鐵道部領導班子換屆後，鐵道部開始聚焦自身經營發展，16 個境外合作項目協調組均被撤銷，中國高鐵走出去重新陷入產業鏈各企業單打獨鬥的狀態，包括中國中鐵與中國鐵建，中國南車與中國北車。中國企業在海

外市場的部分競爭案例也引起了中央高層的關注與重視。也是從 2013 年年底開始，中央領導開始有了重組中國南車與中國北車這兩家已經分家 13 年的親兄弟企業的想法，並在 2014 年付諸實施。

2013 年 10 月 12 日，也就是李克強與英拉舉行會談的第二天，兩位總理又參觀了在泰國曼谷舉行的中國鐵路展。李克強在向媒體介紹中國高鐵競爭優勢時，提出了中國高鐵技術先進、安全可靠、成本具有競爭優勢的「高鐵三論」，成為對中國高鐵競爭優勢的最凝練概括。這次事件也成為中國「高鐵外交」的發端事件，此後中共總書記習近平、中國總理李克強多次在國際舞台推介中國高鐵，中國高鐵在全球的聲譽也從 2011 年的最低谷開始逐漸攀上高峰。

但事物的發生從來都不是一帆風順的。2013 年年底，泰國爆發了大規模政治街頭運動，泰國政局風雨飄搖。2014 年 5 月 7 日，泰國憲法法院裁決英拉濫用職權罪成立，宣佈解除英拉總理職務。5 月 22 日，泰國陸軍司令巴育宣佈發動軍事政變，泰國重新迎來軍政府執政時代。中泰高鐵項目遭遇暫時的挫折。

此後不久，中國高鐵走出去又在墨西哥遭遇「黑天鵝事件」。2014 年 11 月 3 日，墨西哥通信和交通部宣佈，中國鐵建與中國南車及 4 家墨西哥本土公司組成的聯合體得標墨西哥城至克雷塔羅高速鐵路項目，合同金額約合 270.16 億元人民幣。消息宣佈後，中國鐵路人群情振奮，有人更是高叫中國高鐵走出去第一單花落墨西哥。這條全長 210 公里、設計時速 300 公里的高速鐵路，計劃採用中國標準建造，在高鐵列車以及控制系統等核心技術上也均採用中國高鐵成套技術。當時日本三菱、法國阿爾斯通、加拿大龐巴迪、德國西門子均參與了競爭，但是因為該項目對時間要求極為苛刻，所以最後這幾家公司竟然連標書都沒有按時投出去，中國企業聯合體輕鬆獲勝。中國企業甚至在接受媒體採訪時說：「墨西哥毗鄰美國。在海外取得良好運營經

驗後，這個項目將成為今後中國高鐵走出去的樣本。」[4]

　　但是，「毗鄰美國」這件事，到底是一種優勢還是一種危險，恐怕還很難說。墨西哥通信和交通部宣佈中國企業得標墨西哥首條高鐵後的第 4 天，11 月 7 日它們又單方面宣佈取消合同，一時間全球各國輿論譁然，面向全球的高鐵招標成了兒戲。墨西哥通信和交通部同時宣佈，希望在 11 月下旬重新進行招標，條件不變，並留下 6 個月的檔期，以便讓所有感興趣的企業都可以參與。2015 年 1 月 14 日，墨西哥通信和交通部宣佈重啟該高鐵項目的招標，投標時間截止日期在半年之後。到 1 月 23 日它們就確認有包括中方在內的 5 家企業有意參與競標。變故再次發生，2015 年 1 月 30 日，墨西哥政府又宣佈，由於國際油價大跌導致墨西哥政府收入銳減，墨西哥政府決定無限期擱置首都墨西哥城（Mexico City）至克雷塔羅（Santiago de Queretaro）高鐵項目。中國高鐵再一次被玩弄於股掌之間，中方企業此前為準備該項目花費的大量資金也面臨打水漂的危險。作出這個決定到底在多大程度上出於墨西哥政府本意我們很難知曉，但是可以肯定的是墨西哥並不願意得罪中國。所以在宣佈取消該項目的同時，他們也表達了要賠償中國企業的意向。墨西哥通信和交通部鐵路運輸處長巴布羅‧蘇阿雷斯對外稱，墨西哥將會依照《公共工程及相關法案》給予中方企業以補償。[5]2015 年 6 月 10 日，墨西哥通信和交通部部長赫拉爾多‧魯伊斯‧埃斯帕薩表示，墨西哥將向中國企業支付 2000 萬元墨西哥比索（約合 806 萬元人民幣），作為取消中國鐵建和中國南車得標墨西哥高鐵項目被取消的賠償金。[6] 至此，連對手都不知道是誰的墨西哥高鐵大戰算是告一段落。墨西哥高鐵項目除了上述已經介紹的情況外，還牽扯到墨西哥的總統大選、第一夫人安赫利卡‧里維拉的豪宅案等離奇劇情，故事之複雜、情節之詭異、局外因素之神祕、結局之出乎意料，都讓人瞠目結舌！中國高鐵在一個或許根本就不存在的對手面前馬失前蹄。

　　此時，中國南車與中國北車重組整合項目也已經正式啟動。2014 年 10

月 27 日，南北車同時發佈公告，因籌劃重大事項，公司股票開始停牌。12
月 30 日，南北車重組公告正式發佈，新公司定名為中國中車股份有限公司，
簡稱中國中車，英文名 CRRC Corporation Limited，英文名簡稱 CRRC。2015
年 6 月 1 日，中國中車股份有限公司正式完成工商登記註冊，並召開了第一
屆董事會議。6 月 8 日，中國中車股份有限公司股票正式登陸上海證券交易
所與香港聯交所，實現 A+H 股同步上市，這家全球軌道交通裝備領域的巨無
霸公司也正式在世人面前亮相。9 月 28 日，也就是南北車實現分家 15 周年
的日子，中國中車股份有限公司的大股東南車集團與北車集團完成合併，成
立中國中車集團公司，歷時將近一年的南北車重組工程圓滿收官。

隨著中國中車的正式成立，中國高鐵走出去的步伐也開始加快。

2015 年 7 月 27 日，中共總書記習近平訪問中國中車長客股份公司，面對
工廠管理人員、科技研發人員、製造工人，總書記說：「高鐵，中國產的動車，
這個是中國的一張亮麗的名片。」中國總理李克強在視察中車巴西維保基地
時也說：「在市場的競爭大潮中，打造金名片，今天我看到了，這個名片閃
閃發光，希望永不褪色。」從此中國高鐵作為國家名片的地位被廣泛傳播並
為大眾所認可。

2015 年 10 月 16 日，中國高鐵走出去迎來標誌性事件，由中國鐵路總公
司牽頭組成的中國企業聯合體，正式拿下印度尼西亞雅加達至萬隆高鐵項目。
這被定義為中國高鐵走出去第一單。此前，中國高鐵間或拿下一些項目，如
2005 年中國鐵建牽頭的聯合體得標土耳其安卡拉至伊斯坦布爾高速鐵路項目
的一個標段，中方得標路段全長 158 公里，合同金額 12.7 億美元，設計時速
250 公里。但這次得標的只是基建項目，只是幫人家去修路。還有香港高速
動車組項目，2014 年 4 月 17 日中國南車宣佈得標 9 列香港高鐵動車組項目（因
為香港與內地分屬不同關稅境域，所以內地與香港的貿易屬於出口項目），
這是中國高速列車第一次在國際招標中打敗包括日本、法國在內的同行業巨

頭。但是這次得標的也只是高速列車項目。

印尼雅萬高鐵則不一樣，這是中國高鐵第一次實現全系統、全要素、全產業鏈走出國門。它的設計時速是 250 ～ 300 公里，符合國際高鐵定義，將全面採用中國標準、中國技術、中國裝備，中方將參與勘察、設計、建設、運營、管理全過程。該項目已經於 2016 年 1 月 21 日正式開工，預計 2018 年建成，2019 年正式開通運營。

當然印尼高鐵的實施同樣也並非一帆風順，中間經歷了一波三折的中日高鐵大戰。這對歷史上恩怨很深的冤家，一個是高鐵鼻祖，1964 年就建成了世界上第一條高速鐵路，並在該領域擁有極佳的品牌與口碑。一個是高鐵新貴，高鐵運營里程超過 2 萬公里，佔全球的 60% 以上，其中時速 300 公里高速鐵路超過 1 萬公里；年發送旅客人數達 9.6 億人次，佔全球高鐵客運量的 60%，每天發送高鐵旅客列車 4200 多列，各項數據均具有壓倒性優勢。這次鼻祖與新貴之間的競爭，第一個分出勝負的項目就是印尼的雅萬高鐵，這個項目也拉開了中日高鐵全球對決的大幕。

毫無疑問，日本是印尼高鐵的最早推動者，中國這次相當於從日本手裡撬單了。早在 2008 年，日本就遊說印尼上馬雅萬高鐵項目，並正式向印尼提交了可行性研究報告。印尼有點意思，但是沒有下定決心，於是拖了下來。日本又提交了 2.0 版方案，印尼還是不滿意；他們又提出了 3.0 版方案，印尼還在猶豫，沒有答應。

2014 年中國出手了，而且一出手工作推進就非常快，日本有點被嚇傻了。2014 年 11 月 9 日，北京 APEC 會議期間，中共總書記習近平在人民大會堂與印尼總統佐科舉行了會談，雙方將「推進基礎設施建設」列為合作各領域之首。此後，佐科親自去體驗了中國高鐵的名片京津城際高鐵，京津城際高鐵的高效、快捷、舒適給佐科留下了深刻印象，中日印尼高鐵之爭勝利的天平開始向中國傾斜。

2005 年 3 月 26 日，佐科時隔不到半年再次訪問中國，雙方簽訂了《中印尼雅加達—萬隆高鐵合作諒解備忘錄》，實際拉開了中日印尼高鐵競爭的序幕。當然印尼也不是等閒之輩，在 2015 年 3 月訪問中國之前，佐科也訪問了日本，希望中日能在該項目上展開競爭，印尼能夠在最大程度上獲利。

中國的出手以及快速推進工作的能力讓日本感受到了巨大的危機，他們也加快了工作推進的力度。2015 年上半年，日本首相安倍晉三先後 4 次派出特使到印尼進行陳情遊說，並不斷優化可研報告。

佐科訪問中國不到 1 個月，2015 年 4 月 21 日，中共總書記習近平訪問印尼，出席亞非領導人會議和萬隆會議 60 周年紀念活動。在雙方國家領導人的見證下，中國與印尼簽署了《關於開展雅加達—萬隆高速鐵路項目的框架安排》。印尼向中國提供雅加達和萬隆之間的地形圖、地震和地質資料等數據，中方將按計劃在 2015 年 7 月 20 日前完成高鐵項目的可行性報告。

此後，中日關於印尼高鐵項目的競爭進入白熱化狀態。7 月上旬，日本派出首相特使正式遞交了印尼高鐵的方案；8 月，中國派出主席特使、國家發改委主任徐紹史，遞交了中印尼合作建設雅加達—萬隆高鐵的可行性研究報告。中國的方案強調中印尼以合資模式共建雅萬高鐵，體現了利益共享、風險共擔的原則，是命運共同體。為了做到公平，中國還要求，方案評審開始後，不能再接受新方案，但 8 月 26 日，日本再次派特使訪問印尼，再次調整、優化方案，降低了要求為貸款提供主權擔保的比例，並提出加強兩國海洋合作，包括幫助印尼發展東部地區等配套優惠條件。

這個時候，日本開始放大招了。日本媒體開始炒作中國高鐵甬溫線動車事故，企圖抹黑中國高鐵形象，印尼國內媒體開始跟風。面對這種不利局面，中國決定展開反擊，聯合印尼當地媒體，拿出了具有說服力的關鍵的數據，就是全球鐵路事故死亡率，說明中國鐵路的安全性。2004 ～ 2014 年，中國鐵路每十億人公里旅客死亡率僅為 0.02，全球最低。個例事件可以炒作，但

是整體統計數字不會說謊。這個極具說服力的數據被印尼媒體廣泛引用，中國鐵路安全可靠的形象在印尼深深扎根。

面對中日的激烈競爭，來自兩方面的壓力都非常大，印尼有點受不了了，「黑天鵝事件」再次發生。9 月，印尼突然宣佈同時退回中日兩國方案，全球輿論界一片譁然，以為印尼高鐵將成為繼墨西哥高鐵之後又一個夭折的高鐵項目。

實際上，這只是印尼的一種策略。印尼退回中日方案的同時強調，將堅持雅萬鐵路不使用國家預算、政府不提供擔保，明確將採用企業對企業商業合作（B-B）模式。中國並沒有放棄，堅信中方方案是唯一符合印尼方標準的方案。中方聯合體與印尼方聯合體經過密集磋商，就成立合資公司興建和運營雅萬高鐵達成一致意見，成功拿下該項目。

樹欲靜而風不止。中印尼聯合體拿下雅萬高鐵項目後，風波並沒有停歇，日本又拿出慣有的手段開始動用媒體輿論攻擊印尼高鐵項目。先是放風說，印尼高鐵項目難以實施、面臨下馬局面，2016 年 1 月 21 日，中印尼雙方以雅萬高鐵正式開工予以回應。1 月 29 日，印尼媒體又報導，雅萬高鐵合資項目因未解決的問題和不完善的文案而被暫停。印尼交通部長伊格納休斯・約南也出來說，由於相關企業尚未提交所需文件，交通部還沒有批准這個造價 55 億美元的項目。這說明雅萬高鐵背後角力因素甚是複雜。1 月 21 日雅萬高鐵開工時，中印尼合資公司僅在印尼西爪省瓦利尼獲得了 5 公里的施工區間許可，此後中印尼雙方做了大量的工作，至 6 月底獲得 56.8 公里的施工許可證，佔項目總長的 40% 左右，至 8 月初，中印尼聯合體才正式獲得全線許可證。

有墨西哥項目、印尼項目在前，泰國高鐵項目的曲折程度有過之而無不及。泰國軍方接管政權後，宣佈暫停一切英拉時代的大型基礎設施工程，並進行審查，包括高鐵項目。中泰高鐵合作被暫時擱置。轉折出現在 2014 年 10 月 16 日，中國國務院總理李克強在米蘭會見泰國總理巴育。據新華社報導：

「那天的巴育，微笑中帶著一絲靦腆；彼時的總理，目光中飽含深邃。就在當天，克強總理曉之以理，動之以情，耐心闡明中泰鐵路合作給雙方帶來的好處，並強調這是兩國政府已經達成的協議，是一種政府行為，不能說沒就沒了。軍人出身、習慣按規矩辦事的巴育似乎聽懂了。」

11 月 9 日，巴育親率代表團來北京參加亞太經濟合作組織（APEC）會議期間，中共總書記習近平與巴育進行了會談，中國總理李克強也再次與泰國總理巴育進行了會談。新華社用少見的抒情體寫道：「那一天，總理和巴育不約而同地繫了一條灰色調的領帶，臉上掛著會心的微笑。在總理的再次勸說下，雙方最終鎖定了合作共識，為恢復鐵路合作鋪平了道路。」

12 月 4 日，泰國國家立法會議就《中泰鐵路項目備忘錄》進行了表決，最終以 187 票支持、7 票棄權、0 票反對的結果順利通過。

12 月 19 日，中國總理李克強訪問泰國，為此泰方進行了精心準備。根據新華社的報導：「為迎接克強總理的到來，總理府的準備工作已進行一個多月；會見前半小時，巴育帶著內閣成員挨個房間走了一遍，小到桌簽的擺放，大到自己站的位置，都一一查問；門口的儀仗兵也沒閒著，一遍遍地演練著；簽字廳的工作人員則客串起了簽字代表，像模像樣地預演著當天的簽字儀式……為了讓中國客人感受到賓至如歸，泰方的準備工作幾乎做到了極致。」[7]

會談結束後，兩國總理共同見證《中泰鐵路合作諒解備忘錄》和《中泰農產品貿易合作諒解備忘錄》的簽署，中泰鐵路項目正式重啟。

但是，泰國高鐵項目注定不會一帆風順。此後雙方成立了中泰鐵路合作聯合委員會，展開了友好而激烈的談判工作，其中經過同樣是一波未平一波又起。雙方的主要分歧是工程造價及融資方案。泰方希望中方提供融資，中方表示沒有問題，中方提供的貸款利率為 2.5%，而泰方希望利率可以參照印尼高鐵項目的 2% 執行。

這時日本又出來攪局了。2015 年 5 月 27 日，日本交通運輸大臣太田昭

宏與泰國運輸部長巴津在東京簽署了《鐵路建設合作備忘錄》，決定以採用日本新幹線為前提，就泰國計劃建設中的曼谷至北部旅遊城市清邁的高速鐵路建設，共同進行可行性調查，並研究向泰國提供高鐵建設所需資金等事宜。日本媒體紛紛以「日本新幹線戰勝中國高鐵拿下泰國高鐵」為題進行報導。中國國內媒體也聞風起舞，紛紛跟進。

實際上，關於泰國的曼谷至清邁項目中國從來就沒有去跟進和參與，中國關注的一直是廊開至曼達普準高速鐵路項目。為什麼？因為廊開上接中老鐵路項目，將讓中國實現從昆明經過中老鐵路直達泰國港口城市曼達普。該條鐵路具有很強的戰略意義與經濟意義，遠不是作為旅遊高鐵項目的曼谷至清邁高鐵所能比擬的。

但是日本攪局的意願是非常強烈的。我們來看看泰國至清邁這條高鐵是什麼情況。據泰國《曼谷郵報》《民族報》等媒體披露，曼谷至清邁高鐵設計時速 250 公里，總長度約 660 公里，日方將向泰方提供低息軟貸款，預計利率在 0.1% 左右。工程總造價估值為 2730 億泰銖（約 502 億元人民幣），約合每公里 7500 萬元人民幣。[8] 這個價格是什麼概念？以日本新幹線的建設成本來衡量，估計要血本無歸。2014 年 7 月，世界銀行駐中國代表處發表的一份關於中國高鐵建設成本的報告稱，中國高鐵的加權平均單位成本為：時速 350 公里的項目為 1.29 億元人民幣／公里；時速 250 公里的項目為 0.87 億元人民幣／公里。而國際上，高鐵建設的成本較高，每公里造價多數在 3 億元人民幣以上。[9] 所以，有一名日本的官員在接受媒體採訪時就直接表示，日本這樣做的目的「純粹是為了和中國競爭或者說攪局，對此東南亞國家應該看得很清楚」。[10]

但是國際輿論界充斥著日本戰勝中國獲得泰國高鐵的消息，為此中國表現得倒還算淡定，但是泰方頂不住壓力了。2015 年 6 月 1 日，泰國政府副發言人訕森少將通過媒體採訪的形式對外放話，說中國高鐵出局的謠言完全沒

有事實根據，政府對發展中的高鐵計劃保持與中國合作，中國政府建議建曼谷—景溪—呵叻—廊開和曼谷—曼達普時速 180 公里高鐵，其中曼谷—景溪段將於年內先開工。泰中聯合委員會定於本月底（6 月）舉行第五次會議，而勘測和價格評估將於 8 月完成，以先建曼谷—景溪路段。根據兩國政府意見，高鐵合作將貫通區域內鐵路網，以造福雙邊和整個區域經濟。[11]

但是中泰鐵路最終也沒有像雙方預測的那樣順利，各種博弈讓原本 2015 年年內開工的計劃一拖再拖。關於日本得標泰國高鐵的事情更是八字沒有一撇，日泰之間只是簽訂了一個備忘錄而已。到 2016 年 9 月 16 日，泰國外交部新聞發言人賽客·萬納米蒂還在接受採訪時表示，日本目前在為泰國做建設高鐵的可行性研究，但此項研究還在泰國的審查過程中，泰方也還未決定是否修建這條鐵路。[12] 通過印尼高鐵項目競爭過程我們知道，這種研究離最終得標簽約還有很長的路要走。

此時，中泰鐵路已經取得突破性進展，泰國最終決定放棄向中國融資的方案，決定自己籌資建設該條鐵路，不過率先啟動的只是一期項目，曼谷至呵叻府，全長 252.3 公里。2016 年 9 月 21 日，中泰雙方結束為期三天的中泰鐵路合作聯合委員會的合作框架達成協議。泰國交通部長阿空表示，這項工程將耗資 1790 億元泰銖（約 345 億元人民幣）。這是雙方同意的數額。[13]

2017 年 9 月 4 日，中泰雙方簽署了中泰鐵路合作項目（曼谷至呵叻段）詳細設計合同和施工監理諮詢合同。2017 年 12 月 4 日，泰國已經正式批准中泰鐵路合作項目一期工程的環境影響評價。

2017 年 12 月 21 日下午，中泰鐵路合作項目一期工程開工儀式在泰國呵叻府巴沖縣舉行。泰國總理巴育出席開工儀式，中泰鐵路合作聯委會中方主席、國家發展改革委副主任王曉濤在開工儀式上宣讀了中國國務院總理李克強發來的賀信，標誌著一波三折的中泰鐵路終於正式開工。中泰鐵路合作項目一期工程全長 252.3 公里，其中高架橋軌道線路長 181.94 公里，地面軌道

線路長 63.95 公里，隧道長 6.44 公里。沿途共設 6 站，設計最高時速 250 公里，建成之後從曼谷到呵叻的通行時間將從現在的 4 到 6 小時縮短至 1 個半小時。

此外，聯結中國鐵路網與中泰鐵路的中老鐵路也已經率先開工建設。2016 年 9 月 2 日，中老鐵路項目公佈了第 1 標至第 5 標的招標結果，加上 2015 年年底就已經完成的第六標段招標，至此中老鐵路 417 公里的 6 個標段得標結果全部公佈，6 家得標企業均為中國企業。中老鐵路成為繼印尼高鐵之後，又一條全面採用中國標準、中國技術、中國裝備的高鐵走出去項目。中老鐵路將採取特許經營的方式，由中老雙方共同成立的合資公司進行特許經營。這家鐵路公司名叫中老鐵路有限公司，其中老撾鐵路公司持股 30%，中國磨萬鐵路公司持股 40%，北京玉昆投資持股 20%，雲南省政府持股 10%。中老鐵路全長 417 公里，設計標準為 1 級單線鐵路，設計時速為 160 公里，其中萬榮至萬象區段預留時速 200 公里。全線新建車站 33 個，包括兩座特大橋與 8 條隧道，橋隧總長 252.071 公里，佔線路總長的 59.01%。線路總投資為 23.4 億美元。

此前，中國還拿下了位於東歐的匈塞鐵路項目。中國中鐵旗下的中鐵國際與鐵路總公司旗下的鐵總國際、匈牙利鐵路公司共同組成的聯合體，獲得匈塞鐵路總承包資格。2015 年 11 月 25 日，中國中鐵發佈公告確認得標，項目總投資約 100 億元人民幣。

但中國高鐵走出去在美國再次遭遇挫折。2015 年 9 月，中美宣佈將組建合資公司，建設並經營美國西部快線高速鐵路，全程 370 公里，預計總投資 127 億美元，連通賭城拉斯維加斯到洛杉磯，這也是中國在美國建設的第一個高速鐵路項目。但是，美國西部快線公司於 2016 年 6 月 9 日，單方面撕毀了雙方協議，宣佈正式終止與中鐵國際美國公司為建造美國高速客運鐵路而組建合資公司的一切活動。當然美國高鐵的真正大項目是加州高鐵項目，中日正在就該項目暗中進行角力。

此外，中國還在俄羅斯高鐵項目的競爭中處於領先地位，雙方已經完成了多次會談，就很多技術細節達成了一致協議。在該項目上中國的主要競爭對手是德國的西門子公司。

在馬來西亞至新加坡高速鐵路項目的爭奪中，也主要是中日這對老冤家在貼身肉搏。

在全球高鐵市場的爭奪中，日本真正處於領先地位的只有印度項目。2016 年 11 月 10 日～ 12 日，印度總理莫迪展開了對日本為期三天的訪問。在此訪問的若干重要成果中，最引人注目的莫過於發展印度高鐵的合作協議。雙方通過的聯合聲明中提到了近年來討論的雙邊合作「旗艦項目」的落實進度，即全長 500 多公里、造價 150 億美元的印度首條高鐵——孟買至艾哈邁達巴德鐵路工程。日本將為項目確保技術支持，並撥出 80% 的資金。為此將提供為期 50 年的低息（年利率 0.1%）貸款。項目將於 2016 年 12 月開工，定於 2023 年投入使用。[14]

毫無疑問，在全球高鐵市場上中國不可能包打天下，在中印之間存在戰略戒心的情況下，印度高鐵倒向日本是情理之中的事情。但是這絲毫阻擋不了中國高鐵邁向輝煌的道路，隨著中國高鐵建設、運營經驗的不斷積累，隨著中國高鐵技術研發的不斷突破，中國高鐵已經站在了全球高鐵市場的最前沿，並試著引領全球高鐵市場的發展。我想這才是中國高鐵作為中國名片的真正含義吧！一個行業能成為國家名片不在於它在國內有多厲害，不在於它的財富有多少、規模有多大，而在於它在全球同行業中擁有什麼地位。

截至本書截稿時，關於京瀋高鐵時速 500 公里試驗段建設的消息以及時速 250 公里「復興號」的消息已經先後得到媒體確認。中國高鐵正在大踏步地邁向美好的明天。

註釋

1. 王義桅，〈中歐在海上絲綢之路的合作〉，《國際援助》雜誌，2015 年第 1 期。

2. 潘旭濤、王璐、肖暘，〈中國高鐵駛向東南亞〉，《人民日報 · 海外版》，2013 年 10 月 22 日。

3. 〈王勇平：鐵路「走出去」開局很好已成立 16 個項目組〉，新華社 2011 年 3 月 8 日電。

4. 〈高鐵出海首單花落墨西哥裝備製造業走出去加速〉，《中國證券報》，2014 年 11 月 5 日。

5. 〈墨西哥考慮賠償中鐵建競標體賠償金不超 2.7 億〉，《環球時報》，2014 年 11 月 13 日。

6. 〈墨西哥將就高鐵撤標向中國鐵建賠償 130 萬美元〉，證券時報網，2015 年 6 月 11 日。

7. 以上關於新華社的三段直接引語見〈李克強赴泰簽高鐵打動巴育讓泰國鐵路不再「囧」〉，新華社 2014 年 12 月 21 日電。

8. 〈中日對決泰國高鐵：分別修建東西兩條鐵路〉，觀察者網 2015 年 6 月 4 日。

9. 〈世界銀行解讀中國高鐵：建設成本為別國 2/3，票價為 1/4 到 1/5〉，觀察者網，2014 年 7 月 11 日。

10. 張智〈日本新幹線賠本攪局搶奪泰國高鐵頭籌〉，《華夏時報》，2015 年 6 月 6 日。

11. 〈泰國闢謠泰中高鐵被取消：今年就開工時速 180 公里〉，人民網，2015 年 6 月 2 日。

12. 〈泰國否認日本中標高鐵稱優先修建中泰高鐵〉，環球網，2016 年 9 月 17 日。

13. 〈外媒：中泰就高鐵一期工程達成協議〉，《上海證券報》2016 年 9 月 23 日。

14. 〈外媒稱中日高鐵之爭戰火燃遍全球印度倒向日本〉，《參考消息》，2016 年 12 月 2 日。

洲際列車效果圖（1）

洲際列車效果圖（2）

洲際列車效果圖（3）

洲際列車效果圖（4）

時速 600 公里高速磁浮效果圖

印尼雅萬高鐵建設現場

中泰鐵路合作聯合委員會第十四次會議

中老鐵路奠基儀式

CRH1A

CRH1E

CRH2A

CRHB

CRH2C

CRH2E

CRH2G

CRH3C

CRH5A

CRH5E

CRH6A

CRH380B

CRH380C

CRH380D

責任編輯：苗　龍、李　斌
封面設計：盧穎作

中國高鐵崛起之路

著　　者　　徐厚廣
出　　版　　三聯書店（香港）有限公司
　　　　　　香港北角英皇道 499 號北角工業大廈 20 樓
　　　　　　20/F., North Point Industrial Building,
　　　　　　499 King's Road, North Point, Hong Kong
香港發行　　香港聯合書刊物流有限公司
　　　　　　香港新界大埔汀麗路 36 號 3 字樓
版　　次　　2018 年 11 月香港第一版第一次印刷
規　　格　　16 開（170 × 230 mm）352 面
國際書號　　ISBN 978-962-04-4381-7
　　　　　　© 2018 Joint Publishing (H.K.) Co., Ltd.
　　　　　　Published in Hong Kong